第6版

商事法
——案例分析

BUSINESS
LAW

劉瀚宇　編著

SIXTH
EDITION

國家圖書館出版品預行編目資料

商事法：案例分析/劉瀚宇編著. -- 六版. -- 新北市：
新文京開發出版股份有限公司, 2024.12
　　面；　公分

　　ISBN　978-626-392-090-3（平裝）

　　1. CST：商事法　2. CST：個案研究

587　　　　　　　　　　　　　　　113018478

商事法－案例分析（第六版）　　　（書號:H046e6）

編 著 者	劉瀚宇
出 版 者	新文京開發出版股份有限公司
地　　址	新北市中和區中山路二段 362 號 9 樓
電　　話	(02) 2244-8188（代表號）
Ｆ Ａ Ｘ	(02) 2244-8189
郵　　撥	1958730-2
初　　版	西元 2001 年 09 月 15 日
二　　版	西元 2003 年 07 月 15 日
三　　版	西元 2007 年 08 月 01 日
四　　版	西元 2017 年 07 月 10 日
五　　版	西元 2020 年 08 月 01 日
六　　版	西元 2024 年 12 月 20 日

　　本書承蒙新文京開發出版股份有限公司林總經理世宗博士的厚愛而得付梓印刷出版，自 2001 年迄今已有 23 年。

　　在這 23 年間，保險法已經修正 34 次，公司法也修正了 27 次。此次改版根據政府頒布最新法規，修正公司法及保險法，提供最新資訊。本書出版期間，許多學校以及業界，甚至律師朋友都有使用本書，為了使讀者能閱讀到最新最完整的內容，因此此次針對本書的內涵做更精緻修正。

　　本書除了在每章節最後附有思考訓練，在每一章節前多列有案例，並於該章節末尾附有解答，希望有助於教師們上課、讀者們自修或準備考試、業界於實務上參考之用。

　　我國是一個外向型的經濟體制，因此必須仰賴貿易。論貿易則不能脫離商業行為，有了商業行為；則不能不有商業行為的法律規範。法律係行為之規範，教育係行為之基點。法律規範的遵行有賴於教育的推展，因而教育部規定除了法律系之外；各大學院校的商學院甚至通識教育都應該開設商事法這門課程，以期經由商事法學的教育，使青年學子能獲得有關商業活動的法律基礎知識，進而有助於其在商業上的運作。

　　坊間有關商事法的書籍琳瑯滿目，但新文京開發出版股份有限公司仍願為讀者盡一份文化人的心力，商請編著者撰寫最完整的專書以嘉惠學子，因此本書在修正時，採取理論與實務並重，學說與案例並舉的方式，期盼能滿足讀者的需求。惟囿於編著者學養有限，時間勿促，疏漏在所難免，尚祈方家指正是禱。

劉瀚宇 謹識

| 編著者簡介 |
AUTHOR

劉瀚宇

現 職

兼任國立臺北商業大學教授

學 歷

國立中山大學大陸研究所法政組博士
文化大學法律研究所法學碩士
東吳大學法律系學士

經 歷

東吳大學、實踐大學兼任教授
國防大學政治研究所兼任教授
淡江大學大陸研究所兼任教授
國立臺北商業大學副校長
國際商務系所／專任教授

|目 錄|

CONTENTS

CONTENTS

第二篇　票據法

第三篇　保險法

公司法

| 第一章 |

總 則

案例

1. 甲個人資產：有屋一棟值 N.T.1,500 萬，公債債券值 N.T.500 萬，其他動產值 N.T.300 萬（扣除投資額後的淨值）。甲如開設有限公司，登記資本額為 N.T.100 萬，今公司虧損 500 萬，問應如何處理？

2. 承上題，若甲開設商號，登記資本額為 N.T.100 萬，今商號虧損 500 萬，問應如何處理？

3. 甲乙丙開設有限公司，董事甲決定在每年度分派盈餘前，將稅後純益 10% 捐助給慈善團體。甲有無違反公司法？

壹、公司之意義

公司法所稱之公司，是指以營利為目的，依照公司法組織、登記成立之社團法人公司經營業務，應遵守法令及商業倫理規範，得採行增進公共利益之行為，以善盡其社會責任。(§1)。基於本條之定義，可分述如下三要點：

一、公司是以營利為目的

公司為營利社團法人，故其所獲得之利益，應分配予其社員。凡以營利為目的，且所經營之事業又非法之所禁，無論其營業種類為何，均得請求為公司之登記。已設立之公司，雖以營利為宗旨，於追求利潤時，仍應遵守法律規定，目的應合法，手段亦須合法。此外；2018 年 7 月修改公司法增列第 1 條第 2 項公司善盡社會責任。

二、依本法組織登記成立

法人非依民法或其他法律之規定，不得成立（§民 25）；以營利為目的之社團，其取得法人資格，依特別法之規定（§民 45），此為「法人法定主義」。公司法為民法之特別法，如為普通公司，依公司法之規定設立，故公司法第 1 條即規定公司之組織、登記成立應依公司法之規定。

三、公司為營利社團法人

公司既為法人，自有獨立之人格，而有獨立之權利能力，故公司之人格與股東之人格係各自獨立的，因此公司於營業上、營業外之收入係屬公司所有，直至決定股息

紅利分派原則後，股東對之方有請求權。基此，兩稅合一之政策似應檢討，因其在法理上、實際運作及效益上均有爭議。

四、公司應善盡社會責任

第一條第二項規定「公司經營業務，應遵守法令及商業倫理規範，得採行增進公共利益之行為，以善盡其社會責任。」因為目前公司之經濟影響力日漸深遠，已是與民眾生活息息相關之商業經濟組織。尤其大型企業，可與國家平起平坐，其決策之影響力，常及於消費者、員工、股東、甚至一般民眾。公司為社會之一分子，除從事營利行為外，大多數國家，均認為公司應負社會責任。又按證券交易法已明定公開發行公司年報中之「公司治理報告」應記載履行社會責任情形。鑒於推動公司社會責任已為國際潮流及趨勢，爰予增訂（修正理由）。

 ## 貳、公司之種類

一、依公司法之分類

依公司法第 2 條第 1 項規定，公司分為下列四種類：

（一）無限公司

指二人以上股東所組織，對公司債務負連帶無限清償責任之公司。

（二）有限公司

指一人以上股東所組織，就其出資額為限，對公司負其責任之公司。此為民國 91 年修正，仿德、法立法例，承認形式的一人公司。並符我國目前的實際情形。因我國有限公司多為家族公司，實質上多為一人公司。

（三）兩合公司

指一人以上無限責任股東，與一人以上有限責任股東所組織，其無限責任股東對公司債務負連帶無限清償責任；有限責任股東就其出資額為限，對公司負其責任之公司。

（四）股份有限公司

指二人以上股東或政府、法人股東一人所組織，全部資本分為股份，股東就其所認股份，對公司負其責任之公司。此仿歐盟之制、承認一人股份有限公司，但僅限於法人股東或是政府所組織。

此外，就修正公司法第 356-1 條第 1 項規定「閉鎖性股份有限公司，指股東人數不超過 50 人，並於章程定有股份轉讓限制之非公開發行股東公司。」但主管機關得視社會經濟情況及實際需要增加之（§356-1 Ⅱ）。

二、依信用基礎區分

此係學理上之分類，以公司對債權總擔保之客體及股東彼此間之關聯而區分

（一）人合公司

以股東個人之信用為基礎對債權人之債權為擔保，且股東彼此間的互信度很高。無限公司為典型的人合公司。

（二）資合公司

以公司之資產為基礎對債權人之債權為擔保，股東彼此間的互信度很低。股份有限公司為典型的資合公司。

（三）中間公司

兼具人合及資合兩種性質之公司。有限公司為中間公司較偏向於資合性，兩合公司為中間公司較偏向於人合性。

人合與資合公司之不同點在：1. 前者合夥性濃，後者團體性濃。2. 前者之股東地位移轉困難，後者反之。3. 前者之出資轉讓困難，後者之股份具流通性轉讓容易。4. 前者之企業經營與所有合一，後者之企業經營與所有分離。

三、依管轄系統分類

（一）本公司

依法首先設立，以管轄全部組織之總機構（§3 Ⅱ前段）。通稱為「總公司」。

（二）分公司

為受本公司管轄之分支機構（§3 Ⅱ後段）。本公司與分公司之區別實益在：1. 住所：公司以其本公司所在地為住所。2. 人格：本公司具有權利能力，分公司僅有當事人能力。3. 數額：本公司僅得有一個，分公司之數額不限。4. 關係：分公司為本公司分支機構，此與子公司與母公司為兩獨立之法人有所不同。

四、依隸屬國籍區分

（一）本國公司

依我國公司法組織、登記成立之公司。

（二）外國公司

本法所稱外國公司，謂以營利為目的，依照外國法律組織登記之公司外國公司，於法令限制內，與中華民國公司有同一之權利能力 (§4)。

本構成區分為公營、民營公司，依組織關係區分為個人主義及團體主義公司等分類。

 ## 參、公司名稱使用之限制

一、應標明種類

公司名稱，應標明公司之種類 (§2 Ⅱ)，即應顯示其為股份有限公司，有限公司、無限公司或兩合公司，以令交易相對人得知該公司之信用基礎係屬人合或資合公司，以明債權擔保基礎之所在。

二、名稱專用權

（一）禁止使用相同之名稱

公司名稱，應使用我國文字，且不得與他公司或有限合夥名稱相同。二公司或公司與有限合夥名稱中標明不同業務種類或可資區別之文字者，視為不相同。(§18I) 公司之中文名稱，屬絕對必要，外文名稱則由公司自行斟酌是否申請登記。

（二）業務記載之相關規定

公司所營事業除許可業務應載明於章程外，其餘不受限制 (§18 Ⅱ)。

三、基於公益等禁用規定

公司不得使用易於使人誤認其與政府機關、公益團體有關或有妨害公共秩序或善良風俗之名稱 (§18 Ⅲ)。個人以為此似有「文字獄」之白色恐怖之嫌，且因此不確定法律概念，會造成審查作業上的紛歧與爭議。

四、預審之制度

公司名稱及業務，於公司登記前應先申請核准，並保留一定期間；其審查準則，由中央主管機關定之 (§18 Ⅳ)。

是可能會造成由準則主義進入許可主義之現象，亦可能因人為因素而造成審核作業流程的延滯，產生爭議。

五、以項目代碼登記

公司所營事業應依中央主管機關所定營業項目代碼表登記。已設立登記之公司，其所營事業為文字敘述者，應於變更所營事業時，依代碼表規定辦理（§18Ⅲ）。

六、冒用之禁止

非公司組織，不得使用公司之名稱，因而商號不可使用「公司」之字樣。雖為公司組織，如其未經設立登記，亦不得以公司名義經營業務或為其他法律行為（§19Ⅰ）。違反前項規定者，行為人各處1年以下有期徒刑、拘役或科或併科新臺幣15萬元以下罰金，並自負民事責任；行為人有二人以上者，連帶負民事責任，並由主管機關禁止其使用公司之名稱（§19Ⅱ）。

第19條第2項之主體為「行為人」，並不以公司股東為限，凡參與經營業務或其他法律行為者，均在其列。

七、外國之公司

外國公司在中華民國境內設立分公司者，其名稱，應譯成中文，並標明其種類及國籍（§370）。

 ## 肆、公司之住所

一、概說

公司為法人具有獨立之人格，法人與自然人同為權利義務之主體，故必須要有住所，以使其法律關係及活動有其中心，以利法律行為之進行。因而住所為公司章程應記載事項（§41Ⅰ三、§101Ⅰ三、§115、§129Ⅰ四）且為應登記事項（§393）。本法乃規定公司以其本公司所在地為住所（§3Ⅰ），此項規定與民法上法人以其主事務所之所在地為住所（民§29）之規定相配合。因而公司之住所亦採必有主義，且亦僅限於一個住所，不得有二以上之住所。至於分公司之登記則與住所不同。

二、效果

（一）定主管機關監督權之行使（§5）。

（二）確定審判籍之標準（民訴§2、§9）。

（三）定法院文書送達之處所（民訴§136）。

（四）主管機關依法應送達於公司之公文書無從送達者，改向代表公司之負責人送達
之，如仍無法送達者，得以公告代之（§28 I）。

（五）確定債務清償地之標準（民§314 二）。

（六）定國際私法上準據法適用之標準（涉外§4）。

（七）定行使或保全票據權利之處所（票§20）

案例解說

1. 甲個人資產共有 2,300 萬，甲另行投資有限公司資本額為 100 萬，今公司虧損
   500 萬，係屬公司之債務，公司得申請破產。如無其他法律上之問題存在，甲僅
   以出資額為限（100 萬）對公司負責（§99）。

2. 如其係開設獨資商號，基於人格的理論，則商號即為甲，甲即為商號，因此，
   甲須以自己之財產清償債務。

3. 公司法第 23 條明定公司負責人對公司業務之執行，不僅應忠實，避免與公司利
   益衝突外；更應基於善良管理人之責任標準，經營公司並執行業務。該條文即
   常為學者所引用為公司負責人對公司忠實義務或受託責任之法令依據。因此董
   事甲之行為似乎有違反該條規定。但因現行法已增訂第二項，甲知性惟又合乎
   法律規定。

   按公司法第 1 條明定公司為營利為目的之社團法人。亦即，公司係由其成員（股
   東）所構成，並取得法人資格，成為社會中權利義務主體。同時，公司集合其
   成員（股東）出資轉讓於公司之資產，依據公司成員股東之共同目標，於商業
   社會中，從事經營與相關活動並獲取收益進而造福社會。又股東對於公司共同
   目標或宗旨，於法定範圍內，自得以章程明定之。然而，公司以營利為目的與
   其從事公益性質行為之關連，學說雖迭有發展，但無礙於公司或為追求長遠利
   益、或追求調和之公司私益與公益，抑或適度地為兼顧公司經營利害關係者權
   益等行為。鑒於公司法第 1 條較未具公司設立之要件規範性，且公司若於章程
   中適切反應股東集體意志且未違反其他強行規定者，現行社會企業若擬以營利
   為目的之公司組織型態經營，應無違反公司法第 1 條規定之疑慮。

   次按公司法第 110 條規定：「每屆會計年度終了，董事應依第二百二十八條之
   規定，造具各項表冊，分送各股東，請其承認；其承認應經股東表決權過半數
   之同意。」若公司章股東會同意，此類公司盈餘使用規劃，要難謂與公司法第
   23 條規定意旨有所扞格。（參考經濟部 106 年 12 月 4 日經商字第 10602341570
   號函）

INTERACTIONS 💡 思考訓練

一、甲、乙、丙、丁、戊欲設立賽馬、賽狗有限公司，問是否得申請公司登記？

二、甲公司有一分支機構從事營業行為並設有會計帳冊計算盈虧，其財務會計獨立，應否為分公司登記？如已飭令辦理分公司登記而不為之，應如何處理？

三、甲公司有數家「加盟店」，均以甲公司名義為營業行為，但所開立之發票為甲公司之分公司乙公司的發票，該數家「加盟店」之此種情形，是否合法？

四、甲股份有限公司於設立登記時，為免日後修改章程之繁瑣，乃預先於章程中記載「於必要時得於國內、外設立分公司」。主管機關應否准許其設立？

五、甲公司尚未經設立登記，即以甲公司名義與乙公司訂購生財器具價值 N.T.50 萬元，且由股東 A 與應徵之職員 B 共同與乙公司簽約。今甲公司未獲准設立而不付款，問：A、B 之責任如何？

六、下列公司名稱有無違反第 18 條之規定？

1.東方紅彩色印刷有限公司。

2.綠帽子帽業有限公司。

3.一夜情旅社（其中絕無色情營業）有限公司。

4.紳士淑女 PUB（其中有色情營業）有限公司。

CHAPTER **1**　第二節　公司之設立

案 例

　　甲公司承諾入股 A 公司，並出資 N.T.500 萬元，但並未參與設立行為，也未於設立章程中簽章，股東乙以 A 公司籌備處名義與 B 公司簽訂租賃契約、股東丙以 A 公司籌備處名義與 C 公司簽訂裝潢契約，但後來因故 A 公司未能設立。B、C 公司要求甲公司負擔連帶賠償責任，是否有理？

壹、設立之意義及要件

一、設立之意義

　　公司之設立，係為組織公司，欲取得公司之法人人格，依法律之規定必須完成必要的、多種的連續的準備行為。因而設立是一動態之概念，成立是一狀態之概念。設立是成立之原因，成立是設立之結果。

二、設立之要件

　　設立之要件又可稱之為公司之構成要件，無論係何種類之公司，均須具備：人、財、組織三要件。

（一）人之要件－發起人

　　任何種類公司之設立，必由發起人為之。我公司法對於股份有限公司之發起人明文規定應為二人以上。無行為能力人、限制行為能力人或受輔助宣告尚未撤銷之人，不得為發起人。政府或法人均得為發起人且不受第 128 條第 1 項之限制。但法人為發起人者，以下列情形為限：一、公司或有限合夥。二、以其自行研發之專門技術或智慧財產權作價投資之法人。三、經目的事業主管機關認屬與其創設目的相關而予核准之法人（§128）。至於其他種類公司之發起人則乏明文。本書以為如已承認政府或法人一人股份有限公司之設立（見 §2Ⅰ四）。

　　又公司之發起人，僅需於章程中已為簽章即屬之，至於有無實際參與公司設立行為，在所不問，縱實際參與公司之設立行為，但未於章程之發起人處簽名、蓋章，亦未表明其姓名或名稱者，即非公司章程上之發起人。但若公司設立登記未成功，發起人應負連帶賠償責任時，若該發起人已實際參與公司之設立行為，但未於章程之發起人處簽名、蓋章者，亦應負連帶賠償責任。

（二）財之要件－資本

公司為營利社團法人，故而公司之設立必須要有資本，始得於公司成立後為營利之行為。因而公司法將公司之資本列為設立要件之一。如：無限公司之股東得以股東得以勞務或其他權利為出資，並須依照第 41 條第 1 項第 5 款之規定辦理 (§43)。有限公司股東之出資除現金外，得以對公司所有之貨幣債權、公司事業所需之財產或技術抵充之 (§99-1)。兩合公司之有限責任股東，不得以勞務為出資 (§117)。股份有限公司之發起人得以公司事業所需之財產、技術抵充之 (§131 Ⅲ)。

（三）組織要件－章程

章程是公司的基本大法，為公司設立登記之必要要件之一 (§393)，因而公司章程應以書面為之並依法記載應記載事項。如章程之應記載事項有所欠缺，即屬違反本法或不合法定程式，此際主管機關應令其改正，非俟改正合法後，不予登記 (§388)。且公司章程不得任意變更，如需變更，無限公司應得全體股東之同意 (§47，§115)，有限公司應經股東表決權三分之二以上之同意 (§113) 股份有限公司應經股東會之特別決議 (§277 Ⅱ)。

貳、設立之性質及立法主義

一、設立之性質

公司之設立，乃係多種的、連續的準備行為，此種法律行為之性質如何？其學說有四：（一）契約行為說。（二）單獨行為說。（三）共同行為說。（四）混合行為說（契約行為與共同行為之混合行為）。

目前通說認為以共同行為說較為合理。其係指公司之成立，乃發起人以同一之目的，彼此向同方向為意思表示，經全體同意而得成立之法律行為。

二、設立之立法主義

公司之設立，在立法例上有四種主義：一為自由主義（政府對公司之設立，採放任之態度，政府對之不加以干涉，聽任發起人自行為之）。二為特許主義（須經元首特許或依特別法特許）。三為核准主義（須經主管機關之核准或許可者）。四為準則主義（須先設立法律規範，規定設立公司所需具備之要件，凡合於此要件者，即可取得法人人格）。

　　學者通說認為我國公司之設立係採準則主義為原則，此準則主義係屬「嚴格的準則主義」，及對於設立要件之規定較為嚴謹，且對設立公司之發起人科以一定之責任，以避免浮濫。

　　例外時，則採許可主義。如本法第 17 條規定：「公司業務，依法律或基於法律授權所定之命令，須經政府許可者，於領得許可文件後，方得申請公司登記。前項業務之許可，經目的事業主管機關撤銷或廢止確定者，應由各該目的事業主管機關，通知中央主管機關，撤銷或廢止其公司登記或部分登記事項。」由本條可知，於例外情形時，採許可主義。

　　唯本法在民國 79 年修正時，將第 18 條予以修正，該條第 5 項規定：「公司名稱及業務，於公司登記前應先申請核准，並保留一定期間，其審核準則，則中央主管機關定之。」依本項之規定以觀，似將公司登記之主義由準則主義改為許可主義，此項規定是否合於理論或潮流？是否增加困擾？均值得吾人深省之。

參、設立之方式及程序

一、設立之方式

　　一般公司之設立均採發起設立，唯股份有限公司尚有採行募集設立之方式，對此設立之方式，容待股份有限公司之章節再為論述。

二、設立之程序

　　設立之程序，雖因公司種之不同，而有所差異，但各種類之公司設立程序，仍有其共同之處，茲分述如下：

（一）發起行為

　　發起行為係指發起人為設立公司所為之合同行為。發起人須合於各種類公司之法定最低人數，並以全體之同意而為設立。

（二）訂立章程

　　發起人以達法定最低人數，並經全體之同意，訂立章程、簽名蓋章 (§40 II、§98 II、§115、§129)。且章程應記載絕對必要記載事項，以為公司之基本大法，一切行為之依據。

（三）出資認股

資本為公司設立要件之一，故股東須依法出資，股東既已認股即有出資之責，如未履行其出資義務，公司法設有相關規定予以救濟，此點容待後述。

（四）選負責人

公司一旦設立成立即須運作，故原則上在設立時即應選擇出負責人並記載於章程，此際負責人即負有辦理登記之義務 (§387)。

由以上所述，可知選任負責人，原則上應屬公司設立程序所不可或缺者。但無限公司、兩合公司則例外的可不為選任。

（五）申請登記

公司非在中央主管機關登記並發給執照後，不得成立 (§6)。公司之登記或認許，應由負責人備具申請書，連同公司法第八章所定應備之文件一份，向中央主管機關申請，由代理人申請時，代理人以會計師、律師為限 (§387Ⅲ)。

申請本法各項登記之期限、應檢附之文件與書表及其他相關事項之辦法，由中央主管機關定之。前項登記之申請，得以電子方式為之；其實施辦法，由中央主管機關定之。(§387Ⅰ、Ⅱ)。

肆、設立之審核

公司之設立登記，原則上由中央主管機關為之 (§6)。公司申請設立、或申請變更登記之資本額，應先經會計師查核簽證，其辦法，由中央主管機關定之 (§7)。

伍、設立之效力

公司申請設立，可能會設立成立，亦可能不成立。其效力分述如下：

一、公司設立成立之效力

公司非在中央主管機關登記後，不得成立 (§6)。因而公司之設立登記為公司之成立及生效要件，公司之設立登記具有創設效力。其效力可分為：

（一）取得法人之人格

公司經中央主管機關核准設立登記並發給執照，公司即得成立，登記之行為即生效力，公司因而取得法人之人格。於設立登記前，以公司名義所為法律行為而生之權利義務，於公司辦理設立登記後，即由公司繼受（72台上字第2246號）。

（二）取得名稱專用權

此亦稱為設立登記之「排他效力」。亦即於公司設立登記後，公司不僅得使用公司之名稱，尚且係「專有的」使用該名稱，公司對該名稱之使用權，具有排他效力，得排除他公司或有限合夥使用相同之名稱 (§18 I)。

（三）股東權益之確定

公司經設立登記成立後，股東對公司所享有之權利及所負擔之義務即因而確定，蓋公司章程已載明相關事項，而其事項又已經登記，或因本法對之已有明文規定之故。

（四）登記之特殊效力

此項效力為股份有限公司所特有之效力。其效力有二：一係公開發行股票之公司，應於設立登記或發行新股變更登記後 3 個月內發行股票（§161 之一 I）。二為原則上股東得轉讓其股份 (§163)。此項容待後述。

二、公司設立不成立之效力

（一）自始的不成立

主管機關對於公司設立登記之申請，認為有違反本法或不合法定程式者，應令其改正，非俟改正合法後，不予登記 (§388)。此即其設立行為自始的不成立，此際設立人或行為人即應負責。其責任有：1. 如已以公司名義經營業務或為其他法律行為，行為人即須負責 (§19)。2. 股份有限公司不能成立時，發起人關於公司設立所為之行為，及設立所需之費用，均應連帶負責，其因冒濫經裁減者亦同 (§150)。

（二）嗣後的不成立

公司申請設立登記，已經主管機關核准，並發給執照，但嗣後發現其設立登記，有違法情事，或有虛偽之記載，或股款繳納不實等情形，經裁判確定後，得由法院通知中央主管機關撤銷其登記 (§9)。此時登記既已撤銷，則其前已取得法人資格之基礎要件已失，本於撤銷效力之法理，應溯及設立登記時，喪失其法人之資格。

案例解說

公司之發起人，僅需於章程中已為簽章即屬之，至於有無實際參與公司設立行為，在所不問，縱實際參與公司之設立行為，但未於章程之發起人處簽名、蓋章，亦未表明其姓名或名稱者，即非公司章程上之發起人。

但若公司設立登記未成功，發起人應負連帶賠償責任時，若該發起人已實際參與公司之設立行為，但未於章程之發起人處簽名、蓋章者，亦應負連帶賠償責任。因為公司不能成立時，發起人關於公司設立所為之行為，及設立所需之費用，均應負連帶責任，公司法第150條前段定有明文。而此連帶責任個人以為應依合夥之法理負連帶償還責任。

今甲公司既已承諾入股A公司，並出資N.T. 500萬元，應可認為已成立合夥契約，縱甲公司未於章程上簽名亦未實際從事設立行為，仍無礙合夥契約之效立。

INTERACTIONS　💡　**思考訓練**

一、 未經設立登記而以公司名義所為之行為，僅由行為人負責或由全體發起人負責？

二、 甲獨資商號經營 20 年，今欲改組為甲天下有限公司，但該公司名稱於 2 年前已被乙公司申請登記，問甲獨資商號得否以甲天下有限公司為名稱申請登記？

CHAPTER **①** 第三節　公司之能力

案例

1. 甲電腦打字印刷有限公司，為擴充業務需要，購買一台最新電腦及周邊設備，價值新臺幣 100 萬元，甲公司乃向乙以短期債款方式借款。可否？
2. 甲公司將其公司資金 50 萬元借與其衛星工廠。甲公司將其公司所有之電腦 10 部，贈與其股東之子女。甲公司將其公司之廠房借與董事乙使用。可否？

壹、權力能力之期間

一、始期

公司之權利能力，始於公司設立登記成立之時，取得法人之資格，因而享有權利能力。

二、終期

公司之權利能力，終於解散清算完結之時，因其在清算範圍內，視為未解散。通說認為公司之設立登記經撤銷者，亦為公司解散之原因，故仍須進行清算，在清算範圍內，其人格仍存續。但本書贊成少數說；因撤銷不同於解散，撤銷又具溯及之效力，公司設立登記一旦被撤銷，其法人人格及自始的不存在，故無法為解散之行使。是以經撤銷設立登記後，法人人格已溯及的消滅，對於其債權債務之清結，應視為合夥，依合夥解散之規定為之（民 692 以下參照）。

貳、權利能力之限制

一、性質上之限制

法人於法令限制內，有享受權利，負擔義務之能力。但專屬於自然人之權利義務，不在此限。故法人僅享有「部分或限制的權利能力」。因而於性質上專屬於自然人之權利義務，公司即不得享有或負擔。如人格權利為專屬權，法人即不得享有，因而生命、身體、健康、自由、名譽、姓名權、法人即不得享有。至於公司之「商譽」權則非人格權而係財產權，其屬無形資產，得以估價之，法人即得享有。

二、法令上之限制

（一）基本上之限制

公司為法人，依民法之規定，公司僅於法令限制範圍內，有享受權利，負擔義務之能力。

（二）轉投資之限制

1. 轉投資之禁止

公司不得為他公司無限責任股東或合夥事業合夥人（§13 I 前段）。此為強行規定，違反者依民法第 71 條之規定，其轉投資為無效。

2. 轉投資之限制

(1) 原則

公司得為他公司有限責任股東，公開發行股票之公司其所有投資總額，原則上，不得超過該（本）公司實收股本 40%(§13 II)。但公司因接受被投資公司以盈餘或公積增資配股所得之股份，不計入第 2 項投資總額內(§13 IV)。

(2) 例外

公開發行股票之公司有下列各款情形之一者，其投資總額得超過實收股本 40%(§13 II)：

A. 以投資為專業。

B. 公司章程另有特別規定。

C. 經代表已發行股份總額三分之二以上股東出席，以出席股東表決權過半數同意之股東會決議(§13 II)。出席股東之股份總數不足前項定額者，得以有代表已發行股份總數過半數股東之出席，出席股東表決權三分之二以上同意行之(§13 III)。前二項出席股東股份總數及表決權數，章程有較高之規定者，從其規定(§13 IV)。

本書以為本條轉投資之增訂，似會產生一些弊端。

新增修僅限於公開發行股票之公司方有本條適用，日後風險之承擔完全交由行為人自行負責，似乎失之過寬。

此外可能尚有如後之缺點如下：1. 利益輸送之產生而造成經濟不穩定。2. 資本虛增而影響授信貸放作業。3. 控股公司之形成影響股東及債權人之權益。4. 關係企業之形成，可能扭曲市場價格機能。5. 炒作股票而不正常影響股票市場的運作。6. 逃稅及洗錢。

利用轉投資可能造成上述缺失而產生賦稅不公或違法之情形。本書建議補救之道：1.加強企業立法。2.落實股份公開化。3.公平交易法之力行。4.研擬反托拉斯法之制定。5.主管機關應嚴加注意，防止不當之轉投資，以防金融風暴之發生，並防制經濟危機之產生。

由於轉投資之限制，僅屬限制而非禁止，故違反轉投之規定，並非無效，僅公司負責人應賠償公司因此所受之損害（§13 VI）。如負責人有背信等刑責問題，可依刑法之規定處理。

（三）貸款之限制

公司之資金，除有下列各款情形外，不得貸與股東或任何其他人：1.公司間或與行號間有業務往來者。2.公司間或與行號間有短期融通資金之必要者。融通資金不得超過貸與企業淨值的40%。（§15 I）

本項之「他人」，應包括自然人及法人，亦包括股東及非股東。如與公司有業務往來而有融資之必要時，則可貸與股東、法人組織（公司）或行號。但員工向公司預支薪水，約定於一定存續期限內扣還，則非屬本項之限制。

本規定有幾項可思考之處者如下：1.「資金」是限於「現金」？亦或是會計上之「資金」？2.「公司間有業務往來」，須否有所限制？須限於頻繁的交易亦或是偶一為之的交易？3.如何認定「短期」？如何認定是否有融通資金之必要？4.須否明文應經董事會或股東會決議？應否制訂利益迴避條款？如兩公司為關係企業或兩家公司董事長或大股東為同一人，為避免勾串詐財、利益輸送、或為防止掏空公司資產，應予限制。5.須否應有貸與程序：公司向銀行借貸，多屬抵押借款，如為信用借貸，困難無比，今向他公司融資，亦應有一貸與程序，以防弊端之發生。個人以為以上之疑慮迄今仍未解除。

違反前項規定時，負責人應與借用人連帶負返還責任，如公司受有損害者，亦應由其負損害賠償之責（§15 II）。此際之負責人是貸與時之負責人？抑或是損害發生時之負責人？是當然負責人？抑或是職務上為貸與之負責人？本項規定亦不明確，本書主張本項所稱之負責人應指違反本條規定而為貸與之負責人。

（四）保證人之限制

公司除依其他法律或公司章程規定得為保證者外，不得為任何保證人（§16 I）。

由於條文僅限於保證人。如公司提供財產為他人設定擔保物權，是否可行？學說間有二說，一為合法說，一為違法說。實務上認為擔保物權之設定，與為他人保證人

之情形無殊，應在禁止之列。至於票據之保證，亦在禁止之列，但對票據背書，與民法所指保證契約之保證人，於主債務人不履行債務時，由其代負履行責任之情形不同，故不在禁止之列。

公司於例外時，依其他法律或公司章程之規定，得為保證。所謂依其他法律之規定，較無爭議。至於依公司章程之規定得為保證者，係指該公司章程之規定，應限於與其業務有關之保證，亦即，應於公司章程中所營業務項目外，另明列「得就有關業務對外保證」字樣之記載，則其可依此記載而為保證。

如公司無此例外情形而為他人之保證者，依大法官會議釋字第 59 號及最高法院判例，均認為其保證對公司不生效力。蓋本項規定為效力規定之故也。因此公司負責人違反此項規定，應自負保證責任，如公司受有損害時，亦應負賠償責任（§16 II）。

參、公司之侵權行為能力

法人具有行為能力以及侵權行為能力，已為現代民事法之通說。公司為法人，自亦有之。

通說認為公司法第 23 條第 2 項規定：「公司負責人對於公司業務之執行，如有違反法令致他人受有損害時，對他人應每公司負連帶賠償之責。」為公司侵權行為能力之規定。茲解釋如下：

一、行為主體

本條之行為主體係公司負責人。其定義依公司法第 8 條之規定而認定。

二、行為要件

本條之行為要件限於「公司業務之執行」而生之侵權行為。所謂執行業務，依判例之見解，凡在外觀上與業務之執行有密切之關係者，亦屬之。且不以因積極執行業務而生之損害為限，即依法應執行業務而怠於執行之消極不作為所生之損害亦屬之。此與民法第 28 條之規定相同。

三、責任要件

本條之責任要件系以「違反法令致他人受有損害」為責任發生之要件。此處所謂致他人受有損害係指他人之私權益受有損害而言。

四、責任條件

本項並未明文規定公司負責人須否基於故意或過失之情形,始負其損害賠償之責。

查民國 64 年法律座談會決議載有:本條係指公司負責人於執行業務時,有故意或過失不法侵害他人之權利,或故意以背於善良風俗之方法,加損害於他人之權利者,始屬相當。此見解與民法第 28 條之規定相同。

但查民國 73 年台上字第 4345 號判決,其認為公司負責人對於第三人之責任,乃基於法律之特別規定,異於一般侵權行為,就其侵害第三人之權利,原不以該負責人有故意或過失為成立條件。此見解於民法 28 條規定相異。

由於實務上有正、反二見解,本書贊成民國 73 年之判決。認為本項與第一項不同,第一項為過失責任,本項乃法定責任。

此外,公司負責人與公司間亦具有委任契約之關係,若負責人有違反善良管理人之注意義務,致公司受有損害,公司亦得之求償。

案例解說

1. 公司為擴充生產設備增加固定資產可否以短期債款支應?因世界各國立法例皆無此項規定。是以;公司以短期債款支應因擴充生產設備而增加固定資產所需之資金,是否易造成財政困難,實宜由公司自行妥為考量,且公司舉債究以長期或短期債款支應,允屬企業自治事項,不宜強制規定,故公司法乃將原有規定刪除。所以本件甲公司的舉債原則上並未違反公司法之規定。

    但是甲公司的財務是否足以負擔此項債務,應由該公司自行考量。若公司負責人未盡善良管理人之注意義務,或有違反法令致股東或他人受有損害時,公司負責人應負損害賠償之責任。

2. 甲公司將其公司資金 50 萬元借與其衛星工廠。甲公司與其衛星工廠有業務往來,因此可以為資金的借貸。

    甲公司將其公司所有之電腦 10 部,贈與其股東之子女。甲公司將其公司之廠房借與董事乙使用。這是公司資產的處分,並非公司法第 15 條所規範的對象,若未違反其他規定,甲公司所為的贈與或是使用借貸即不違法。

INTERACTIONS 思考訓練

一、甲公司以理財之目的，將其實收資本總額 50%，購買股票，並隨時將股票賣出、買進，是否應受第 13 條之限制？

二、甲股份有限公司為重整中之公司，其轉投資是否仍受本法第 13 條之限制？

三、甲公司在本票上保證，在支票上背書，其效力如何？

四、甲公司僅於章程附則中訂有「本公司因業務需要，得對外保證」，甲公司依此而為保證行為，其是否有效？

五、甲公司經法院裁定科處罰鍰並追繳所欠稅款，因公司已無財產，稅務主管機關乃依公司法第 23 條之規定，訴請公司負責人連帶賠償，法院應否准許？

六、甲股份有限公司，以其「商譽權」作價轉投資，將甲公司之公司名稱授權其轉投資之乙公司使用，其作價為 N.T. 100 萬元，問此金額是否算入甲公司轉投資之金額內？亦即是否受本法第 13 條之限制？

CHAPTER ❶ 第四節　公司之負責人

案例

1. A 公司協理甲要求分公司經理乙向 B 公司借款 100 萬。A 公司於屆清償期拒絕清償，B 公司受損，B 公司乃訴請 A 公司、甲、乙連帶賠償。有理由否？
2. A 公司總經理甲，以 A 公司名義簽發 50 萬元支票向 B 公司購買貨品一批。後來 B 公司提示時，因 A 公司無存款而未獲兌現。B 公司乃至法院依公司法第 23 條規定，請求判令甲與 A 公司連帶賠償 B 公司之損害。有理由否？

壹、意義

公司為一法人組織，其行為須由具有代表法人資格之自然人為之，其在法令、章程限制範圍內，對外代表公司，對內執行業務。具有此種資格者，即為公司之負責人。

貳、種類

公司負責人，可分當然負責人與職務負責人。

一、當然負責人

乃指該負責人無論是否為業務之執行，均為公司之負責人，縱其未為執行業務，其負責人之權義亦不因而消失。當然負責人，因各種類公司之不同而有所不同。

在無限公司、兩合公司為執行業務或代表公司之股東。

在有限公司、股份有限公司為董事（§8 I）。

二、職務負責人

乃指該人原本並非公司負責人，但於執行職務之範圍內，即具有公司負責人之地位，而應負公司法第 23 條之責任。職務負責人如下：

公司之經理人、清算人或臨時管理人，在執行職務範圍內，為公司負責人（§8 II）。

三、實質負責人

公司之非董事，而實質上執行董事業務或實質控制公司之人事、財務或業務經營而實質指揮董事執行業務者，與本法董事同負民事、刑事及行政罰之責任。但政府為

發展經濟、促進社會安定或其他增進公共利益等情形，對政府指派之董事所為之指揮，不適用之（§8 Ⅲ）。

公司之非董事，而實質上執行董事業務者，謂之事實上之董事。非董事，而實質上控制公司之人事、財務或業務經營而實質指揮董事執行業務者，謂之影子董事。此二者均為實質董事而為實質負責人。

 參、責任

一、民事責任－損害賠償

公司法第 23 條第 1 項規定：「公司負責人應忠實執行業務並盡善良管理人之注意義務，如有違反致公司受有損害者，負損害賠償之責」。個人認為這是內部抽象清過失責任。第 2 項規定：「公司負責人對於公司業務之執行，如有違反法令致他人受有損害時，對他人應與公司負連帶賠償之責。」個人認為這是外部無過失責任。

二、刑事責任－刑罰

負責人應依法令之規定執行其業務。如其有違法之情事，各該負責人即會產生刑事責任，而可能受刑罰之制裁。如本法第 9 條、第 19 條等。

三、行政責任－行政罰

公司負責人違反行政法上之義務、或公司法上之義務，行政機關依據行政權，對該負責人或公司所刻之處罰。其種類如：廢止登記（§17 之 1）。如：撤銷或廢止其登記（§9 Ⅲ、Ⅳ）。如：命令解散（§10）。如：命令裁定解散（§11）。如：罰鍰（§20 Ⅴ、§21 Ⅱ）等是之。

肆、經理人

前文述及公司負責人有當然負責人及職務負責人，除經理人規定於總則章外，其餘則規定於各相關章節中，因此，本書從通說，亦將經理人之相關規定於此綜合論述。

一、意義

經理人，係指有為商號管理事務及為其簽名之人（民 §553 Ⅰ）。我公司法則規定為「委任」之性質（§29），其委任是兼含有代理關係之委任，故公司法對經理人之規定亦具有使用人與代理人混合之性質。

公司之副總經理、協理、副經理其是否為職務負責人，應依個案而定。

業務經理一詞，為公司法所無，僅為公司內部經理職務權限之劃分。於公司登記事項欄中，仍登記為「經理」，僅於欄下可加括號標明授權範圍，故「業務經理」係一代理權受有限制之「經理人」，其仍可為業務之執行，故屬職務負責人。

二、任免

經理人之委任、解任及報酬，依下列規定定之，但公司章程有較高規定者，從其規定（§29 Ⅰ）。

（一）無限公司、兩合公司須有全體無限責任股東過半數同意。

（二）有限公司須有全體股東表決權過半數同意。

（三）股份有限公司應由董事會以董事過半數之出席，及出席董事過半數同意之決議行之。

三、資格

經理人之資格除受有積極限制的，更受有消極限制之列舉。茲分述如下：

消極限制乃指經理人不得具有之資格或條件，如有不得具有之資格或條件之一者，即不得擔任經理人。依本法第30條規定：有下列情事之一者，不得充任經理人，其已充任者，當然解任：

1. 曾犯組織犯罪防制條例規定之罪，經有罪判決確定，尚未執行、尚未執行完畢，或執行完畢、緩刑期滿或赦免後未逾5年。

2. 曾犯詐欺、背信、侵占罪經宣告有期徒刑1年以上之刑確定，尚未執行、尚未執行完畢，或執行完畢、緩刑期滿或赦免後未逾2年。

3. 曾犯貪污治罪條例之罪，經判決有罪確定，尚未執行、尚未執行完畢，或執行完畢、緩刑期滿或赦免後未逾2年。

4. 受破產之宣告或經法院裁定開始清算程序，尚未復權者。

5. 使用票據經拒絕往來尚未期滿者。

6. 無行為能力或限制行為能力者。

7. 受輔助宣告尚未撤銷。

此外，依公司法第222條之規定，監察人不得兼任公司董事、經理人或其他職員。此亦可謂係消極限制。

四、職權與報酬

（一）職權

經理人之職權，除章程規定外，並得依契約定之。經理人在公司章程或契約規定授權範圍內，有為公司管理事務及簽名之權（§31）。其職權範圍，如依章程規定，則需登記，未為登記，不得對抗第三人。如依契約定之，亦需登記，否則不得對抗第三人。至於民法第 554 條及第 555 條之規定，於公司之經理人並未排斥適用。且公司不得以其所加於經理人職權之限制，對抗善意第三人。

（二）報酬

公司經理人之報酬由其與公司依契約定之。但公司有第 156 條之 4 之情形者，專案核定之主管機關應要求參與政府專案紓困方案之公司提具自救計畫，並得限制其發給經理人報酬或為其他必要之處置或限制；其辦法，由中央主管機關定之（§29Ⅱ）。

五、義務與責任

（一）禁止競業之義務

所謂「競業之禁止」，乃指具有特定身分者，不得為自己或為他人而為與公司業務範圍同類之行為，或擔任其他營利事業相似之職務。

原則上，經理人不得兼任其他營利事業之經理人，並不得自營或為他人經營同類之業務（§32）。以防經理人不忠於職守，甚或損害公司利益，故而禁止之。但例外時經依第 29 條第 1 項規定之方式同意者，不在此限（§32 但書）。

本書以為本條但書之規定，實無法防止不公平競爭行為，且更因此規定而令大股東得以之謀取私利。

又本條之規定，於經政府認許的外國公司之經理人並不準用（請參看§377）。其故安在？未見立法理由之說明。因此，外國公司經理人即得為其他營利事業之經理人，在我國已經加入 WTO 之際，外國公司紛紛來台投資，如未有所規範，恐生弊端。

若經理人違反「禁止競業」之義務，其效果如何？本法亦無明文；有主張解釋上，依民法第 563 條第 1 項之規定，公司得請求因其行為所得之利益，作為損害賠償。前項請求權自公司之有違反行為時起經過 1 個月，或自行為時起經過 1 年不行使而消滅（民§563Ⅱ）。本書以為可適用公司法第 23 條第 3 項「歸入權」之規定。

（二）遵守法令、章程及決議之義務

　　經理人不得變更董事或執行業務股東之決議，或股東會或董事會之決議，或逾越其規定之權限 (§33)。經理人因違反法令、章程或前條之規定，致公司受損害時，對於公司負賠償之責 (§34)。

　　此外尚有民法所規定之義務，如報告顛末之義務（民 §540）、如支付利息之義務（民 §542）等。

案例解說

1. A 公司協理甲要求分公司經理乙向 B 公司借款 100 萬。A 公司於屆清償期拒絕清償，B 公司受損，B 公司乃訴請 A 公司、甲、乙連帶賠償。有理由否？

   分公司經理為公司職務上之負責人，要求乙負擔連帶賠償責任為有理由。至於公司協理，依舊法第 38 條規定：副總經理、協理、副經理既係輔佐總經理或經理，其執行職務自應受總經理或經理之指揮監督，非得以總經理或經理同等視之。因此；公司法第 8 條第 2 項之規定，於副總經理、協理、副經理而言，即無準用之餘地，故此等人員並非職務負責人。但公司法第 29 條及第 38 條修正後，經理人之職務由公司自行決定，則甲是否為職務負責人，即應依個案而定。

2. A 公司總經理甲，以 A 公司名義簽發 50 萬元支票向 B 公司購買貨品一批。後來 B 公司提示時，因 A 公司無存款而未獲兌現。B 公司乃至法院依公司法第 23 條規定，請求判令甲與 A 公司連帶賠償 B 公司之損害。有理由否？

   A 公司總經理甲，以 A 公司名義簽發支票，該支票之發票人 A 公司，A 公司總經理甲僅為代理發票行為，屬於票據行為之代理，因此 B 公司僅得請求 A 公司清償票款。除非 B 公司能證明甲確有違反法令致 B 公司受有損害，B 公司方得依公司法第 23 條請求損害賠償。

INTERACTIONS　思考訓練

一、 有限公司置董事一人，今該董事出缺，得否以公司經理人對外代表公司？

二、 甲公司為一公營公司，乙為該公司之經理人，今又奉命兼任丙公營公司之董事，甲丙兩公司經營同類業務，問乙得否兼任兩公司之董事？

三、 公司經理人甲，以公司名義與他公司簽訂契約，但在契約書上當事人欄，僅蓋甲之私章未蓋公司章，此契約對公司是否有效？

CHAPTER **①** 第五節　公司之監督

案例

1. 甲、乙、丙組成 A 股份有限公司，甲擔任董事長，意外死亡。因公司嚴重虧損，虧損額已超過實收股本。甲之繼承人不願意繼承甲之遺產，致公司無法經營，公司可否申請解散？要如何聲請？

2. A 有限公司已擅自停業 9 個月，可否聲請將公司解散？何人可以聲請解散？若 A 有限公司為一人公司，要如何聲請？

壹、業務監督

一、監督機關

　　所謂業務監督，乃指對公司所營事業之相關事項；如公司財務、會計、營業範圍……等事項之監督。而此項業務主管機關為何？依公司法第 5 條之規定，在中央為經濟部；在直轄市為直轄市政府。中央主管機關得委任所屬機關、委託或委辦其他機關辦理本法所規定之事項(§5)。

二、事前監督

　　事前監督乃指在公司設立登記前所為之監督；其監督事項有：（一）依法登記。（二）登記改正。（三）預審制度。

（一）依法登記

　　公司非在中央主管機關登記後，不得成立 (§6)。為配合公司登記電腦化作業，已無核發公司執照之必要，但公司得依 §392 之規定，請求主管機關核給証明書。未經設立登記，不得以公司名義營業務或為其他法律行為 (§19 Ⅰ)。

（二）登記改正

　　主管機關對於公司登記之申請，認為有違反本法或不合法定程式者，應令其改正，非俟改正合法後，不予登記 (§388)。對於有無違反法令或不合法定程式者，主管機關僅須就其所提出申請之登記事項審核其所附申請書是否符合公司法有關規定為已足。

（三）預審制度

公司名稱及業務，於公司登記前應先申請核准，並保留一定期間；其審核準則，由中央主管機關定之（§18 Ⅳ）。本項的事前監督之規定，是否會使公司之登記由準則主義而傾斜至許可主義，頗有疑義。

三、事後監督

事後監督乃指於公司設立登記成立後所為之監督。其監督事項為：（一）撤銷登記。（二）命令撤銷。（三）部分撤銷。（四）年中帳表之查核。（五）平時業務之檢查。（六）公司應定期申報資料。（七）廢止登記。

（一）撤銷登記

公司應收之股款，股東並未實際繳納，而以申請文件表明收足，或股東雖已繳納而於登記後將股款發還股東，或任由股東收回者，公司負責人各處五年以下有期徒刑、拘役或科或併科新臺幣 50 萬以上 250 萬以下罰金（§9 Ⅰ）。有前項情事時，公司負責人應與各該股東連帶賠償公司或第三人因此所受之損害（§9 Ⅱ）。第 1 項經法院判決有罪確定後，由中央主管機關撤銷或廢止其登記。但判決確定前，已為補正者，不在此限（§9 Ⅲ）。

公司之負責人、代理人、受僱人或其他從業人員以犯刑法偽造文書印文罪章之罪辦理設立或其他登記，經法院判決有罪確定後，由中央主管機關依職權或依利害關係人之申請撤銷或廢止其登記（§9 Ⅳ）。

撤銷登記是否為公司解散之原因？

通說認為撤銷登記亦為公司解散之原因，民國 81 年第 2 次最高法院民庭決議亦採此見解。本書以為，就本法條文之規定以觀，撤銷登記與解散登記分別規定於不同之條文，足證撤銷登記與解散登記不同。

本法對公司之設立採「設立要件主義」，公司非經設立登記不得成立。如公司之設立登記，經中央主管機關之撤銷，則前所取得法人人格之要件，即因撤銷而溯及至登記時消滅，該公司即視為自始不存在。而解散者，係指法人人格是存在的，僅因有應解散之事由發生，令其嗣後的失其法人人格。故解散與撤銷二者有明顯的差異。

由於公司之設立登記經中央主管機關撤銷，其法人人格即視為自始的不存在，此際該非法人團體即屬於民法上之「合夥」。

該合夥因有公司法第 9 條之情形，其目的事業已確定的不能完成，依民法第 692 條之規定，即應「解散」。合夥之解散應適用民法之規定（民§694~699），而不適用公司法之規定，若此則對該合夥人之債權人、合夥人更為有利。依民法第 697 條、第 698 條之規定即可獲得明證。

（二）命令解散

公司設立登記成立後，如有本法第 10 條所列情形之一者，主管機關得依職權或據地方主管機關報請或利害關係人之申請，而為命令解散：1. 公司設立登記後 6 個月尚未開始營業。但已辦妥延展登記者，不在此限。2. 開始營業後自行停止營業 6 個月以上。但已辦妥停業登記者，不在此限。3. 公司名稱經法院判決確定不得使用，公司於判決確定後 6 個月內尚未辦妥名稱變更登記，並經主管機關令其限期辦理仍未辦妥。4. 未於第 7 條第 1 項所定期限內，檢送經會計師查核簽證之文件者。但於主管機關命令解散前已檢送者，不在此限。主管機關得依職權或據地方主管機關報請或利害關係人之申請，而為命令解散。

（三）部分撤銷

公司之經營有違反法令受勒受歇業處分確定者，應由處分機關通知中央主管機關，廢止其公司登記或部分登記事項（§17 之一）。

（四）年終帳表之查核

公司每屆營業年度終了，應將營業報告書、財務報表及盈餘分配或虧損撥補之議案，提請股東同意或股東常會承認（§20 I）。公司資本額達一定數額以上或未達一定數額而達一定規模者，其財務報表，應先經會計師查核簽證；其一定數額、規模及簽證之規則，由中央主管機關定之。但公開發行股票之公司，證券主管機關另有規定者，不適用之（§20 II）。前項會計師之委任、解任及報酬，準用第 29 條第 1 項規定（§20 III）。第 1 項書表，主管機關得隨時派員查核或令其期限申報；其辦法，由中央主管機關定之（§20 IV）。公司負責人違反第 1 項、第 2 項規定時，各處新臺幣 1 萬元以上 5 萬元以下罰鍰。規避、妨礙或拒絕前項查核或屆期不申報時，各處新臺幣 2 萬元以上 10 萬元以下罰鍰（§20 V）。此外尚可依本法第 22 條之規定處理。

（五）平時業務之檢查

主管機關得會同目的事業主管機關，隨時派員檢查公司業務及財務狀況，公司負責人不得妨礙、拒絕或規避（§21 I）。公司資本額達一定數額以上或未達一定數額而達一定規模者，其財務報表，應先經會計師查核簽證；其一定數額、規模及簽證之規則，

由中央主管機關定之。但公開發行股票之公司，證券主管機關另有規定者，不適用之。（§21 II）。主管機關依第 1 項規定派員檢查時，得視需要選任會計師或律師或其他專業人員協助辦理（§21 III）。

公司負責人違反第 1 項或第 2 項規定時，各處新臺幣 1 萬元以上 5 萬元以下罰鍰。規避、妨礙或拒絕前項查核或屆期不申報時，各處新臺幣 2 萬元以上 10 萬元以下罰鍰（§21 V）。

主管機關查核第 20 條所定各項書表，或依前條檢查公司業務及財務狀況時，得令公司提出證明文件、單據、表冊及有關資料，除法律另有規定外，應保守祕密，並於收受後 15 日內，查閱發還。公司負責人違反前項規定，拒絕提出時，各處新臺幣 2 萬元以上 10 萬元以下罰鍰。連續拒絕者，並按次連續各處新臺幣 4 萬元以上 20 萬元以下罰鍰（§22)。

（六）公司應定期申報資料

公司法第 22 之 1 條規定「公司應每年定期將董事、監察人、經理人及持有已發行股份總數或資本總額超過 10% 之股東之姓名或名稱、國籍、出生年月日或設立登記之年月日、身分證明文件號碼、持股數或出資額及其他中央主管機關指定之事項，以電子方式申報至中央主管機關建置或指定之資訊平臺；其有變動者，並應於變動後 15 日內為之。但符合一定條件之公司，不適用之。前項資料，中央主管機關應定期查核。第 1 項資訊平臺之建置或指定、資料之申報期間、格式、經理人之範圍、一定條件公司之範圍、資料之蒐集、處理、利用及其費用、指定事項之內容，前項之查核程序、方式及其他應遵行事項之辦法，由中央主管機關會同法務部定之（§22-1 I - III）。」

為配合洗錢防制政策，協助建置完善洗錢防制體制，強化洗錢防制作為，增加法人（公司）之透明度，明定公司應每年定期以電子方式申報相關資料至中央主管機關建置或指定之資訊平臺。

（七）廢止登記

公司未依公司法第 22-1 條第 1 項規定申報或申報之資料不實，經中央主管機關限期通知改正，屆期未改正者，處代表公司之董事新臺幣 5 萬元以上 50 萬元以下罰鍰。經再限期通知改正仍未改正者，按次處新臺幣 50 萬元以上 500 萬元以下罰鍰，至改正為止。其情節重大者，得廢止公司登記。前項情形，應於第 1 項之資訊平臺依次註記裁處情形（§22 之 1 IV、V)。

貳、清算監督

公司於設立登記成立後，因一定事由之發生，得為解散。解散之公司，除因合併、分割或破產而解散者外，應行清算 (§24)。其主管機關為本公司所在地之地方法院為清算監督之機關。有關此監督事項，擬於解散清算時再論。

案例解說

1. 股份有限公司，因公司所營事業已成就或不能成就、或破產時，應予解散（§315 Ⅰ二、七）。公司法第 11 條規定「公司之經營，有顯著困難或重大損害時，法院得據股東之聲請，於徵詢主管機關及目的事業中央主管機關意見，並通知公司提出答辯後，裁定解散。前項聲請，在股份有限公司，應有繼續 6 個月以上持有已發行股份總數 10% 以上股份之股東提出之。」

2. 依據公司法第 10 條規定，公司設立登記後 6 個月尚未開始營業（但已辦妥延展登記者，不在此限）。或是開始營業後自行停止營業 6 個月以上（但已辦妥停業登記者，不在此限）。主管機關得依職權或利害關係人之申請，命令解散之。

   A 有限公司已擅自停業 9 個月，符合公司法第 10 條之規定，可以命令解散。

   又因為 A 有限公司僅由股東一人所組成，若該股東不申請解散，則可由利害關係人（如公司之債權人、稅捐稽徵機關等）申請，或是由主關機關依職權命令解散。

INTERACTIONS　　思考訓練

一、 政府為甲公司之股東，其指派某部會首長為甲公司之董事長，而為公司負責人之登記，應否准許？

二、 公司營利事業登記證所載公司負責人與公司登記證所載負責人不同，應以何種登記為準？

三、 公司法第 20 條之規定，對於在我國營業之外國分公司，是否亦有適用？

四、 甲公司之股票為公開發行，但未在集中市場或店頭市場經銷，試問甲公司經理人是否需要申報持股？

第六節　公司之解散與分割

案例

1. A 股份有限公司已進行解散之清算程序，甲、乙、丙、丁正在申請設立股份有限公司，覺得 A 股份有限公司名稱很好，想要援用，是否可以准許？
2. A 股份有限公司將其某一部門分割獨立成為一家上游供應商 B 公司，基於業務上之合作及管理需要，被分割之 B 公司持有受讓分割 A 公司 20% 股份，80% 股份則由被分割之 A 公司股東依持股比例持有，應如何課稅？

　　我公司法並未將解散、合併、變更組織列入該法第一章總則中。但為使讀者們有一整體概念之闡釋，多將此等事項併於總論中介紹，本書從之。

🖺 壹、公司解散

一、公司解散之意義

　　公司解散，乃指公司因章程或因法律所定事由之發生，致令公司法人人格消滅。是以，解散僅為法人人格消滅之原因，原則上法人人格之消滅須經清算完結始消滅，但例外者，如合併、分割或破產則無須清算 (§24)。

二、公司解散之事由

（一）任意解散事由

　　公司為營利性之社團法人，屬自律性之法人，公司解散與否，由股東自行決定，此為任意解散，其情形有二：

1. 章程所定解散事由（§71 Ⅰ一、§101 Ⅰ八、§113、§115、§315 Ⅰ一）

　　此事由為各種類公司所共有之解散事由。公司雖因其章程所定解散事由之發生而須解散，但此僅為任意規定，並無強制力，故若經全體或一部股東之同意繼續經營，在無限公司、有限公司、兩合公司，即得繼續經營，其不同意者視為退股 (§71 Ⅱ、§113、§115)。在股份有限公司，須經股東會議變更章程後，繼續經營 (§315 Ⅱ)。

2. 經同意或決議事由（§71 I 三、§113、§115、§315 I 三）

　　在無限公司、兩合公司應經股東三分之二以上之同意；有限公司應經股東表決權三分之二以上之同意；在股份有限公司，應有代表已發行股份總數三分之二以上股東之出席，以出席表決權過半數之同意行之。公開發行股票之公司，出席股東之股份數不足前項定額者，得以有代表已發行股份總數過半數股東之出席，出席股東表決權三分之二以上之同意決議解散。前二項出席股東股份總數及表決權數，章程有較高之規定者，從其規定（§316 I、II、III）。

（二）法定解散事由

　　此指因公司違反法律之規定，或因符合法律規定之事項，而該項事由即構成應解散之原因。茲分述如下：

1. 公司所營事業已成就或不能成就（§71 I 二、§113、§115、§315 I 二）

　　此項事由為各種類公司所共有之解散事由。唯其並非強制規定。

2. 股東人數不足法定最低額（§71 I 四、II、§113、§115、§126、§315 I 四、II）

　　無限公司、有限公司之股東經變動而不足本法所定之最低人數，但得加入新股東而繼續經營（§71 II）。兩合公司因無限責任或有限責任股東全體之退股而解散。但其餘股東得以一致之同意，加入無限責任股東或有限責任股東，繼續經營。前項有限責任股東全體退股時，無限責任股東在二人以上者，得以一致之同意變更其組織為無限公司（§126 I、II）。

　　股份有限公司因有記名股票之股東不滿二人而解散，但政府或法人股東一人者，不再此限（§315 I 四）。且其得增加有記名股東繼續經營（§315 II）。

3. 公司合併或破產或分割（§71 I 五、六、§113、§115、§315 I 五、六、七）

　　公司與他公司合併、破產或分割，應予解散。

（三）強制解散事由

　　前述二款事由，尚得繼續經營，唯如屬本款事由，則必須解散。且本款之事由為各種類公司所共通適用。

1. 命令解散

　　(1) 逾期未營業

　　　　公司設立登記後 6 個月尚未開始營業者，得命令解散。但已辦妥延展登記者，不再此限（§10 I 一）。

(2) 自行停業逾期者

公司開始營業後自行停止營業 6 個月以上者，得命令解散。但已辦妥停業登記者，不在此限（§10 I 二）。

(3) 逾期未辦妥名稱變更登記

公司名稱經法院判決確定不得使用，公司於判決確定後 6 個月內尚未辦妥名稱變更登記，並經主管機關令其限期辦理仍未辦妥（§10 I 三）。

(4) 逾期未檢送簽證文件

未於第 7 條第 1 項所定期限內，檢送經會計師查核簽證之文件者。但於主管機關命令解散前已檢送者，不在此限（§10 I 四）。

其命令解散之程序，係由中央主管機關依據職權或利害關係人之申請，命令解散之。

（四）裁定解散

公司之經營，有顯著困難或重大損害時，法院得據股東之聲請，於徵詢主管機關及目的事業中央主管機關意見，並通知公司提出答辯後，裁定解散。前項聲明，在股份有限公司，應有繼續 6 個月以上持有已發行股份總數 10% 以上股份之股東提出之（§11）。

至於本法第 9 條之規定，有學者認為係屬裁判解散之情形。唯本章於第五節已陳明，撤銷登記與解散登記係分別規定於不同之條文，足證兩者係屬不同之概念。因而本節不列此事由。

三、公司解散之效果

（一）法人人格消滅原因

解散為法人人格消滅之原因，其人格並未當然消滅，亦即法人人格仍然存續至清算完結時，始歸消滅。

（二）清算開始

解散之公司，除因合併、破產而解散者外，應行清算（§24）。解散之公司，於清算範圍內，視為尚未解散（§25）。

（三）選清算人

清算人為公司職務負責人。公司解散後，原負責人之職權即受限制而不得行使，在無限、有限、兩合公司，原則上由全體股東為清算人。但本法或章程另有規定或經

股東決議或經法院另選清算人者，不在此限 (§79、§81、§115)。在股份有限公司之清算，以董事為清算人。但本法或章程另有規定或股東會另選清算人時，不在此限。不能依前項之規定定清算人時，法院得因利害關係人之申請，選派清算人 (§322)。

（四）消極營業

在解散清算中之公司，其法人人格雖未消滅，但其權利能力及行為能力受有限制。亦即解散之公司，在清算時期中，得為了結現務及便利清算之目的，暫時經營業務 (§26)。其僅得為此消極營業行為，不得更為積極營業行為而超越清算範圍與他人訂立契約或為其他交易行為。

（五）登記公告

公司解散時，除破產外，董事會應即將解散之要旨，通知各股東 (§316 Ⅳ)。

公司之公告應登載於新聞紙或新聞電子報。前項情形，中央主管機關得建置或指定網站供公司公告。前二項規定，公開發行股票之公司，證券主管機關另有規定者，從其規定。(§28)

（六）法院監督

解散之清算監督，應由本公司所在地之地方法院為監督機關。因而清算人應於就任後 15 日內，將其姓名、住所或居所及就任日期，向法院聲報。清算人之解任，應由股東於 15 日內，向法院聲報。清算人由法院選派時，應公告之；解任時亦同。違反第 1 項或第 2 項聲報期限之規定者，各處新臺幣 3,000 元以上 1 萬 5,000 元以下罰鍰。(§83)。

在股份有限公司之清算人就任後，應即檢查公司財產情形，造具財務報表及財產目錄，送經監察人審查，提請股東會承認後，並即報法院 (§326 Ⅰ)。

（七）股東責任

無限責任股東之連帶無限責任，自解散登記後滿五年而消滅 (§96、§115)。

貳、分割

一、意義

為避免公司組織過度膨脹、業務過於龐雜，及符合世界潮流，乃倣英、法、日等國之立法例，增設分割之制度。分割者，乃指將原公司之組織之一部或全部予以切割

移轉至新設或他公司之一種法律行為。如為全部切割移轉至他公司，則構成法定解散事由，唯其無庸經過清算程序 (§24)。

二、程序

本法第 73~75 條之規定，於股份有限公司之分割準用 (§319)。此外，依本法第 317 條之規定，公司分割，董事會應就分割之有關事項，做成分割計畫，提出於股東會，此項分割計畫應以書面載明第 317 條之 2 所規定之事項（§317 之 2）。

三、效果

（一）分割受讓者之責任

分割後受讓營業之既存公司或新設公司，應就分割前公司所負債務於其受讓營業之出資範圍負連帶清償責任。但債權人之連帶清償責任請求權，自分割基準日起 2 年內不行使而消滅（§319 之 1）。

（二）被全部分割之公司應辦理解散登記，但無庸經過清算。

案例解說

1. 公司名稱，不得與他公司名稱相同。二公司名稱中標明不同業務種類或可資區別之文字者，視為不相同 (§18 Ⅰ)。解散之公司，於清算範圍內，視為尚未解散 (§25)。在 A 股份有限公司進行清算的過程中，公司視為尚未解散，因此甲乙丙丁尚不能以 A 股份有限公司之名稱申請登記。

2. 企業併購法第 39 條規定「公司進行分割或依第 27 條至第 30 條規定收購財產或股份，而以有表決權之股份作為支付被併購公司之對價，並達全部對價 65% 以上，或進行合併者，適用下列規定：一、所書立之各項契據憑證，免徵印花稅。二、取得不動產所有權者，免徵契稅。三、其移轉之有價證券，免徵證券交易稅。四、其移轉貨物或勞務，非屬營業稅之課徵範圍。五、公司所有之土地，經申報審核確定其土地移轉現值後，即予辦理土地所有權移轉登記。其依法由原土地所有權人負擔之土地增值稅，准予記存於併購後取得土地之公司名下；該項土地再移轉時，其記存之土地增值稅，就該土地處分所得價款中，優先於一切債權及抵押權受償。依前項第 5 款規定記存土地增值稅後，被收購公司或被分割公司於該土地完成移轉登記日起 3 年內，轉讓該對價取得之股份致持有股份低於原取得對價之 65% 時，被收購公司或被分割公司應補繳記存之土地增值稅；

該補繳稅款未繳清者，應由收購公司、分割後既存或新設公司負責代繳。」

同法第 42 條規定「公司進行合併、分割或依第 27 條及第 28 條規定收購，合併後存續或新設公司、分割後既存或新設公司、收購公司得分別繼續承受合併消滅公司、被分割公司或被收購公司於併購前就併購之財產或營業部分依相關法律規定已享有而尚未屆滿或尚未抵減之租稅獎勵。但適用免徵營利事業所得稅之獎勵者，應繼續生產合併消滅公司、被分割公司或被收購公司於併購前受獎勵之產品或提供受獎勵之勞務，且以合併後存續或新設之公司、分割後新設或既存公司、收購公司中，屬消滅公司、被分割公司或被收購公司原受獎勵且獨立生產之產品或提供之勞務部分計算之所得額為限；適用投資抵減獎勵者，以合併後存續或新設公司、分割後新設或既存公司、收購公司中，屬合併消滅公司、被分割公司或被收購公司部分計算之應納稅額為限。依前項規定得由公司繼續承受之租稅優惠，應符合相關法令規定之獎勵條件及標準者，公司於繼受後仍應符合同一獎勵條件及標準。為加速產業結構調整，鼓勵有盈餘之公司併購虧損之公司，償還併購時隨同移轉積欠銀行之債務，行政院得訂定辦法在一定期間內，就併購之財產或營業部分產生之所得，免徵營利事業所得稅。虧損公司互為合併者，比照前項規定辦理。第 3 項及第 4 項免徵營利事業所得稅之一定期間，適用條件及辦法，由行政院定之。」

INTERACTIONS　　　　　思考訓練

一、 公司設立登記後 6 個月尚未開始營業，又不申請解散登記，應如何處理？

二、 若已為解散登記之公司，於解散登記時有虛偽記載，得否對該「解散登記」予以撤銷？

三、 公司經設立登記後，開始營業即遭虧損，為防止虧損擴大，公司股東甲、乙即要求裁定解散，有無理由？

　　 公司將其資金貸與其關係企業之他公司，股東甲認為有影響公司營運，乃制止董事會之該項行為未果，其應主張命令解散、或裁定解散、或無法主張解散？

CHAPTER **1** 第七節　公司之合併

案例

1. 併購與合併有無差異？
2. 無限公司與有限公司可否合併為有限公司？

公司合併，本法並未將之列入總則篇，但因各種類之公司均可能涉及合併，因而學者多於總論中討論合併之事宜，本書從通例將合併列於總則中敘述。

壹、合併之意義

公司合併，乃指二個以上的公司，依法定程序，歸併成一個公司之要式的法律行為。

合併之法行為，其究為合同行為？抑或是契約行為？學者間有仁智之見。本書則折衷說，認為此兩種性質均有可能成立。

貳、合併之目的

為了強化企業的競爭力，必須累積資本、擴大生產規模，使其更具有經濟規模及競爭之效益，因而利用平行或垂直的企業結合方式，以降低生產成本、節省費用，才能達到企業生存與發展之目的。世界各國即以立法之方式使此合併之法律行為合理化、便捷化，以避免解散、清算等繁瑣的程序。

參、合併之方式

一、依形態區分

（一）新設合併

新設合併又稱之為創設合併，乃二個以上公司於合併後，各該公司均歸消滅，而另設新的公司，此項合併之行為態樣，類似共同行為。

（二）吸收合併

吸收合併又稱之為存續合併，係指二個以上公司於合併後，其中一公司存續，其他公司被歸併於存續公司內而失獨立存在性，其他公司即因而歸於消滅。

二、依主義區分

（一）不限制主義

公司之合併，不限制種類，亦即不問是否為同種類公司均得合併，且合併後之存續或新設公司之種類為何，亦無限制。如無限公司得與有限公司合併，合併得成為股份有限公司，是謂之不限制主義。我公司法規定：公司得以全體股東之同意，與他公司合併 (§72、113、115)，即屬此主義。

（二）限制主義

限制主義又可分為兩類形：

1. 限制合併時公司之種類

限制主義，係對公司合併時之合併對象有所限制，如有限公司僅得與有限公司合併，股份有限公司僅得與股份有限公司合併。

2. 限制合併後公司之種類

其對於合併時之種類不為嚴格限制，但對合併後的公司種類有所限制。如股份有限公司得與有限公司合併，無限公司或兩合公司亦得與股份有限公司合併，唯合併之公司，除無限公司與兩合公司合併外，其合併後存續或新設立公司，必須為股份有限公司。

我公司法對於股份有限公司與有限公司合併採「限制合併後公司之種類」主義。公司法第 316-1 條第 1 項規定「股份有限公司相互間合併，或股份有限公司與有限公司合併者，其存續或新設公司以股份有限公司為限。」

肆、合併之程序

一、訂立合併契約

股份有限公司與他公司合併時，董事會應就合併有關事項，作成合併契約，提出於股東會（§317 I 前段）。無限公司，解釋上應由執行業務股東提出合併契約，並應由執行業務股東過半數之同意提出（類推適用 §46 I）。兩合公司準用無限公司之規定 (§115)。有限公司準用無限公司之規定 (§113)。

合併契約，應以書面為之，並記載第 317 條之 1 所規定之事項 (§317)。本條之規定雖僅規定於股份有限公司中，但本書以為其他種類公司應得類推適用。

二、合併之決議或同意

合併應係公司與公司間之法律行為，則合併似應先經內部產生共識後，再由董事會代表公司與其他公司洽談合併事宜，在理論上似較合宜。但若依此方式為之，則又會產生實際運作之困難，因而本法第 317-1 條第 2 項乃規定，股東會之決議僅屬事後承認之決議。

此項合併之決議，在無限公司、有限公司及兩合公司，應得全體股東之同意 (§ 72、§ 113、§ 115)。在股東有限公司，應有代表已發行股份總數三分之二以上股東之出席，已出席股東表決過半數同意行之。公開發行股票之公司，出席股東之股份總數不足前項定額者，得以有代表已發行股份總數過半股東之出席，出席股東表決權三分之二以上同意行之。前二項出席股東股份總數及表決權數，章程有較高之規定者，從其規定 (§ 316 Ⅰ ～ Ⅲ)。

新法對控制與從屬公司之合併，設有簡易合併之特別規定，該法第 316 條之即有明文規定。

股份有限公司中有不同意合併之少數股東，得在股東集會前或集會中，以書面表示異議，或以口頭表示異議經紀錄者，得放棄表決權，而請求公司按當時公平價格，收買其持有之股份 (§ 317 Ⅰ)。

此項股份收買請求權，本書以為得類推適用股份有限公司之股份收買請求權的規定。

又因股東對於公司合併之決議僅為事後承認之決議，可知；董事會事先已與他公司簽訂合併契約，若該合併契約未獲得股東會承認之決議，則有可能會產生債務不履行之結果。因而本書認為在與他公司簽訂合併契約時，應附「以得全體股東同意或經股東會特別決議通過」始生效力之附停止條件的合併契約，較屬適當。

三、編造相關表冊

公司決議合併時，應即編造資產負債表及財產目錄 (§ 73、§ 113、§ 115、§ 319)。

四、通知及公告債權人

公司為合併之決議後，應即向各債權人分別通知及公告，並指定 30 日以上期限，聲請債權人得於期限內提出異議 (§ 73、§ 113、§ 115、§ 319)。

公司不為本法第 73 條之通知及公告，或對於在指定期限內提出異議之債權人不為清償，或不提供相當擔保者，不得以其合併對抗債權人 (§ 74)。

五、變更或訂立章程

公司合併後，存續公司之董事會，或新設公司之發起人，於完成催告在全人程序後，其因合併有股份合併者，應於股份合併生效後，其不適於合併者，應於該股份為處分後，分別循下列程序為之一、存續公司，應即召集合併後之股東會，為合併事項之報告，其有變更章程必要者，並為變更章程。二、新設公司，應即召開發起人會議，訂立章程。前項章程，不得違反合併契約之規定 (§318)。

六、辦理相關之登記

新法已將第 398 條刪除，則：因合併而存續之公司，應否為變更之登記？因合併而消滅之公司，應否為解散之登記？因合併而另立之公司，應否為設立之登記？應依中央主管機關所定之登記辦法為之。

伍、合併之效果

一、無庸清算

因公司合併而消滅之公司，無庸經過清算 (§24)

二、權利義務之概括承受

因公司合併而消滅之公司，其權利義務，應由合併後存續或另立之公司承受 (§75、§113、§115、§319)。

三、合併後之處置

存續公司，應即召集合併後之股東會，為合併事項之報告，其有變更章程必要者，並為變更章程。新設公司，應即召開發起人會議，訂立章程。前項章程，不得違反合併契約之規定 (§318)。

案 例 解 說

1. 通說認為併購包括「收購」與「合併」。收購是指以購買其他公司資產或股權為其直接之標的。被收購之公司,仍然存在,只是股東有所變動。併購適用企業併購法。

   而合併是兩以上之公司,依法定程序,歸併成一個公司的要式法律行為,可能其中一公司消滅,或兩公司都消滅而成立一新公司。合併,原則上適用公司法之規定。

2. 關於無限公司與有限公司可否合併為有限公司,公司法並無明文之規定,學說上約有二說:

   (1) 否定說:A. 公司合併不需經過清算程序,故應以種類或性質相近者相互合併為宜。B. 無限公司之股東,係負連帶無限清償責任,有限公司之股東,則僅就其出資額為限,對公司負其責任。若無限公司與有限公司可以合併為有限公司,將使股東責任發生重大變動而影響債權人之利益,故應認為無限公司與有限公司不得合併為有限公司較妥。

   (2) 肯定說:公司合併前,對於有異議之債權人已清償或提供相當之擔保,且合併後消滅之公司,其權利義務應由合併後存續或另立之公司承受(公七五),無限責任股東之責任,依公司法第 96 條之規定,無限公司因合併而解散時,其於解散登記後滿 5 年內,仍負連帶無限責任,對於公司債權人並無不利,故應許其合併。

   我國公司法採「限制合併後公司之種類」主義,該法第 316-1 條僅針對股份有限公司而為規定,因此本書贊成肯定說。

INTERACTIONS 思考訓練

一、　無限公司與有限公司得否合併？其合併後之公司得否為有限公司？

二、　甲股份有限公司與乙有限公司合併，合併後甲公司存續。甲公司之股東不同意承受乙公司之債務，但承認兩公司合併之契約，問此合併契約之效力如何？

三、　甲股份有限公司經股東會特決議通過將其主要部分之營業讓與乙股份有限公司，此是否為合併？

四、　試問銀行與銀行之合併，我國訂有何種之法規以規範這種行為？

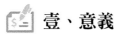

第八節 公司之變更組織

壹、意義

公司之變更組織，乃指公司不中斷其法人人格，而將其組織型態變成其他種類公司之要式行為。因未中斷其法人人格，故無庸辦理解散清算程序，亦無須重新辦理設立登記，僅需辦理變更登記。

貳、目的

變更組織之制度，其目的有二：一、為適應時勢而得機動調整其組織型態以利市場競爭。二、為避免瀕臨解散之公司消滅，使其得以存續發展。

參、方式

變更組織，乃該公司本身組織型態之改變，而非如公司合併係由二以上公司為之。因而在公司變更組織之情形，僅限於公司性質近似且股東責任相同之公司，始得為組織之變更。故本法對之係採「限制主義」

一、無限公司得變更其組織為兩合公司 (§76Ⅰ)。

二、無限公司得變更其組織為有限公司或股份有限公司 (§76-1)。

三、兩合公司得變更其組織為無限公司、有限公司或股份有限公司。(§126Ⅲ、Ⅳ)。

四、有限公司得變更其組織為股份有限公司 (§106Ⅲ)。

五、股份有限公司似不得為組織之變更。

肆、程序

一、全體股東同意

在無限公司、兩合公司，應經全體股東之同意 (§76、§126)。在有限公司，應經全體股東同意 (§106Ⅲ)。

二、須變更其章程

無限公司得以全體股東之同意，以一部股東改為有限責任或另加入有限責任股東，變更其組織為兩合公司 (§76Ⅰ)。兩合公司於有限責任股東全體退股時，無限責任股東在兩人以上者，得以一致之同意變更其組織為無限公司。或因無限責任與有限責任

股東，以全體之同意，變更其組織為股份有限公司 (§126)。有限公司得經股東表決權過半數之同意，減資或變更其組織為股份有限公司 (§106Ⅲ)。此時公司種類及股東責任既有變更，且此兩者又為章程必要記載事項 (§41、§101、§129)，則自須為章程之變更。

三、變更登記

新法規定，其登記應依第 387 條第 4 項規定辦理。

四、編造相關表冊

無限公司、兩合公司之變更組織準用公司合併之規定，因此亦須編造資產負債表及財產目錄 (§115、§77、§73Ⅰ)。有限公司對此無明文，在解釋上，仍以編造資產負債表及財產目錄為宜 (§113)。

五、通告其債權人

在無限公司、兩合公司為變更組織之決議後，應即向各債權人分別通知及公告，並指定 30 日以上期限，聲明債權人得於期限內提出異議 (§115、§77、§73Ⅱ)。有限公司變更組織為股份有限公司者，本法僅規定，為變更組織之決議後，應即向各債權人分別通知及公告 (107§Ⅰ)。並無明文應於何期限內為之，亦未規定違反之處罰。

伍、效果

一、法人人格之存續

公司變更組織，僅係改變該公司之組織型態，其法人人格之存續不受影響（釋字第 167 號）。

二、權義之概括承受

有限公司於變更組織後，變更組織後之公司（股份有限公司），應承擔變更組織前公司之債務 (§107Ⅱ)。此乃因變更組織並不影響法人人格同一性之故也。

本法對無限公司、兩合公司應否負擔變更組織前公司之債務未為明文，但解釋上應類推適用第 107 條第 2 項之規定。

三、保護公司債權人

公司法第 78 條規定「股東依第 76 條第 1 項或第 76-1 條第 1 項之規定，改為有限責任時，其在公司變更組織前，公司之債務，於公司變更登記後二年內，仍負連帶無限責任。」

INTERACTIONS 思考訓練

一、 有限公司與股份有限公司得否相互變更其組織？

二、 公司之變更組織，對其法人人格同一性有無影響？

三、 股份有限公司得否變更組織？

BUSINESS
LAW

| 第二章 |

無限公司

CHAPTER ② 第一節 意義及設立

壹、意義

　　無限公司，指二人以上股東所組織，對公司債務負連帶無限清償責任之公司（§2Ⅰ一）。且其中半數，應在國內有住所（§41後段）。無限公司之股東至少二人，此不但為無限公司之成立要件，亦為其存續要件，如股東經變動而不足本法所定之最低人數（二人），公司原則上即應解散（§71Ⅰ四）。

　　無限公司之股東，原則上限於自然人，因公司不得為他公司無限責任之股東（§13Ⅰ）。若政府為無限責任之股東可否？法無明文，解釋上，在相關法令規定範圍內，如准許政府成為無限責任之股東，則依該法之規定。

　　所謂「對公司債務負連帶無限清償責任」，乃指股東與股東間之連帶無限清償責任，而非股東與公司間之連帶無限清償責任。無限公司之股東對公司之債務僅係居於保證人之地位，於公司資產不足清償債務時，由股東負責連帶清償之責（§60）。

貳、設立

　　應由二人以上為發起人，股東應以全體之同意，訂立章程或簽名蓋章，置於本公司，並每人各執一份（§40Ⅱ）。

　　無限公司章程之應記載事項係指本法第41條第1項第1~4款、第6、7、11款。

　　所謂應記載事項，乃指依法必須記載之事項，若該事項有所欠缺，即屬違反法令或不合法定程式，此際主管機關應令其改正，非俟改正合法後，不予登記（§388）。如不予登記，則該公司即無法設立成立。

　　本法第41條第1項第5款、第8~10款。為得記載事項。所謂得記載事項，乃指該事項如未載明，即不生該效力，或不得對抗第三人，但並不影響其登記。

　　股東得以勞務或其他權利為出資，並須依照第41條第1項第5款之規定辦理（§43）。如未辦理登記，不得對抗第三人（§12）。如不能照繳股款或屢催不繳者，得經其他股東全體之同意決議除名（§67Ⅰ一）。

　　公司設立登記確定，公司即得成立（§6）。若公司負責人所備章程有虛偽記載，令主管機關陷於錯誤而准予登記，得依本法第9條之規定為撤銷或廢止其登記。

INTERACTIONS　　　**思考訓練**

一、 甲無限公司積欠乙、丙等公司債務，甲公司之股東子、丑是否應連帶清償乙、丙
　　 等公司之債務？

二、 無限公司之股東甲及其未成年子乙共同設立該無限公司，應否准許？

三、 公司設立登記，有無效之原因，如其發現在登記前、登記後但在營業前，或發現
　　 在登記後且在營業後，應如何處理？

四、 無限公司股款之繳納，得否分次繳納？

CHAPTER ❷ 第二節　公司之內部關係

　　公司之內部關係，除法律有規定者外，得以章程之 (§42)。其內部關係可概分如下七項。

🖊 壹、股東之出資

　　此為股東之義務。其得以現金、勞務或其他權利出資 (§43)。如股東應出之資本不能照繳或屢催不繳者，得經其他股東之全體議決除名（§67 Ⅰ一）。公司如因之受有損害，並應負賠償之責 (§44)。

🖊 貳、業務之執行

　　此為股東之權利。無限公司無董事及監察人，但有執行業務股東、代表公司股東及不執行業務股東。原則上各股東均有執行業務之權利，而負其義務，但章程中訂定由股東中一人或數人執行業務者，從其訂定（§45 Ⅰ），如其未登載於章程，則不得對抗第三人 (§12)。

　　股東之數人或全體執行業務時，關於業務之執行，取決於過半數之同意。執行業務之股東，關於通常事務，各得單獨執行；但其餘執行業務之股東，有一人提出異議時，應即停止執行 (§46)。公司章程訂明專由股東中之一人或數人執行業務時，他股東不得無故使其退職（§51 後段）。

　　無限公司執行業務之股東，原則上係屬「無償」委任之關係。其非有特約，不得向公司請求報酬。(§49)。

　　執行義務之股東對於不執行業務股東隨時質詢公司營業情形 (§48)。執行業務之股東有不得無故辭職之義務 (§51)。如有違反，依民法委任之規定處理。股東執行業務，應依照法令、章程及股東之決議。違反前項規定，致公司受有損害，對於公司應負賠償之責 (§52)。股東代收公司款項，不於相當期間照繳，或挪用公司款項者，應加算利息，一併償還；如公司受有損害，並應賠償 (§53)。

🖊 參、業務之監督

　　無限公司不執行業務之股東，得隨時對執行業務之股東為業務之監督，向執行業務之股東質詢公司營業情形，查閱財產文件、帳簿、表冊 (§48)。

肆、章程之變更

無限公司變更章程，應得全體股東之同意 (§47)。

伍、競業之禁止

一、意義

凡具有特定身分者，不得擅自從事某些特定之行為，如有違反，應負單一定責任之制定，是謂之競業之禁止。

二、目的

為維護公平交易之秩序，避免對公司、股東或債權人造成損害，維護交易安全及誠信原則。

三、態樣

（一）轉投資之限制

股東非經其他股東全體之同意，不得為他公司之無限責任股東或合夥事業之合夥人 (§54 I)。此處之「股東」包括執行業務及不執行業務之全體股東。

（二）禁止競業行為

執行業務之股東，不得為自己或為他人與公司同類營業之行為 (§54 II)。此處之主體僅限於執行業務之股東。

四、責任

違反第 54 條第 1 項之規定，此為強行規定，違反者，依民法第 71 條之規定，應屬無效。且構成除名之原因 (§67)。

違反第 54 條第 2 項之規定，僅屬違反命令規定而非效力規定，故其行為非屬無效。此際，其他股東得以過半數之決議，將其為自己或他人所為行為之所得，作為公司之所得。但自所得產生後逾 1 年者，不在此限 (§54 III)。唯此項「所得產生」應如何認定？是以名目所得產生時，或以實際所得獲得時為準？本書以為似以名目所得產生時起算，則能與民法第 563 條第 2 項規定相呼應。

又違反第 54 條第 2 項之規定，如其不正當行為妨害公司之利益者，得為除名（§67 I 三）。亦可以對於公司不盡重要之義務為由而除名（§67 I 四）。

陸、出資之轉讓

　　無限公司為典型人合公司，為維護其人合性，故而出資不得任意的、自由的轉讓。本法乃規定，股東非經其他股東全體之同意，不得以自己出資之全部或一部，轉讓於他人 (§55)。以維護股東間彼此之信賴關係。

　　轉讓出資之股東應向主管機關申請登記，對於登記前公司之債務，於登記後 2 年內，仍負連帶無限責任（§70 II準用 §70 I）。

柒、盈餘之分派

　　公司非彌補虧損，不得分派盈餘 (§63 I)。是以公司每屆營業年度終了，應將營業報告書、財務報表及盈餘分派或虧損撥補之議案，提請股東同意或股東常會承認。公司資本額達一定數額以上或未達一定數額而達一定規模者，其財務報表，應先經會計師查核簽證；其一定數額、規模及簽證之規則，由中央主管機關定之。但公開發行股票之公司，證券主管機關另有規定者，不適用之 (§20 I、II)。

　　公司負責人違反第 63 條第 1 項規定時，各處 1 年以下有徒刑、拘役或科或併科新臺幣 6 萬元以下罰金 (§63 II)。此為強行規定，不得由章程加以變更。

一、 無限公司之出資可否為質權之標的？

二、 限制行為能力人得否為無限公司執行業務之股東？

三、 無限公司未以特約約定執行業務之股東得享有報酬，唯執行業務股東甲，每月支領「車馬費」、「交際費」，是否應准許？

四、 試比較經理人與無限公司執行業務股東之禁止競業的規定及效果。

五、 無限公司可否保留盈餘不分派？並應如何處理？

CHAPTER **②** 第三節　公司之外部關係

外部關係，乃指無限公司或股東與第三人間之權利義務關係。可概分為如下三項：

壹、公司之代表

公司得以章程特定代表公司之股東（§56 I 前段）。代表公司之股東須半數以上在國內有住所（§56 II 準用 §45 II）。公司定有代表公司之股東者，於章程上即應載明其姓名（§41 I 八）。如未經公司章程特定代表公司之股東者，各股東均得代表公司（§56 I 後段）。代表公司之股東，關於公司營業上一切事務，有辦理之權（§57）。所謂「營業上一切事務」，解釋上應包括訴訟、訴訟外之一切行為之權。

公司對於股東代表權所加之限制，不得對抗善意第三人（§58）。

代表公司之股東，如為自己或他人與公司為買賣、借貸或其他法律行為時，不得同時為公司之代表。但向公司清償債務時，不在此限（§59）。本條規定為禁止規定，如違反此禁止規定，其法律為應屬無效。

貳、股東之責任

可分為一般股東責任與特殊股東責任。

一般股東責任又稱為原始股東責任，此項責任規定於本法第 60 條：公司資產不足清償債務時，由股東負連帶清償之責。

特殊股東責任其非原始的股東責任，但因其取得股東身分或因特殊事由而應負擔清償之責任者，是之。其可分為：

1. 入股股東責任

入股股東責任又稱為加入股東責任。其原本並非無限公司之股東，但嗣後加入公司為股東者，對於未加入前公司已發生之債務，亦應負責（§61）。

2. 類似股東責任

類似股東之責任又稱為表見股東、擬似股東或自稱股東之責任。非股東而有可以令人信其為股東之行為者，對於善意第三人，應負與股東同一之責任（§62）。

3. 退股股東責任

　　退股股東應向主管機關申請登記，對於登記前公司之債務，於登記後 2 年內，仍負連帶無限責任 (§70 Ⅰ)。

4. 轉資股東責任

　　股東轉讓其出資者，準用前項之規定 (§70 Ⅱ)。

5. 變更組織後股東責任

　　公司法第 78 條規定「股東依第 76 條第 1 項或第 76-1 條第 1 項之規定，改為有限責任時，其在公司變更組織前，公司之債務，於公司變更登記後 2 年內，仍負連帶無限責任。」

　　股東之連帶無限責任，自解散登記後滿 5 年而消滅 (§96)。

參、債務之抵銷

　　公司之債務人，不得以其債務與其對於股東之債權抵銷 (§64)。解釋上，股東亦不得以其對公司債務人之債務與其對公司之債權主張抵銷。

INTERACTIONS　💡　思考訓練

一、 公司債權人已依破產法受償後，得否再對無線公司之股東請求清償不足之部分？

二、 無限公司股東之連帶無責任是否須俟公司財產全部處分完畢後仍有不足清償時，始生連帶無限責任？

三、 無限公司，對外代表公司之股東們，如其行為相衝突，應如何解決？

四、 公司欠甲股東若干元，其他股東應否負連帶責任？

CHAPTER **2** ## 第四節　入股與退股

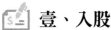 ## 壹、入股

　　入股者，乃指公司成立後，因公司欲增加資本，經一定程序同意新股東之出資，使其取得股東權之制度。入股股東在與公司為入股契約之訂定時，應得全體股東同意（§47）。加入公司為股東者，對於未加入前公司已發生之債務，亦應負責（§61）。

貳、退股

　　退股者，乃無限公司股東於公司存續期間內，因特定事由之發生，而絕對的喪失其股東之資格，使退股者與公司及公司之其他股東間之法律關係，在一定期間經過後，絕對的消滅其彼此間之關係。

　　可分為：聲明退股及法定退股。茲分述如下：

一、聲明退股

　　聲明退股又稱為任意退股。本法規定，在特定情形下，特定之股東，得依法定程序，聲明退股。其情形有二：一為年終退股，另一為隨時退股。

　　年終退股又稱為預告退股。依本法第 65 條第 1 項規定，其要件有四：1. 須章程未定公司存續期間。2. 關於退股為另有特別之訂定。3. 於每會計年度終了時為之。4. 應於 6 個月以前，以書面向公司聲明。

　　隨時退股又稱為任意退股、無責退股。依本法第 65 條第 2 項規定，其要件有二：1. 須股東有非可歸責於自己之重大事由。2. 不問公司訂有存續期限與否均得隨時退股。

二、法定退股

　　法定退股又稱為特定退股。股東基於法律或章程所定之特定事由之發生，而當然的、強制的退股，以消滅其股東資格。其情形有六（§66 Ⅰ）：1. 章程所定退股事由。2. 死亡。3. 破產。4. 受監護或輔助宣告。5. 除名。6. 股東之出資，經法院強制執行者。

參、程序

　　因股東之退股，致章程須為變更。依本法之規定，公司變更章程，應得全體股東之同意 (§47)。則此際，應否遵循第 47 條之規定？

　　依本法第 387 條規定辦法變更登記。如已登記之事項有變更而不為變更登記，不得以其事項對抗第三人 (§12)。

肆、效力

一、股東資格喪失。

二、公司名稱中列有股東之姓或姓名者，該股東退股時，得請求停止使用（姓名之停用）(§68)。

三、退股之股東與公司之結算，應以退股時公司財產之狀況為準 (§69 Ⅰ)。

四、退股股東支出資，不問其種類，均得以現金抵還（出資之抵還）(§69 Ⅱ)。

五、責任之延長 (§70 Ⅰ)。

INTERACTIONS 思考訓練

一、 公司得否以章程之特別規定，排斥第 66 條第 2 項之適用？

二、 被除名股東，如不服其他全體股東決議時，應如何處理？

三、 退股股東得否對該年度未分派之盈餘主張權利？

四、 債權人對無限公司股東之出資實施強制執行，應適用強制執行法何項程序辦理？

第五節　解散、合併、變更組織及清算

有關公司之合併、變更組織與解散，亦已於前述，於此僅介紹清算之部分。

壹、清算

一、意義

清算，乃解散之公司除因合併或破產外，為使法人人格消滅所為之一種法定要式行為，其須遵守法定程序，以了結其法律關係。

二、種類

（一）法定清算

法定清算又稱狹義清算、普通清算，乃指依本法之一般規定程序所為之清算。無限公司僅採此種清算方式。

（二）任意清算

任意清算又稱廣義清算，乃指清算程序得依章程或股東之同意或股東會之決議所定之方式為之。我公司法不承認此種清算方式。

（三）特別清算

特別清算，乃指本法第 5 章第 12 節第 2 目所定之清算程序。僅股份有限公司有此方式，其他種類公司均無。

三、程序

（一）清算人之選任

1. 法定清算人

公司之清算，除本法或章程另有規定或經股東決議，另選清算人外；原則上，應以全體股東之清算人。此項原則，是謂之法定清算人。由股東全體清算時，股東中有死亡者，清算事務由其繼承人行之；繼承人有數人時，應由繼承人互推一人行之（§80）。

2. 選任清算人

清算人係由公司以章程預為規定，或係由股東決議臨時選任，該清算人謂之選任清算人。若係以章程預為規定，則須經全體股東之同意（§40 Ⅱ）。若係由股東決議者，解釋上須有全體股東過半數同意（§29 Ⅱ一類推適用、§82 但書）。

3. 選派清算人

在法定清算人及選任清算人均無法產生時，法院得因利害關係人之聲請，選派清算人（§81)。

（二）清算人之聲報

法定清算人或選任清算人應於就任後 15 日內，將其姓名、住所或居所及就任日期，向法院聲報（§83 Ⅰ）。

清算人由法院選派時，除應聲報外，更應公告（§83 Ⅰ、Ⅲ）。

清算人如有違反聲報期限之規定者，各處新臺幣 3,000 元以上 1 萬 5,000 元以下罰鍰（§83 Ⅳ）。

（三）清算人之職務

清算人之職務如下：1. 了結現務。2. 收取債權、清償債務。3. 分派盈餘或虧損。4. 分派賸餘財產。（§84 Ⅰ）

了結現務，乃指為消滅法人人格，必須結束其營業，清算人在清算範圍內，僅得為消極營業行為。如有債權應為收取，負有債務應依法清償。清算人應於 6 個月內完結清算時，清算人得申敘理由，向法院申請展期（§87 Ⅲ）。

為清償債權，清算人就任後，應以公告方法，催告債權人報明債權，對於明知之債權人，並應分別通知（§88）。當公司財產不足清償其債務時，清算人應即聲請宣告破產（§89 Ⅰ），清算人違反此項規定，不及聲請宣告破產者，各處新臺幣 2 萬元以上 10 萬元以下罰鍰（§89 Ⅲ）。

如公司尚有財產，清算人非清償公司帳務後，不得將公司財產分配於各股東。清算人違反前項規定，分派公司財產時，各處 1 年以下有期徒刑、拘役或科或併科新臺幣 6 萬元以下罰金（§90)。至於賸餘財產之分派，除章程另有訂定外，依各股東分派盈餘或虧損後淨餘出資之比例定之（§91)。

（四）清算人之職權

1. 代表權

清算人於執行本法第 84 條第 1 項之職務，有代表公司為訴訟上或訴訟外一切行為之權。但將公司營業包括資產負債轉讓於他人時，應得全體股東之同意 (§84 II)。清算人有數人時，得推定一個或數人代表公司，如未推定時，各有對於第三人代表公司之權。關於清算事務之執行，取決於過半數之同意。推定代表公司之清算人，應準用第 83 條第 1 項之規定向法院聲報 (§85)。無限公司對於清算人代表權所加之限制，不得對抗善意第三人 (§86)。

2. 檢查權

清算人就任後，應即檢查公司財產情形，造具資產負債表及財產目錄，送交各股東查閱。對前項所為檢查有妨礙行為者，各科新臺幣 2 萬元以上 10 萬元以下罰鍰 (§87 I、II)。

3. 承認權

清算人應於清算完結後 15 日內，造具結算表冊，送交各股東，請求其承認（§92 前段）。清算人請求股東承認，對其清算完結有其重要性，如股東不於一個月內提出異議，即視為承認。但清算人有不法行為時，不在此限 (§92)。

四、解任

法院因利害關係人之聲請，認為必要時，得將清算人解任。但股東選任之清算人，亦得由股東過半數之同意，將其解任 (§82)。

所謂認為必要時，乃指須有正當理由，如清算人不忠實或不能勝任等情形是之。清算人之解任，應由股東於 15 日內，向法院聲報，如有違反聲報期限之規定，各處新臺幣 3,000 元以上 1 萬 5,000 元以下罰鍰 (§83 II、IV)。

五、義務

清算人與公司之關係，除本法規定外，依民法關於委任之規定 (§97)。茲依本法規，分述其義務如下：

（一）依期限完結之義務

清算人不能於第 87 條第 3 項規定期限內完結清算，清算人各處新臺幣 1 萬元以上 5 萬元以下罰鍰 (§87 IV)。

（二）應隨時答覆之義務

清算人遇有股東詢問時，應將清算情形隨時答覆 (§87 V)。清算人違反此項義務，各處新臺幣 1 萬元以上 5 萬元以下罰鍰 (§87 VI)

（三）催報債權人之義務

清算人就任後，應以公告方法，催告債權人報明債權，對明知之債權人，並應分別通知 (§88)

（四）注意之義務

清算人應以善良管理人之注意處理職務，倘有怠忽而致公司發生損害時，應對公司負連帶賠償之責任；其有故意或重大過失時，並應對第三人負連帶賠償責任 (§95)。

六、完結

完結是指清算完結，清算人應於 6 個月內完結清算，是為原則，如不能於 6 個月內完結清算時，清算人得申敘理由，向法院申請展期 (§87 III)，如仍不能完結，應科處罰鍰。

清算完結者，清算人應於清算完結後 15 日內，造具結算表冊，送交各股東，請求其承認，如股東不於 1 個月內提出異議，即視為承認。但清算人有不法行為時，不在此限 (§92)。清算人應於清算完結，經送請股東承認後 15 日內，向法院聲報。清算人違反前項聲報期限之規定時，各處新臺幣 3,000 元以上 1 萬 5,000 元以下罰鍰 (§93)。

公司之帳簿、表冊及關於營業與清算事務之文件，應自清算完結向法院聲報之日起，保存 10 年。其保存人，以股東過半數之同意定之 (§94)。

股東之連帶無限責任，自解散登記後滿 5 年而消滅 (§96)。

七、宣告破產

公司財產不足清償其債務時清算人應即宣告破產。清算人移交其事務於破產管理人時，職務即為終了。清算人違反第 1 項之規定，不即聲請宣告破產者，各科新臺幣 2 萬元以上 10 萬元以下罰鍰 (§89)。

一、 清算人再分派賸餘財產予股東時，有無雙方代表（理）禁止之適用？

二、 無限公司清算人應否得請求報酬？

三、 公司財產不足清償債務時，應先由股東清償，或應依第 89 條之規定聲請破產宣
告？

兩合公司

CHAPTER **3**　第一節　意義及設立

 壹、意義

　　兩合公司，指一人以上無限責任股東，與一人以上有限責任股東所組織，其無限責任股東對公司債務負連帶無限清償責任；有限責任股東就其出資額為限，對公司及其責任 (§114)。

 貳、設立

　　兩合公司之設立，準用無限公司之規定，不再贅述，須補充者為：有限責任股東，不得以勞務為出資 (§117)。由於該條文僅規定不得以勞務出資，因此在解釋上自得類推適用有限公司相關之規定，有限責任之股東得以現金以外之財產抵繳。

　　兩合之公司之章程，除記載第 41 條所列各設事項外，並應記明各股東之責任為無限或有限。除此外，均準用無限公司之規定。

CHAPTER **③** ## 第二節　公司之內部關係

　　兩合公司之內部關係準用無限公司之規定外，本法另款有特別規定，其可概分為：一、股東之出資。二、出資之轉讓。三、業務之執行。四、業務之監督。五、競業之禁止。本節僅就此 5 項之特別規定，予以敘述。

壹、股東之出資

　　有限責任股東，不得以勞務出資。但得以現金以外之其他財產出資。

貳、出資之轉讓

　　無限責任股東出資之轉讓準用無限公司規定。有限責任股東，非得無限責任股東過半數之同意，不得以其出資全部或一部，轉讓於他人。第 111 條第 2 項及第 4 項之規定，於前項準用之 (§119)。

參、業務之執行

　　業務之執行，亦準用無限公司之規定。此外，本法另特別規定：有限責任股東，不得執行公司業務及對外代表公司 (§122)。

肆、業務之監督

一、無限責任股東之監督

　　若兩合公司無限責任股東在二人以上，且章程訂定由無限責任股東中之一人或數人執行業務者，從其訂定。其餘不執行業務股東，得隨時向執行業務之股東質詢公司營業情形，查閱財產文件、帳簿、表冊。

二、有限責任股東之監督

　　有限責任股東，得於每會計年度終了時，查閱公司帳目、業務及財產情形；必要時，法院得因有限責任股東之申請，許其隨時檢查公司帳目、業務及財產之情形。由本項可知，有限責任股東之監察權，原則上限於每營業年度終了時始得為之。對於前項之檢查，有妨害、拒絕或規避行為者，各處新臺幣 2 萬元以上 10 萬元以下罰鍰。連續妨害、拒絕或規避者，並按次連續各處新臺幣 4 萬元以上 20 萬元以下罰鍰 (§118)。

伍、競業之禁止

兩合公司無限責任股東之禁止競業的規定，準用本法第 54 條之規定。

兩合公司有限責任股東，得為自己或他人與本公司同類營業之行為；亦得為他公司之無限責任股東，或合夥事業之合夥人 (§120)。因其既不執行業務又不代表公司，且平時又不能檢查公司帳目、業務及財產之情形，故例外的准許其得為競業之行為。

CHAPTER ③ **第三節　公司之外部關係**

　　兩合公司之外部關係亦準用無限公司之相關規定，除此之外，本法另設有特別規定，其可概分為：一、公司之代表。二、股東之責任。茲分述如下：

壹、公司之代表

　　兩合公司得以章程特定代表公司之無限責任股東。但有限責任股東不得對外代表公司 (§122)。

貳、股東之責任

一、一般規定

　　無限責任股東，對公司債務負連帶無限清償責任。有限責任股東，以出資額為限，對公司負其責任。

二、表見股東

　　有限責任股東，如有可令人信其為無限責任股東之行為者，對於善意第三人，負無限責任股東之責任 (§121)。

CHAPTER **3** 第四節　入股、退股與除名

壹、入股

兩合公司之入股，準用無限公司之規定。

貳、退股

一、無限責任股東之退股

無限責任股東之退股，準用無限公司之規定。

二、有限責任股東之退股

（一）準用無限公司之規定

有限責任股東之退股，準用第 66 條法定退股之規定。另準用第 65 條第 1 項聲明退股之年終退股。

（二）隨時退股

兩合公司有限責任股東遇有非可歸責於自己之重大事由時，得經無限責任股東過半數之同意退股，或申請法院准其退股 (§124)。

（三）有限責任股東退股之限制

有限責任股東，不因受監護或輔助宣告而退股 (§123 Ⅰ)。

有限責任股東死亡時，其出資歸其繼人 (§123 Ⅱ)。唯第 123 條並非強行規定，兩合公司亦得以章程之訂定以之為退股之原因。

參、除名

一、無限責任股東之除名

無限責任股東之除名，準用第 67 條之規定。但若其無限責任股東僅有或僅剩一人時，應如何處理？

似可由全體有限責任股東同意將之除名而為解散，或由全體股東申請法院退股，或加入一無限責任股東繼續經營。

二、有限責任股東之除名

有限責任股東有下列情事之一者，得經全體無限責任股東之同意，將其除名：1. 不履行出資義務者。2. 有不正當行為，妨害公司利益者。唯前項除名，非通知該股東後，不得對抗之 (§125)。

肆、退股、除名之效力

退股、除名之效力，本法並無特別規定，自亦準用無限公司之規定，但此僅限於無限責任股東。如為有限責任之股東則不得準用無限公司之規定，有限公司又無退股或除名之規定，則兩合公司有限責任股東之退股或除名自亦無法準用有限公司之規定。是以兩合公司有限責任股東除依法另負法律上之責任外，應自退股或除名時起對公司之債務即無責任。

CHAPTER **3** 第五節　解散、清算、合併及變更組織

壹、解散及清算

一、解散

　　兩合公司解散，除準用公司之相關規定外，本法尚設有特別規定：公司因無限責任或有限責任股東全體之退股而解散。但其餘股東得以一致之同意，加入無限責任股東或有限責任股東，繼續經營。前項有限責任股東全體退股時，無限責任股東在二人以上者，得以一致之同意變更其組織為無限公司(§126 I、II)。

二、清算

　　清算由全體無限責任股東任之。但無限責任股東得以過半數之同意另行選任清算人；其解任時亦同(§127)。

貳、合併及變更組織

　　合併及變更組織，亦準用無限公司之規定。唯本法設有特別規定：1. 有限責任股東全體退股時，無限責任股東在二人以上者，得以一致之同意變更其組織為無限公司(§126 II)。2. 無限責任股東及有限責任股東，以全體之同意，變更其組織為無限公司時，依前項規定行之(§126 III)。

　　公司得經股東三分之二以上之同意變更章程，將其組織變更為有限公司或股份有限公司。前項情形，不同意之股東得以書面向公司聲明退股(§126 IV、V)。

有限公司

CHAPTER **4** 第一節　意義及設立

壹、意義

　　有限公司係指一人以上股東所組織 (§98 I)，就其出資額為限，對公司負其責任之公司 (§ I 二)。有限公司之股東得為自然人、政府或法人 (§102 II)。法人以公司為限 (類推適用 §128 III)。政府或法人須指定自然人為其代表 (§27 I 但書)。解釋上，限制行為能力人得為公司之股東，唯限制行為能力人不得擔任公司之董事 (§108 I)。

　　有限公司有董事，但無監察人，其以不執行業務之股東行使監察權。

貳、設立

　　發起人最少須有一人。股東應以全體之同意訂立章程，簽名或蓋章，置於本公司，每人各執一份 (§98 II)。應記載事項如有所欠缺，即屬違反法令或不合法訂程式，此際主管機關應令其改正，非俟改正合法後，不予登記 (§388)。登記期限及程式依本法第 387 條辦理。

　　本法第 101 條第一款至第七款及第九款為有限公司章程之應記載事項，第八款為得記載事項，如未記載，不生效力或不得對抗第三人。

　　代表公司之董事不備置前項章程於本公司者，處新臺幣 1 萬元以上 5 萬元以下罰鍰。再次拒不備置者，並按次處新臺幣 2 萬元以上 10 萬元以下罰鍰 (§101 II)。

　　公司資本額，應由各股東全部繳足，不得分期繳款或向外招募 (§100 I)。公司經設立登記，設立登記確定，公司即得成立 (§6) 本法對有限公司設立之無效及撤銷未設明文，解釋上應類推適用無限公司之規定 (§113)。

思考訓練

　　有限公司股東為父子甲乙二人，半數有我國國籍，甲為其一，甲之獨子乙在國外多年，乙具有其他國國籍，今甲死，公司應否解散？

CHAPTER ④ 第二節　公司之內部關係

案例

　　A 有限公司股東甲、乙、丙三人，甲、乙主張與 B 股份有限公司合併，但丙不同意，試問：A 有限公司可以與 B 股份有限公司合併嗎？

　　公司之內部關係可概分為如下三項：

壹、股東之出資

一、出資之種類與轉讓

（一）出資之種類

　　第 99 條之 1 規定「股東之出資除現金外，得以對公司所有之貨幣債權、公司事業所需之財產或技術抵充之。」公司應在本公司備置股東名簿，並記載各股東出資額（§103 I 一）。

（二）轉讓限制

1. 一般股東之限制

　　股東非得其他股東表決權過半數之同意，不得以其出資之全部或一部，轉讓於他人（§111 I）。

2. 對於董事之限制

　　董事非得其他股東表決權三分之二以上之同意，不得以其出資之全部或一部，轉讓於他人（§111 II）。

　　前二項轉讓，不同意之股東有優先受讓權；如不承受，視為同意轉讓，並同意修改章程有關股東及其出資額事項（§111 III）。

3. 強制執行之轉讓

　　法院依強制執行程序，將股東之出資轉讓他人時，應通知公司及其他股東，於 20 日內，依第 1 項或第 2 項之方式，指定受讓人；逾期未指定或指定之受讓人不依同一條件受讓時，視為同意轉讓，並同意修改章程有關股東及其出資額事項（§111 IV）。

貳、內部之組織

一、股東表決權

每一股東不問出資多寡，均有一表決權。但得以章程訂定按出資多寡比例分配表決權。政府或法人為股東時，準用第 181 條規定 (§102)。

二、業務之執行

（一）董事之設置

公司應至少置董事一人執行業務並代表公司，最多置董事三人，應經股東表決權三分之二以上之同意，就有行為能力之股東中選任之。董事有數人時，得以章程置董事長一人，對外代表公司；董事長應經董事過半數之同意互選之 (§108 Ⅰ)。

（二）董事之資格

有限公司之董事，須就有行為能力之股東中選任之 (§108 Ⅰ)。除上述之限制外，尚受有本法第 30 條消極資格之限制（§108 Ⅳ準用 §30）。

（三）權利與義務

董事長之權利與義務，準用無限公司執行業務股東之規定，亦即第 30 條、第 46 條、第 49~53 條、第 54 條第 3 項、第 57~59 條、第 208 條第 3 項、第 208-1 條之規定，於董事準用之 (§108 Ⅳ)。至於其編造表冊之義務，容待後述。

有限公司董事之義務亦有準用股份有限公司之規定者。如：有限公司虧損達公司資本總額二分之一時，董事應即召集股東會報告。公司資產顯有不足抵償其所負債務時，除得依第 282 條辦理者外，董事應即申請宣告破產。（§108 Ⅳ準用 §211 Ⅰ及Ⅱ）代表公司之董事違反前項準用第 211 條第 1 項或第 2 項規定者，處新臺幣 2 萬元以上 10 萬元以下罰鍰 (§108 Ⅴ)。

（四）「競業禁止」之義務

董事為自己或他人為與公司同類業務之行為，應對全體股東說明其行為之重要內容，並經股東表決權三分之二以上之同意 (§108 Ⅲ)。

（五）執行之方法

準用第 46 條之規定 (§108 Ⅳ)。此外，如董事請假或因故不能行使職權時，指定股東一人代理之；未指定代理人者，由股東間互推一人代理之 (§108 Ⅱ)。

三、業務之監督

（一）監察權之歸屬

本法對有限公司並未設置監察人，本法規定有限公司不執行業務之股東，均得行使監察權（§109前段）。惟此規定並非強行規定，故得以章程特定行使監察權之股東。

（二）監察權之行使

本法規定，監察權之行使，準用第48條之規定（§109後段）。亦即不執行業務之股東，得隨時向董事質詢公司營業情形，查閱財產文件、帳簿、表冊。

（三）監察權之方式

不執行業務股東是否各得單獨行使監察權？本法並無明文，解釋上得由公司章程規定之，未規定時，應得單獨行使。

不執行業務之股東辦理前項事務，得代表公司委託律師、會計師審核之（§108 II）。

（四）妨礙監察權之行使

規避、妨礙或拒絕不執行業務股東行使監察權者，代表公司之董事各處新臺幣2萬元以上10萬元以下罰鍰（§109 III）。

參、章程之變更

公司變更章程、合併及解散，應經股東表決權三分之二以上之同意。除前項規定外，公司變更章程、合併、解散及清算，準用無限公司有關之規定（§113）。

一、得因減資而變更章程

公司得經股東表決權過半數之同意減資（§106 III前段）。

二、得因增資而變更章程

公司增資，應經股東表決權過半數之同意。但股東雖同意增資，仍無按原出資數比例出資之義務。有前項但書情形時，得經股東表決權過半數之同意，由新股東參加。公司得經股東表決權過半數之同意減資或變更其組織為股份有限公司（§106 I、II）。

前三項不同意之股東，對章程修正部分，視為同意（§106 IV）。

案例解說

　　公司法第72條規定「公司得以全體股東之同意，與他公司合併。」有限公司變更章程、合併、解散及清算，準用無限公司有關之規定 (§113)。今 A 有限公司股東丙不同意公司合併，則不符公司法的規定，則該公司即不能與他公司合併。

INTERACTIONS   思考訓練

一、 有限公司之股權得否設定質權？

二、 有限公司監察權之行使，得否準用股份有限公司之規定？

三、 有限公司之董事應如何選任？

CHAPTER **4** ## 第三節　公司之外部關係

公司之外部關係，可概分為：一、公司之代表。二、股東之責任。

壹、公司之代表

公司董事之一人可代表公司。如董事二人以上時，仍僅一人代表公司（§108 Ⅰ），其他相關事項均已敘明於前。

貳、股東之責任

各股東對於公司之責任，除第 2 項規定外，以其出資額為限。股東濫用公司之法人地位，致公司負擔特定債務 清償顯有困難，其情節重大而有必要者，該股東應負清償之責（§99）。第二項稱之為揭開公司面紗原則。

INTERACTIONS   思考訓練

　　有限公司僅董事甲一人，甲與公司為買賣行為，甲購置公司土地一事，依第 59 條之規定，其不得同時為公司之代表，此時應如何處理？

CHAPTER **4**　**第四節　公司之會計**

公司之會計可概分為二部分敘述：一、表冊之編造。二、盈餘之分派。

壹、表冊之編造

一、編造與承認

每屆會計年度終了，董事應依第 228 條之規定，造具各項表冊，分送各股東，請其承認；其承認應經股東表決權過半數之同意（§110 Ⅰ）。

該條第 2 項規定「前項表冊，至遲應於每會計年度終了後 6 個月內分送。分送後逾 1 個月未提出異議者，視為承認。」

此外，繼續 1 年以上，持有出資額占資本總額 3% 以上之股東，得隨時申請法院選派檢察人，檢查公司業務帳目及財產情形（110 Ⅲ 準用 §245 Ⅰ）。公司董事不得妨礙、拒絕或規避，如有妨礙、拒絕或規避，各處新臺幣 2 萬元以上 10 萬元以下罰鍰；連續妨礙、拒絕或規避者，並按次連續各處新臺幣 4 萬元以上 20 萬元以下罰鍰（§21 Ⅰ、Ⅱ）。

二、盈餘之分派

（一）分派之禁止

有限公司有關盈餘及虧損分派比例或標準，為章程之絕對必要記載事項（§101 Ⅰ五）。

公司非彌補虧損及依本法規定，提出法定盈餘公積後，不得分派股息及紅利。公司無盈餘時，不得分派股息及紅利。但法定盈餘公積已超過實收資本額 50% 時，公司得以其超過部分作為股息及紅利。公司負責人違反該規定分派股息及紅利時，各處 1 年以下有期徒刑、拘役或科或並科新臺幣 6 萬元以下罰金（§110 準用 §232）。公司違反規定分派股息紅利時，公司之債權人，得請求退還，並得請求賠償因此所受之損害（§110 準用 §233）。

第 110 條第 4 項規定「對於依前項準用第 245 條第 1 項規定，聲請法院選派檢查人之檢查，有規避、妨礙或拒絕行為者，處新臺幣 2 萬元以上 10 萬元以下罰鍰。」

（二）公積之提存

公司於彌補虧損完納一切捐稅後，分派盈餘時，應先提出 10% 為法定盈餘公積。但法定盈餘公積已達資本總額時，不在此限 (§112 Ⅰ)。公司負責人違反此項規定，不提出法定盈餘公積時，各處新臺幣 2 萬元以上 10 萬元以下罰鍰。(§112 Ⅳ)。

除第 112 條第 1 項法定盈餘公積外，公司得以章程訂定，或經股東表決權三分之二以上之同意，另提特別盈餘公積 (§112 Ⅱ)。

第 239 條、第 241 條第 1 項第 2 款及第 3 項之規定，於有限公司準用之。(§112 Ⅲ)

有關公積之事項，容於股份有限公司章時，再為詳述。

（三）分派之方法

有限公司股息紅利之分派方法，準用股份有限公司之規定（§110 Ⅱ準用 §235）。其分派之方法於股份有限公司章再敘述。

INTERACTIONS 思考訓練

一、 有限公司能否分派「股份股息」？

二、 有限公司不得準用第 238 條之規定，問：(1) 有限公司處分資產之溢價收入，得否列為資本公積？ (2) 如得列為資本公積，其可否轉為資本？

CHAPTER **4** ## 第五節 公司變更章程、合併、解散及清算

　　有關公司之合併、變更組織,與解散、清算已於前述。請參照。

　　本法第113條規定「公司變更章程、合併及解散,應經股東表決權三分之二以上之同意。除前項規定外,公司變更章程、合併、解散及清算,準用無限公司有關之規定。」。

| 第五章 |

股份有限公司

CHAPTER ⑤ **第一節　意義及設立**

案例

甲、乙成立 A 股份有限公司，甲負責與丙洽商專利權授與之事宜，於設立契約中載明「保證公司成立時會享有丙所授予之專利權。」公司設立登記後，丙公司授與 A 股份有限公司專利權，並約定權利金每年 100 萬元新臺幣分四季支付。後因 A 公司第一季 25 萬元未付，丙乃要求甲發起人負責清償。有理由否？

壹、意義

股份有限公司係指二人以上股東或政府、法人股東一人所組織，全部資本分為股份；股東就其所認股份，對公司負其責任（§2 I 四）。茲分述如下：

一、股東人數

股份有限公司應有二人以上股東為發起人（§128 I 前段）。股份有限公司之股東，最少應有二人，此不但為其成立要件，亦為其存續要件，如其有記名股東不滿二人時，原則上公司即應解散（§315 I 四）。但政府或法人股東一人所組織之股份有限公司，不受第 128 條第 1 項之限制（§128 之一 I 前段）。

股份有限公司股東原則上無上限，但若是「閉鎖性股份有限公司」原則上股東人數不得超過 50 人（§356 之 1）。

二、股東資格

（一）自然人、法人均可

股份有限公司之發起人或股東，得為自然人或法人。因此；政府或法人均得為發起人，但法人為發起人者，以一、公司或有限合夥。二、以其自行研發之專門技術或智慧財產權作價投資之法人。三、經目的事業主管機關認屬與其創設目的相關而予核准之法人。（§128 Ⅲ）。

（二）行為能力之限制

無行為能力人、限制行為能力人或受輔助宣告尚未撤銷之人，不得為發起人（§128 Ⅱ）。

三、股東責任

依本法第 2 條之規定，股東就其所認股份，對公司負其責任。亦即，股東對於公司之責任，以繳清其股份之金額為限（§154 Ⅰ）。此為「質」的有限責任。有限公司股東對公司之責任，原則上以其出資額為限（§99），與股份有限公司股東以繳清其股份金額為限，表面上看似相同，實則相異。

四、信用基礎

股份有限公司之股東隨時可以加入或退出，公司股份之轉讓，原則上不得以章程禁止或限制（§163）。因而公司全然地依賴公司之資產為信用基礎。故股份有限公司為典型的資合公司。

典型的資合公司與典型的人合公司不同：1.前者法人（團體）性濃，後者合夥性濃。2.前者股東地位轉移容易，後者轉移困難。3.前者採企業所有與經營分立理論，後者採合一理論。4.前者之股份具有流通性、有價性、證券性，後者之出資轉讓困難。5.前者股東所負之責任為「股份有限責任」，後者為「連帶無限責任」。

五、組織狀態

股份有限公司有股東會、董事、董事會及監察人。此為其他種類公司之所無。股東會為公司最高決議機關，董事為執行機關，監察人為監督機關。

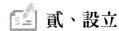 **貳、設立**

一、概說

股份有限公司之設立較為繁瑣，其設立可分為發起設立與募集設立，此二者本法均設有詳細之規定，本書擬先將二者共通項目於概說中敘明。

（一）發起人

1. 意義

發起人，乃指為籌設股份有限公司，並簽名於章程之人。如其雖參與設立行為但未簽名於章程則仍非發起人。發起人應以全體之同意訂立章程並簽名蓋章（§129）。發起人最少應有二人，但政府或法人股東一人所組織之股份有限公司，不在此限（§128之一 Ⅰ）。但若公司設立登記未成功，若該發起人已實際參與公司之設立行為，但未於章程之發起人處簽名、蓋章者，亦應負連帶賠償責任（§150）。

2. 資格

無行為能力人、限制行為能力人或受輔助宣告尚未撤銷之人，不得為發起人。（§128 Ⅱ）。

無行為能力人、限制行為能力人或受輔助宣告尚未撤銷之人，不得為發起人（§128 Ⅱ）。

政府或法人均得為發起人。但法人為發起人者，以下列情形為限：一、公司或有限合夥。二、以其自行研發之專門技術或智慧財產權作價投資之法人。三、經目的事業主管機關認屬與其創設目的相關而予核准之法人（§128 Ⅲ）。

3. 利益

發起人所得受之特別利益及受益人之姓名，應載明章程（§130 Ⅰ四）。前項第四款發起人所得受之特別利益，股東會得修改或撤銷之。但不得侵及發起人既得之利益。（§130 Ⅱ）。此項發起人之特別利益得單獨轉讓。

發起人所得受之報酬或特別利益及公司所負擔之設立費用有冒濫者，創立會均得裁減之，用以抵作股款之財產，如估價過高者，創立會得減少其所給股數或責令補足。（§147）。

4. 責任

(1) 連帶認繳義務

未認足之第一次發行股份，及已認而未繳股款者，應由發起人連帶認繳；其已認而經撤回者亦同（§148）。

(2) 損害賠償責任

因有本法第147條及第148條情形，公司受有損害時，得向發起人請求賠償（§149）。

(3) 連帶賠償責任

發起人對於公司設立事項，如有怠忽其任務致公司受損害時，應對公司負帶賠償責任。發起人對於公司在設立登記前所負債務，在登記後亦負連帶責任（§155 Ⅱ）。本條第1項為過失責任。第2項則為法定責任。

(4) 不能成立之責

公司不能成立時，發起人關於公司設立所為之行為，及設立所需之費用，均應負連帶責任，其因冒濫經裁減者亦同（§150）。

(5) 其他之責任

如侵權責任 (§23)。如未經設立登記而為營業或其他法律行為之責 (§19)。如違反證券交易法相關規定之責任（證 §20，§31，§32）等屬之。

（二）訂立章程

無論係採發起設立或募集設立，均須訂立章程。

1. 章程之應記載事項

所謂應記載事項，乃指依法必須記載之事項，若該事項有所欠缺，即屬違反法令或不合法定程式，此際主管機關應令其改正，非俟改正合法後，不予登記 (§388)。如不予登記，則該公司即無法設立成立。

股份有限公司章程應記載事項規定於第 129 條，請參看 (§129)。

2. 章程之得記載事項

所謂得記載事項，乃指該事項如未載明於章程，雖不生該效力，或因未載明而不得對抗第三人，但並不因其未載明於章程而影響其設立登記。

股份有限公司章程得記載事項，乃指第 130 條所列各款事項，非經載明於章程者，不生效力 (§130)。

二、發起（又稱同時或單純）設立

（一）訂立章程

發起人應以全體之同意訂立章程 (§129 I) 已如前述。

（二）認足股份

發起人應認足第一次應發行股份 (§131 前段)。此乃股份有限公司與其他種類公司在出資上之不同，股份有限公司之資本總額無庸全部認足，股份總數，得分次發行 (§156 IV前段)，此謂之授權資本制。

（三）繳足股款

發起人認足第一次應發行股份時，應即按股繳足股款 (§131 I)，此項之股款，除現金外，得以公司事業所需之財產、技術抵充之 (§131 III)。此僅限發起人得為抵繳，其他股東原則上應以現金出資，但經修正後規定，股東之出資除現金外，得以對公司所有之貨幣債權，公司事業所需財產或技術抵充之，其抵充之數額需經董事會決議 (§156 V)。

（四）選董監事

　　發起人認足第一次應發行之股份時，應即按股繳股款並選任董事及監察人（§131 I）。前項選任方法，準用第 198 條之規定（§131 II）。此項「累積投票法」擬於董事一節時，再為敘述。

（五）設立登記

　　申請本法各項登記之期限、應檢附之文件與書表及其他相關事項之辦法，由中央主管機關定之。前項登記之申請，得以電子方式為之；其實施辦法，由中央主管機關定之。前二項之申請，得委任代理人，代理人以會計師、律師為限。代表公司之負責人或外國公司在中華民國境內之負責人申請登記，違反依第一項所定辦法規定之申請期限者，處新臺幣 1 萬元以上 5 萬元以下罰鍰。代表公司之負責人或外國公司在中華民國境內之負責人不依第一項所定辦法規定之申請期限辦理登記者，除由主管機關令其限期改正外，處新臺幣 1 萬元以上 5 萬元以下罰鍰；屆期未改正者，繼續令其限期改正，並按次處新臺幣 2 萬元以上 10 萬元以下罰鍰，至改正為止（§387）。

　　代表公司之負責人違反依第 387 條第 4 項所定辦法規定之申請期限辦理登記者，處新臺幣 1 萬元以上 5 萬元以下罰鍰；其不依第 4 項所定辦法規定之申請期限辦理登記者，除由主管機關責令限期改正外，處新臺幣 1 萬元以上 5 萬元以下罰鍰；期滿未更正者，繼續責令期限改正，並按次連續處新臺幣 2 萬元以上 10 萬元以下罰鍰，至改正為止（§387 VI、VII）。

（六）公司成立

　　公司設立登記，應俟中央主管機關發給執照後，方為確定。於設立登記確定後，公司即得成立。（§6）。

三、募集（又稱漸次或複雜）設立

　　募集設立係指發起人不認足第一次發行之股份時，應募足之（§132 I）。募集設立之方式係對外公開招募。此項招募之程序較發起設立為繁瑣，可稱為複雜設立。又因其已履行部分發起設立程序而後再為公開招募，故又稱為漸次設立，茲分述如下：

（一）訂立章程

　　發起人應以全體之同意訂立章程（§129 I）。

（二）招股章程

　　發起人欲對外公開招募時，應訂立招股章程，其應載明第 137 條所載各款事項（§137）。

（三）申請審核

　　發起人公開招募股份時，應先具備第 133 條第 1 項各款事項（§133 Ⅰ）。

（四）公告招募

　　本法第 133 條第 1 項各款，應於證券管理機關通知到達之日起 30 日內，加記核准文號及年、月、日公告招募之。但第 5 款約定事項，得免予公告（§133 Ⅲ）。

　　唯申請公開招募股份者，若有下列情形之一者，證券管理機關得不予核准或撤銷核准；1. 申請事項有違反法令或虛偽者。2. 申請事項有變更，經限期補正而未補正者。發起人有前項第 2 款情事時，由證券管理機關各處新臺幣 2 萬元以上 10 萬元以下罰鍰（§135）。

　　證券管理機關撤銷本法第 135 條之核准時，未招募者，停止招募；已招募者，應募人得依股份原發行金額，加算法定利息，請求返還（§136）。

（五）進行認股

　　經主管機關核准公開招募，並經公告後，即得進行認股之行為。此時，發起人應備認股書，載明本法第 133 條第 1 項各款事項，並加記證券管理機關核准文號及年、月、日，由認股人填寫所認股數、金額及其住所或居所，簽名或蓋章（§138 Ⅰ）。發起人如違反此項規定，不備認股書者，由證券管理機關各處新臺幣 1 萬元以上 5 萬元以下罰鍰（§138 Ⅲ）。

　　如股票發行價格係以超過票面額發行股票者，認股人應於認股書註明認繳之金額（§138 Ⅱ）。認股人一旦認股，則認股人即有照所填認股書繳納股款之義務（§139）。但於下列二情形，認股人得繳回：1. 第一次發行股份募足後，逾 3 月而股款尚未繳足，或 2. 股款雖已繳納而發起人不於 2 個月內召集創立會者，認股人得撤回其所認之股（§152）。但創立會結束後，認股人不得將股份撤回（§153）。

（六）催繳股款

　　第一次發行股份總數募足時，發起人應即向各認股人催繳股款，已超過票面金額發行股票時，其溢額應與股款同時繳納（§141）。

認股人延欠本法 141 條應繳之股款時，發起人應定 1 個月以上之期限催告該認股人照繳，並聲明逾期不繳，失其權利 (§142 Ⅰ)。發起人已為前項之催告，認股人不照繳者，即失其權利，所認股份另行募集。前項情形，如有損害，仍得向認股人請求賠償 (§142)。

此時，已認而未繳股款者，應由發起人連帶認繳；其已認而經撤回者亦同（§148後段）。

（七）開創立會

1. 意義

創立會乃指由發起人召集各認股人所組成之機構，在公司成立前議決設立相關事項，其性質與公司成立後之股東會相似，故其職權之行使準用股東之規定。

2. 召集

創立會之程序及決議，準用第 172 條第 1 項、第 4 項、第 5 項、第 174 條、第 175 條、第 177 條、第 178 條、第 179 條、第 181 條、第 183 條第 1 項、第 2 項、第 4 項、第 5 項及第 189~191 條之規定。但關於董事及監察人之選任，準用第 198 條之規定 (§144 Ⅰ)。

發起人違反前項準用第 172 條第 1 項、第 5 項規定，或違反前項準用第 183 條第 1 項、第 4 項、第 5 項規定者，處新臺幣 1 萬元以上 5 萬元以下罰鍰 (§144 Ⅱ)。

3. 權限

(1) 聽取報告權

創立會有聽取發起人就本法第 145 條第 1 項所列事項報告之權。發起人對於前項報告有虛偽情事時，各科新臺幣 6 萬元以下罰金 (§145 Ⅱ)。此外另有聽取調查報告權 (§146)。

(2) 選任董監事

創立會應選任董事、監察人（§146 Ⅰ前段）。其選任之方法以累積投票法為之（§144 準用 §198）。

董事、監察人經選任後，應即就第 145 條所列事項，為確實之調查並向創立報告（§146 Ⅰ後段）。經調查後，發現有冒濫或虛偽者，由創立會裁減之（§146 Ⅲ）。

發起人如有妨礙上述調查行為或董事、監察人、檢查人報告有虛偽者，各科新臺幣 6 萬元以下罰金 (§146 Ⅳ)。第 146 條第 1 項、第 2 項之調查報告，經董事、

監察人或檢查人之請求延期提出時，創立會應準用第 182 條之規定，延期或續行集會 (§146 V)，無庸再為通知或公告認股人。

(3) 裁減利益

發起人所得受之報酬或特別利益及公司所負擔之設立費用有冒濫者，創立會均得裁減之，用以抵作股款之財產，如估價過高者，創立會得減少其所給股數或責令補足 (§147)。

(4) 修改章程

創立會得修改章程（§151 I 前段）。其修改章程之決議，準用第 277 條第 2~4 項之規定，即應採特別決議（§151 II 前段）。

(5) 決議不設立

創立會得為公司不設立之決議（§151 I 後段）。此項決議之規定，準用第 316 條之規定。

公司不成立時，發起人之責任已如前述，請參照。如創立會決議設立，則進入下一步驟－申請設立。

（八）申請設立

股份有限公司之募集設立者，其代表公司之負責人應依第 387 條規定申請設立登記。

四、公開發行

公司得依董事會之決議，向證券主管機關申請辦理公開發行程序；申請停止公開發行者，應經特別決議。公開發行股票之公司已解散、他遷不明或因不可歸責於公司之事由，致無法履行證券交易法規定有關公開發行股票公司之義務時，證券主管機關得停止其公開發行。公營事業之申請辦理公開發行及停止公開發行，應先經該公營事業之主管機關專案核定 (§156-2)。

案例解說

公司法第 155 條第 2 項規定「發起人對於公司在設立登記前所負之債務，在登記後亦負連帶責任」，係指公司在設立登記前所負之債務而言，至公司在設立登記後所負之債務，發起人即無與公司負連帶責任之餘地。本件公司對丙之債務是在設立登記後始發生，發起人即無與公司負連帶責任之餘地。

INTERACTIONS　　思考訓練

一、認股人應繳之股款，得否以其對公司之債權抵繳？或以公司事業上所需之財產抵繳？

二、發起人所得受之特別利益，是否必須連同股份一併轉讓？

三、農會得否為股份有限公司之發起人？

四、試述發起人之責任為何？

五、認股行為得否附條件？

六、公司之發起人得為董事，此與「企業經營與所有分立」之原則有無牴觸？

CHAPTER **⑤** | # 第二節　股份與股票

案例

1. A 股份有限公司持有 B 股份有限公司已發行股份總數 51%。今 A 股份有限公司發行新股，B 股份有限公司可否購買？
2. A 股份有限公司董事甲乙丙三人，甲擔任董事時持股 300 股，任期中賣給 X、Y 各 100 股，半年後，甲再買回 200 股以出席董事會，丙主張甲不得參加。問：丙的主張有理由否？
3. 甲將其所有 A 股份有限公司股份之一部分轉讓給乙，計價 300 萬元。但約定須等 4 個月後辦理過戶登記。乙聲稱其嗣後始發現該股份是發起人股（但無法證明），因屬公司設立未滿 1 年之股份，依公司法第 163 條第 2 項規定，買賣契約無效，乃主張該買賣無效，依不當得例請求返還，是否有理由？

壹、股份之意義

　　股份為股份有限公司最小的資本單位，由於股份有限公司資本應分為股份，擇一採行票面金額股或無票面金額股。公司採行票面金額股者，每股金額應歸一律（§156 Ⅰ、Ⅱ）。因此每一股份均不能再分割，但得共有（§160）。採行無票面金額股者，其所得之股款應全數撥充資本（§156 Ⅱ）。

　　股份為公司最小的資本單位，係就財產權而言。若就社員權而論，股份即係股東權，一股一權是為原則，股份為數人共有者，其共有人應推定一人行使股東之權利（§160 Ⅰ）。

貳、資本三原則

一、資本確定原則與授權資本制

（一）資本確定原則

　　資本確定原則又稱法定資本制。其乃指在公司設立時，應於章程中確立資本總額，並應認足或募足其全部之資本，不得為分次出資。我國無限公司、有限公司、兩合公司係採此制。

（二）授權資本制

授權資本制，乃指公司在設立時，僅需於章程中載明資本總額，由發起人為部分之認股，並將之記載於章程，公司即得成立，其未認足之部分，授權董事會於必要時，再以發行新股之方式籌措資金。

授權資本制之優點為：1. 公司設立容易且便捷。2. 資金之調度具機動性。3. 得以符合資本證券化。4. 破產責任以已認股為限。唯其亦有缺點：1. 董事權力過大。2. 易生詐設公司之弊。3. 易形成投機之風氣。4. 財力薄弱、基礎不穩易生倒閉情形。

二、資本維持原則

資本維持原則又稱為資本充實原則、資本拘束原則。因股份有限公司為典型的資合公司，其係以公司之資本為信用基礎，因而公司應維持相當於資本額之財產，以保障債權人之利益。

我公司法採此原則，並設有一些規定以維持公司之資本，如 1. 面額股原則上禁止折價發行：採行票面金額股之公司，其股票之發行價格，不得低於票面金額。但公開發行股票之公司，證券主管機關另有規定者，不在此限。採行無票面金額股之公司，其股票之發行價格不受限制（§140 Ⅰ）。2. 高估發起人抵繳股款之裁減（§147）。3. 股份收回、收買或設質之限制（§167 Ⅰ）。4. 法定與特別公積之提出（§237）。

三、資本不變原則

公司資本總額一旦確立即應予以維持，公司之實有資本不得任意減少，是謂之資本不變原則。公司非依股東會決議減少資本，不得銷除其股份；減少資本，應依股東所持股份比例減少之。但本法或其他法律另有規定者，不在此限。（§168 Ⅰ）。

參、股份之種類

一、依股東權益不同為區分

（一）普通股

採股份平等原則，每股金額一律，公司各股東，除本法另有規定外，每股有一表決權（§179 Ⅰ）。

（二）特別股

公司股份之一部分得為特別股；其種類，由章程定之（§156 Ⅲ）。公司發行特別股時，應依第 157 條第 1 項各款規定於章程定之。但第 157 條第 3 款規定之特別股，於公開發行股票之公司，不適用之：一、第 1 項第 4 款、第 5 款及第 7 款之特別股。二、得轉換成複數普通股之特別股。

1. 優先特別股

於公司在分派盈餘或公司解散清算分派賸餘財產時，得較普通股為優先分派之股份。其又可分：

(1) 累積與非累積優先分派股

所謂累積優先分派股乃指當公司於本年度無盈餘或盈餘之數額不敷特別股分派，其不足之數額得於有盈餘年度之盈餘內補足其差額之特別股。如其不足之數額不得併入日後有盈餘年度之盈餘內分派則為非累積優先分派股。

(2) 參加與非參加優先分派股

所謂參加優先分派股，乃指特別股東先就公司盈餘中分派其所應得之股息紅利，如仍有盈餘，則得與普通股，依股份平等原則，再為盈餘之分派。如其僅能分派特別股股息紅利部分者，即謂之為非參加優先分派股。

2. 後配股

後配股又稱發起人股，其目的係在募集設立時吸引認股人認股之一種方法。亦即後配股股東，其股息紅利分派之順序或賸餘財產分配之順序較普通股更為不利者，其須待普通股分派完畢才得分派者，是謂之為後配股。

二、依有無表決權而為區分

（一）有表決權股

凡章程規定，持有該股份者得參與股東會之表決者，謂之有表決權股。

（二）無表決權股

凡章程規定，持有該股份者不得參與股東會之表決者，謂之無表決權股。民國107 年 7 月修正公司法，修正第 179 條第 2 項規定「下列情形之一者，其股份無表決權：1. 公司依法持有自己之股份。2. 被持有已發行有表決權之股份總數或資本總額超過半數之從屬公司，所持有控制公司之股份。3. 控制公司及其從屬公司直接或間接持有他公司已發行有表決權之股份總數或資本總額合計超過半數之他公司，所持有控制公司及其從屬公司之股份。」

（三）複數表決權特別股

複數表決權特別股或對於特定事項具否決權特別股（§157Ⅰ四）。

三、依有無金額記載為區分

（一）面額股

於股票票面記載一定金額之股份者，又稱為金額股。

（二）比例股

比例股又稱無面額股，即股票票面不記載一定金額，僅載明一定之比例者是之。其優點在於發放股份股息不致使股本過於膨脹，在股票集保時較易處理。故我國目前正研擬比例股之可行性，以因應時勢之所需。

四、依股份得否被收回區分

（一）得收回股

得收回股又稱償還股，公司所發行之特別股，得收回者（§158前段）是之。

（二）不得收回股

不得收回款又稱為非償還股，公司所發行之普通股，不得將其收回。

五、依得否轉換他種股區分

（一）得轉換股

公司所發行之特別股如得轉換為普通股者，是之。第156-1條規定「公司得經有代表已發行股份總數三分之二以上股東出席之股東會，以出席股東表決權過半數之同意，將已發行之票面金額股全數轉換為無票面金額股；其於轉換前依第241條第1項第1款提列之資本公積，應全數轉為資本。前項出席股東股份總數及表決權數，章程有較高之規定者，從其規定。公司印製股票者，依第一項規定將已發行之票面金額股全數轉換為無票面金額股時，已發行之票面金額股之每股金額，自轉換基準日起，視為無記載。前項情形，公司應通知各股東於轉換基準日起6個月內換取股票。前四項規定，於公開發行股票之公司，不適用之。公司採行無票面金額股者，不得轉換為票面金額股。」

（二）不得轉換股

公司所發行之股份不得轉換為其他種類股份，如普通股不得轉換為特別股。

六、實體發行股與無實體發行股

（一）實體發行股

乃指該股份明確的以股票表示，由公司印製並交付給股東。

（二）無實體發行股

乃指該股份並未明確的以股票表示，也未由公司交付給股東。本法規定公開發行股票之公司，其發行之股份得免印製股票。依前項規定未印製股票之公司，應洽證券集中保管事業機構登錄其發行之股份，並依該機構之規定辦理。經證券集中保管事業機構登錄之股份，其轉讓及設質，應向公司辦理或以帳簿劃撥方式為之，不適用第164 條及民法第 908 條之規定。前項情形，於公司已印製之股票未繳回者，不適用之 (§161 之 2)。

肆、特別股之發行及其保障

一、發行程序

公司發行特別股時，應依公司法第 157 條規定為之。

二、發行時間

公司發行特別股無時間之限制。其在發起設立時得發行特別股（§130 I 四），於募集設立時亦得發行特別股 (§132 II)。在發行新股時也可發行特別股（§268 I 六），但亦有例外於發行新股時不得發行有優先權之特別股 (§269)。

三、特別股之保障

公司發行之特別股，得收回之。但不得損害特別股股東按照章程應有之權利 (§158)。此為收回之保障。

公司已發行特別股者，其章程之變更如有損害特別股股東之權利時，除應以特別股東會決權為之，並應經特別股股東會之決議 (§159)。此為變更章程之保障。

伍、股份之轉讓及限制

一、轉讓

公司股份之轉讓，不得以章程禁止或限制之（§163 I 本文）。可知，股份有限公司之股份係以自由轉讓為原則。

二、限制

（一）一般股東之限制

一般股東欲轉讓其股份，非於公司設立登記後不得轉讓（§163 I 但書）。此項規定為強行規定，違反者無效。

（二）就董監事之限制

董、監事經選任後，應向主管機關申報其選任當時所持有之公司股份數額。在任期中其股份有增減時，應向主管機關申報並公告之，公開發行股票之公司董事在任期中不得轉讓其選任當時所持有之公司股份數額二分之一以上，超過二分之一時，其董、監事當然解任 (§197 I、§227)。

（三）就閉鎖期間而論

有學者認為本法第 165 條第 2 項之規定亦屬股份轉讓之限制。本書認為依該項之規定以觀，股東之股份轉讓並未受限制，僅係在閉鎖期間內受讓人無法辦理變更登記而已。故本書不認為此項規定係屬轉讓之限制。

（四）對於公司之限制

股東不得將其股份轉讓與其公司 (§167)，以維資本充實原則，並避免權利義務之混淆。但於例外時公司得收回、收買其股份。此容待後述。

（五）員工承購之限制

公司於發行新股保留原發行新股由員工承購者，公司得限制在一定期間不得轉讓。但其期間最長不得超過 2 年 (§267 VI)。

公司法第 167-2 條規定「公司除法律或章程另有規定者外，得經董事會以董事三分之二以上之出席及出席董事過半數同意之決議，與員工簽訂認股權契約，約定於一定期間內，員工得依約定價格認購特定數量之公司股份，訂約後由公司發給員工認股權憑證。員工取得認股權憑證，不得轉讓。但因繼承者，不在此限。章程得訂明第 1 項員工認股權憑證發給對象包括符合一定條件之控制或從屬公司員工。」

（六）閉鎖性股份有限公司之限制

閉鎖性股份有限公司，股份轉讓之限制，應於章程載明。前項股份轉讓之限制，公司印製股票者，應於股票以明顯文字註記；不發行股票者，讓與人應於交付受讓人之相關書面文件中載明。前項股份轉讓之受讓人得請求公司給與章程影本（§356 之 5）。

陸、股份之收回、收買及設質

一、原則

（一）公司不得將自己公司之股份收回、收買或收為質物

公司原則上不得自將股份收回、收買或收為質物（§167 I 本文）。

（二）從屬公司不得將控制公司之股份收買或收為質物

被持有已發行有表決權之股份總數或資本總額超過半數之從屬公司，不得將控制公司之股份收買或收為質物(§167 III)。

（三）他公司不得將控制或從屬公司之股份收買或收為質物

前項控制公司及其從屬公司直接或間接持有他公司已發行有表決權之股份總數或資本總額超過半數者，他公司亦不得將控制公司及其從屬公司之股份收買或收為質物（§167 IV）。

二、例外

（一）特別股之收回

1. 得收回股之收回

公司得將特別股收回，但不得損害特別股股東按照章程應有之權利(§158)。

2. 抵償欠債之收回

公司於股東清算或受破產之宣告時，得按市價收回其股份，抵償其於清算或破產宣告前結欠公司之債務（§167 I 但書）。

（二）股份之收買

1. 反對重大決議之收買

股東於股東會為下列決議前，已以書面通知公司反對該項行為之意思表示，並於股東會已為反對者，得請求公司以當時公平價格，收買其所有之股份（§186 本文）：1.締結、變更或終止關於出租全部營業，委託經營或與他人經常共同經營之契約。2.讓與全部或主要部分之營業或財產。3.受讓他人全部營業或財產，對公司營運有重大影響者（§185 I）。但股東會為第 185 條第 1 項第 2 款之決議，同時決議解散時，不在此限（§186 但書）。

少數股東為上述之請求，應自第 185 條決議日起 20 日內，提出記載股份種類及數額之類而為之（§187 Ⅰ）。

股東與公司間協議決定股份價格者，公司應自決議日起 90 日內支付價款，自第 185 條決議日起 60 日內未達協議者，股東應於此期間經過後 30 日內，聲請法院為價格之裁定。公司對法院裁定之價格，自前述之期間屆滿日起，應支付法定利息，股份價款之支付，應與股票之交付同時為之，股份之移轉於價款支付時生效（§187 Ⅱ、Ⅲ）。

2. 反對公司合併之收買

公司分割或與他公司合併時，股東在股東會集會前或集會中，以書面表示異議或以口頭表示異議經記錄者，得放棄表決權，而請求公司按當時公平價格，收買其持有之股份（§317 Ⅰ）。至於請求收買之時間、收買價格之決定等，準用第 187 及 188 條之規定（§317 Ⅲ）。

3. 公司自行收買自己之股份…公司法上之（員工）庫藏股

第 167-1 條規定「公司除法律另有規定者外，得經董事會以董事三分之二以上之出席及出席董事過半數同意之決議，於不超過該公司已發行股份總數 5% 之範圍內，收買其股份；收買股份之總金額，不得逾保留盈餘加已實現之資本公積之金額。前項公司收買之股，應於 3 年內轉讓於員工，屆期未轉讓者，視為公司未發行股份，並為變更登記。公司依第 1 項規定收買之股份，不得享有股東權利。章程得訂明第 2 項轉讓之對象包括符合一定條件之控制或從屬公司員工。」本條應適用於非公開發行股票及未上市之公司（經濟部民國 91 年 8 月 9 日經商字第 0910216680 號函）。

（三）股份之設質

公司不得自將股份收為質物（§167 Ⅰ）。

經證券集中保管事業機構登錄之股份，其轉讓及設質，應向公司辦理或以帳簿劃撥方式為之，不適用第 164 條及民法第 908 條之規定。前項情形，於公司已印製之股票未繳回者，不適用之（§161-2 Ⅲ、Ⅳ）。

三、處置

（一）依本法第 167 條第 1 項但書及第 186 條收回、收買後之處置

公司依第 167 條第 1 項但書或第 186 條規定，收回或收買之股份，應於 6 個月內，按市價將其出售，逾期未經出售者，視為公司未發行股份，並為變更登記（§167 Ⅱ）。

（二）依本法第 167-1 條收買後之處置

公司依第 167-1 條第 1 項規定，收買之股份，應於 3 年內轉讓給員工，屆期未轉讓者，視為公司未發行股份，並為變更登記（§167 之 1 Ⅱ）。以上為公司法上之「庫藏股」。

四、處罰

公司負責人違反第 167 條第 1~4 項之規定，將股份收回、收買或收為質物，或抬高價格抵償債務或抑低價格出售時，應負賠償責任 (§167 Ⅴ)。

柒、證券交易法上之庫藏股

依新修正之證券交易法第 28-2 條規定：「股票已在證券交易所上市或於證券商營業處所買賣之公司，有下（左）列情形之一者，得經董事會三分之二以上董事之出席及出席董事超過二分之一同意，於有價證券集中交易市場或證券商營業處所或依（證交法）第 43-1 條第 2 項規定買回其股份，不受公司法第 167 條第 1 項規定之限制：一、轉讓股份與員工。二、配合附認股權公司債、附認股權特別股、可轉換公司債、可轉換特別股或認股權憑證之發行，作為股權轉換之用。三、為維護公司信用及股東權益所必要而買回，並辦理銷除股份者。前項公司買回股份之數量比例，不得超過公司已發行股份總數 10%；收買股份之總金額，不得逾保留盈餘加發行股份溢價及已實現之資本公積之金額。公司依第 1 項規定買回其股份之程序、價格、數量、方式、轉讓方法及應申報公告事項，由主管機關以命令定之。公司依第 1 項買回之股份，除第 3 款部分應於買回之日起 6 個月內辦理變更登記外，應於買回之日起 5 年內將其轉讓；逾期未轉讓者，視為公司未發行股票，並應辦理變更登記。公司依第 1 項規定買回之股份，不得質押；於未轉讓前，不得享有股東權利。公司於有價證券集中交易市場或證券商營業處所買回其股份者，該公司其依公司法第 369 條之 1 規定之關係企業或董事、監察人、經理人、持有該公司股份超過股份總額 10% 之股東所持有之股份，於該公司買回之期間內不得賣出。第 1 項董事會之決議及執行情形，應於最近一次之股東會報告；其因故未買回股份者，亦同。第 6 項所定不得賣出之人所持有之股份，包括其配偶、未成年子女及利用他人名義持有者。」

同法第 43 條之 1 第 2 項規定「不經由有價證券集中交易市場或證券商營業處所，對非特定人為公開收購公開發行公司之有價證券者，除下列情形外，應提出具有履行

支付收購對價能力之證明，向主管機關申報並公告特定事項後，始得為之：一、公開收購人預定公開收購數量，加計公開收購人與其關係人已取得公開發行公司有價證券總數，未超過該公開發行公司已發行有表決權股份總數 5%。二、公開收購人公開收購其持有已發行有表決權股份總數超過 50% 之公司之有價證券。三、其他符合主管機關所定事項。」

　　由證券交易法之規定以觀，公司在收買其股份時較具有彈性，唯其僅限在集中市場、店頭市場或經主管機關核准而向特定人收購。此為買回公司股票之場所限制。

　　公司依證交法規定收買其股份者，在股份數量及總金額上亦受限制，且於公司買回後之處分上亦有限制，即不得將之質押。此外，亦設有股份銷除、變更登記之規定，以防範弊端之發生。

捌、股份之銷除

一、意義

　　股份之銷除，乃指依本法規定使公司已發行股份之一部予以消滅。

二、限制及處罰

　　公司非依股東會決議減少資本，不得銷除股份。減少資本應依股東所持股份比例減少之。但本法或其他法律另有規定者，不在此限。公司減少資本，得以現金以外財產退還股款；其退還之財產及抵充之數額，應經股東會決議，並經該收受財產股東之同意。前項財產之價值及抵充之數額，董事會應於股東會前，送交會計師查核簽證。公司負責人違反前三項規定者，各處新臺幣 2 萬元以上 10 萬元以下罰鍰（§168）。

玖、股票之意義及發行

一、意義

　　股票乃表彰股東權之一種有價證券，其亦是股份之具體的表現。原則上得以股票之持有證明其股東權及股份之存在，故股票係屬「證權證券」。

二、發行

（一）發行時期

1. 消極限制及效力

公司非經設立登記或發行新股變更登記後，不得發行股票，但公開發行股票之公司，證券管理機關另有規定者，不在此限。違反前項規定發行股票者，其股票無效力。但持有人得向發行股票人請求損害賠償（§161）。

2. 積極限制及效力

公開發行股票之公司，應於設立登記或發行新股變更登記後 3 個月內發行股票。公司負責人違反前項規定，不發行股票者，除由證券主管機關令其限期發行外，各處新臺幣 24 萬元以上 240 萬元以下罰鍰；屆期仍未發行者，得繼續令其限期發行，並按次處罰至發行股票為止（§161-1）。此為連續處罰主義，期使公司能遵守期限發行股票以保股東之權益並維護公司制度。

三、股票之製作

發行股票之公司印製股票者，應依第 162 條之規定為之。

四、公開發行

（一）依決議為公開發行

公司法第 156-2 條規定「公司得依董事會之決議，向證券主管機關申請辦理公開發行程序；申請停止公開發行者，應有代表已發行股份總數三分之二以上股東出席之股東會，以出席股東表決權過半數之同意行之。出席股東之股份總數不足前項定額者，得以有代表已發行股份總數過半數股東之出席，出席股東表決權三分之二以上之同意行之。前二項出席股東股份總數及表決權數，章程有較高之規定者，從其規定。公開發行股票之公司已解散、他遷不明或因不可歸責於公司之事由，致無法履行證券交易法規定有關公開發行股票公司之義務時，證券主管機關得停止其公開發行。…」

（二）公營事業之公開發行

公營事業股票之公開發行，應由該公營事業之主管機關專案核定（§156 之 2 Ⅴ）。

（三）停止公開發行

1. 申請停止公開發行

　　已公開發行後，欲停止公開發行，應申請停止公開發行。申請停止公開發行者，應有代表已發行股份總數三分之二以上股東出席之股東會，以出席股東表決權過半數之同意行之。出席股東之股份總數不足前項定額者，得以有代表已發行股份總數過半數股東之出席，出席股東表決權三分之二以上之同意行之。前二項出席股東股份總數及表決權數，章程有較高之規定者，從其規定。（§156之二Ⅰ後段、Ⅱ、Ⅲ）。

2. 職權停止公開發行

　　公開發行股票之公司已解散、他遷不明或因不可歸責於公司之事由，致無法履行證券交易法規定有關公開發行股票公司之義務時，證券主管機關得停止其公開發行（§165Ⅳ）。

四、無實體發行

　　發行股票之公司，其發行之股份得免印製股票。依前項規定未印製股票之公司，應洽證券集中保管事業機構登錄其發行之股份，並依該機構之規定辦理。（§161之2Ⅰ、Ⅱ）。

拾、股票之轉讓

　　此項相關之部分已於股份轉讓中說明。今再補充如下：

一、轉讓方式

　　股票由股票持有人以背書轉讓之，並應將受讓人之姓名或名稱記載於股票（§164）。

二、轉讓效力

　　記名股票之轉讓，非將受讓人之姓名或名稱記載於股票，並將受讓人之本名或名稱及住所或居所，記載於公司股東名簿，不得以其轉讓對抗公司（§165Ⅰ）。前項股東名簿記載之變更，於股東常會開會前30日內，股東臨時會開會前15日內，或公司決定分派股息及紅利或其他利益之基準日前5日內不得為之（§165Ⅱ）。公開發行股票之公司辦理第1項股東名簿記載之變更，於股東常會開會前60日內，股東臨時會開會前30日內，不得為之（§165Ⅲ）。前2項期間，自開會日或基準日起算（§165Ⅳ）。

此謂之閉鎖期間。由此項規定可知在此期間內，股票仍得轉讓，僅無法為股東名簿記載之變更，因而不得以其轉讓對抗公司，但在當事人之間轉讓仍生效力。且第165條第2項規定僅適用於記名股票而不適用於無記名股票。

案例解說

1. 公司法第167條第3項規定「被持有已發行有表決權之股份總數或資本總額超過半數之從屬公司，不得將控制公司之股份收買或收為質物。」

   B股份有限公司得否購買A股份有限公司之新股，應視A股份有限公司所持B股份有限公司的股數而定，若B股份有限公司採法定資本制，則其已發行股份總數即為資本總額，若此；B股份有限公司不得收買A股份有限公司之股份。

   若B股份有限公司採授權資本制，則已發行股份總數少於資本總額，則需視其所持有已發行有表決權之股份總數或已發行股份總數占資本總額是否已超過半數而定。

2. 董事經選任後，應向主管機關申報，其選任當時所持有之公司股份數額；公開發行股票之公司董事在任期中轉讓超過選任當時所持有之公司股份數額二分之一時，其董事當然解任（§197 I）。

   此為強制規定，當董事甲在任期中轉讓股份達二分之一時，已當然解任，不因其嗣後再買回補足差額之股票而得補正。

3. 股份有限公司發起人之股份，非於公司設立登記1年後，不得轉讓，公司法第163條第2項定有明文。違反此項禁止規定之股份轉讓，違反者，依民法第71條規定，應屬無效。

   記名股票之過戶登記，僅係股份轉讓對抗公司及第三人之要件，而非生效要件，此觀公司法第165條規定自明。此與兩造單純約定於A股份有限公司設立登記滿1年後，始背書、交付記名股票予乙及辦理過戶登記之情形有別，非屬兩造預期於不能之情形除去後而為給付。兩造股份讓與契約，因其讓與契約違反禁止規定，仍屬無效。

   乙於行為當時，已知違反公司法之禁止轉讓規定，其依民法第113條規定，主張回復請求權，自不應准許。又因不法之原因而為給付者，不得請求返還，民法第180條第4款定有明文。乙既明知系爭股份之轉讓違反上開公司法禁止之規定，竟仍予以受讓而為價金之給付，亦不得依民法第179條不當得利之規定請求返還（83年度台上字第3022號判決）。

INTERACTIONS 　💡　**思考訓練**

一、 尚未發行股票之公司，其認股人甲將所認股份中之一部分轉讓與第三人乙，乙得否以轉讓契約要求公司為股東名簿之變更？

二、 試依公司法及證卷交易法規定，說明公司得否自行收買其股票？

三、 記名股票得否以空白背書轉讓？

四、 公司得否發行無表決之特別股？亦即公司得否於章程中訂名「特別股股東與表決權」？

五、 公司發行無表決權之優先特別股，今股東會決議降低優先股分派股息之定率，問此項決議的效力如何？應如何處理此狀況？

六、 試述股票發行之消極與積極之限制。

七、 試述股份轉讓之方式及限制各如何？

八、 股份有限公司之發起人，於公司設立登記未滿一年，將其股份轉讓，此項轉讓之效力如何？

九、 甲以其持有 A 公司之股份，向乙公司設定質權，並記載於股票及 A 公司的股東名簿，今 A 公司分派股息紅利，此時乙公司得否主張權力要求應分派與乙公司？

十、 股東依公司法第 186 條請求公司收買其股份時，何時發生股份移轉之效力？

CHAPTER **5**　**第三節　股東會**

案例

1. A 股份有限公司監察人甲，與董事長乙有所不睦，認為甲的頂領方式有所不當，乃召開股東會，股東大多出席，並要求董事長應改善領導方式。董事長乙認為該決議無效，拒絕履行。問乙的主張有理由否？
2. A 股份有限公司董事長甲，在當選前持股有 10 萬股，並且將其中 3 萬股設定質權。甲當選後在認其中增加 2 萬股，共有 12 萬股，並於任期中又將其持股中的 5 萬股設定質權。召開股東會時，甲主張其表決權的計算應有 6 萬股。問甲的主張有理由否？

　　股份有限公司之機關可分為：股東會、董事及董事會、監察人，本節首先介紹股東會。

壹、股東會之意義

　　股東會，係由全體股東（包括普通股，有表決權之特別股）所組成。此係與其他二機關不同之一。股東會為公司內部之最高意思決定機關，其為法定的必備之常設機關，唯其並無執行之權。但若為政府或法人（含外國公司）股東一人所組成之股份有限公司，自無成立股東會之可能，則該公司之股東會職權由董事會行使之，不適用本法有關股東會之規定。前項公司，得依章程規定不設董事會，置董事一人或二人；置董事一人者，以其為董事長，董事會之職權由該董事行使，不適用本法有關董事會之規定；置董事二人者，準用本法有關董事會之規定。第 1 項公司，得依章程規定不置監察人；未置監察人者，不適用本法有關監察人之規定。第 1 項公司之董事、監察人，由政府或法人股東指派（§128 之一）。

　　有關股東會之相關事項分析如下：

一、組成主體－股東

　　股東者為公司股份之所有者，其得為自然人、政府或公司。本法採股份平等之原則，原則上一股一權（§179 Ⅰ）。股東之權利可分為自益權與共益權。

二、組織功能－決議

股東會最大的功能即在議決公司之事務，及查核表冊、報告等權。

 貳、股東會之種類

一、常會

股東常會，每年至少召集一次（§170Ⅰ一）。其應於每會計年度終結後六個月內召開之。但有正當事由經報請主管機關核准者，不在此限（§170Ⅱ）。代表公司之董事違反前項召集期限之規定時，處新臺幣1萬元以上5萬元以下罰鍰（§170Ⅲ）。

二、臨時會

股東臨時會，於必要時召集之。（§170Ⅰ二）。

三、特別股東會

特別股東會，僅由特別股股東所組成，於公司變章程時，其變更如有損害特別股股東之權利時，應召開特別股東會（§159Ⅰ）。特別股股東會準用關於股東會之規定（§159Ⅳ）。

四、股東組

公司重整時，由重整債權人及股東組成關係人會議。關係人會議時，應分組行使其表決權。在公司資本尚有淨值時，關係人會議之股東組，得行使表決權，公司無資本淨值時，股東組不得行使表決權（§302）。

參、股東會之召集

一、召集時期

已於前述。

二、召集權人

（一）董事會

股東會除本法另有規定外，由董事會召集之（§171），此為當然召集。如有繼續1年以上，持有已發行股份總數3%以上股份之股東，得以書面記明提議事項及理由，請求董事會召集股東臨時會（§173Ⅰ），此為請求召集。

（二）少數股東

上述之少數股東於請求提出後 15 日內，董事會不為召集之通知時，股東得報經主管單位許可，自行召集（§173 II）。此外由於董事因股份轉讓或其他理由，致董事會不為召集或不能召集股東會時，得由持有已發行股份總數 3% 以上之股東，報經主管機關許可，自行召集（§173 IV）。

繼續 3 個月以上持有已發行股份總數過半數股份之股東，得自行召集股東臨時會。前項股東持股期間及持股數之計算，以第 165 條第 2 項或第 3 項停止股票過戶時之持股為準（§173-1）。

（三）監察人

監察人除董事會不為召集或不能召集股東會外，得為公司利益，於必要時，召集股東會（§220）。

另者，法院對於檢查人檢查公司業務帳目及財產情形所為之報告，法院對此項報告認為有必要時，得命監察人召開股東會（§245 II）。

（四）重整人

公司重整人，應於重整計畫所訂期限內完成重整工作；重整完成時，應聲請法院為重整完成之裁定，並於裁定確定後，召集重整後之股並召集重整後之股東會選任董事、監察人（§310 I）。

（五）清算人

清算人於執行清算事務之範圍內，除公司法另有規定外，其權利義務與董事同（§324）。故其得召開股東會。

（六）提案權－股東提案權及公司負責人違法之行政罰鍰

持有已發行股份總數 1% 以上股份之股東，得向公司提出股東常會議案。但以一項為限，提案超過一項者，均不列入議案。公司應於股東常會召開前之停止股票過戶日前，公告受理股東之提案、書面或電子受理方式、受理處所及受理期間；其受理期間不得少於 10 日。股東所提議案以 300 字為限；提案股東應親自或委託他人出席股東常會，並參與該項議案討論。除有第 4 款所列情事之一者外，股東所提議案，董事會應列為議案。第一項股東提案係為敦促公司增進公共利益或善盡社會責任之建議，董事會仍得列入議案。公司應於股東會召集通知日前，將處理結果通知提案股東，並將合於本條規定之議案列於開會通知。對於未列入議案之股東提案，董事會應於股東會

說明未列入之理由。公司負責人違反第 2 項、第 4 項或前項規定者，各處新臺幣 1 萬元以上 5 萬元以下罰鍰。但公開發行股票之公司，由證券主管機關各處公司負責人新臺幣 24 萬元以上 240 萬元以下罰鍰（§172-1）。

三、召集程序

（一）股東常會

股東常會之召集，應於 20 日前通知各股東（§172 Ⅰ）。公開發行股票之公司股東常會之召集，應於 30 日前通知各股東（§172 Ⅲ 前段）。

（二）臨時會

股東臨時會之召集，應於 10 日前通知各股東，對於持有無記名股票者，應於 15 日前公告之（§172 Ⅱ）。公開發行股票之公司股東臨時會之召集，應於 15 日前通知各股東，對於持有無記名股票者，應於 30 日前公告之（§172 Ⅲ 後段）。

（三）通知及公告

無論係常會或臨時會之通知應載明召集事由；其通知經相對人同意者，得以電子方式為之（§172 Ⅳ）。關於選任或解任董事、監察人、變更章程、減資、申請停止公開發行、董事競業許可、盈餘轉增資、公積轉增資、公司解散、合併、分割或第 185 條第 1 項各款之事項，應在召集事由中列舉並說明其主要內容，不得以臨時動議提出；其主要內容得置於證券主管機關或公司指定之網站，並應將其網址載明於通知（§172 Ⅴ）。

上述召集之通知，係採發信主義。召集之地點無特別限制，僅須由有召集權人依法召集即可，至於開會地點亦無限制。

（四）違反之效果

代表公司之董事，違反第 1~3 項或前項規定者，處新臺幣 1 萬元以上 5 萬元以下罰鍰。但公開發行股票之公司，由證券主管機關處代表公司之董事新臺幣 24 萬元以上 240 萬元以下罰鍰（§172 Ⅵ）。

但股東會決議在 5 日內延期或續行集會，不適用第 172 條之規定（§182）。

肆、股東會之職權

一、查核表冊報告權

股東會得查核董事會造具之表冊、監察人之報告（§184 I前段）。股東會執行前項查核時，股東會得選任檢查人(§184 II)。董事會亦有義務將其所造具之各項表冊，提出於股東常會請求承認之義務（§230 I前段）。監察人對於董事會所編造之上述各項表冊，應予查核，並報告意見於股東會(§219 I)。董、監事對股東會之查核有妨礙、拒絕或規避之行為者，各科新臺幣2萬元以上10萬元以下罰鍰(§184 III)。

二、聽取董監事等報告

股東會得聽取董事會之報告，如董事會有關虧損之報告(§211 I)、如有關募集公司債事項之報告（§246 I但書）。股東會亦得聽取監察人之報告，如前述第184條第1項之報告、如清算完結之審查報告(§331 I)。

三、表決權及其他權利

表決權為股東會最重要之職權，容待後述。其他權例如決議盈餘分派或虧損撥補（§184 I後段）、董監事之選任，解任等事項，於此不一一贅述。

伍、股東會之決議

一、股東會之決議方法

（一）普通決議

普通決議係指股東會議決公司之一般事項時所採行之決議方法，亦即股東會之決議，除本法另有規定外，應有代表已發行股份總數過半數股東之出席，以出席股東表決權過半數之同意行之(§174)。

依本條規定可知，股份有限公司股東會之表決權，係以股份數為準，而非以股東人數為據。表決權之計算係以出席股東表決權為據，而不以表決時實際股數為準。

（二）假決議

假決議者，係指股東會議決普通決議之事項時，出席股東不足前條定額，而有代表已發行股份總數三分之一以上股東出席時，得以出席股東表決權過半數之同意，為假決議，並將假決議通知各股東，於1個月內再行召集股東會。前項股東會，對於假決議，如仍有已發行股份總數三分之一以上股東出席，並經股東表決權過半數之同意，視同前條之決議(§175)。

（三）特別決議

股東會應行特別決議之事項，以法律有明文規定者為限（§174 I 前段）。其大致可分如下 9 項事項：1. 公司轉投資之額度，欲超過公司實收股本 40%，應行特別決議(§13 II)。2. 創立會修改章程或不設立之決議(§151 II)。3. 變更章程之決議(§159、277 II)。4. 有關公司重大行為之決議(§185)。5. 董事解任之決議(§199 II)。6. 董事競業行為許可之決議(§209 II)。7. 以發行新股方式分派股息及紅利(§240 I)。8. 公積撥充資本之決議(§241 I)。9. 公司解散、合併或分割之決議，以上均應有代表已發行股份總數三分之二以上股東之出席，以出席股東表決權過半數之同意行之(§316)。

（四）選舉決議

股東會選任董事時，所採之累積投票制(§198)。公司法修正第 192 條之 1 規定「公司董事選舉，採候選人提名制度者，應載明於章程，股東應就董事候選人名單中選任之。但公開發行股票之公司，符合證券主管機關依公司規模、股東人數與結構及其他必要情況所定之條件者，應於章程載明採董事候選人提名制度。公司應於股東會召開前之停止股票過戶日前，公告受理董事候選人提名之期間、董事應選名額、其受理處所及其他必要事項，受理期間不得少於 10 日。持有已發行股份總數 1% 以上股份之股東，得以書面向公司提出董事候選人名單，提名人數不得超過董事應選名額；董事會提名董事候選人之人數，亦同。前項提名股東應敘明被提名人姓名、學歷及經歷。董事會或其他召集權人召集股東會者，除有下列情事之一者外，應將其列入董事候選人名單：一、提名股東於公告受理期間外提出。二、提名股東於公司依第 165 條第 2 項或第 3 項停止股票過戶時，持股未達 1%。三、提名人數超過董事應選名額。四、提名股東未敘明被提名人姓名、學歷及經歷。公司應於股東常會開會 25 日前或股東臨時會開會 15 日前，將董事候選人名單及其學歷、經歷公告。但公開發行股票之公司應於股東常會開會 40 日前或股東臨時會開會 25 日前為之。公司負責人或其他召集權人違反第 2 項或前二項規定者，各處新臺幣 1 萬元以上 5 萬元以下罰鍰。但公開發行股票之公司，由證券主管機關各處公司負責人或其他召集權人新臺幣 24 萬元以上 240 萬元以下罰鍰。」

二、表決權行使之規定

（一）原則

　　所謂表決權，係指股東就股東會決議公司事務時，得表示其意思之權利。原則上依據股份平等原則，每一股份有一表決權，有第 179 條第 2 項所訂情形之一者，其股份無表決權 (§179)。

（二）例外－訂立表決權拘束契約及表決權信託契約

　　股東得以書面契約約定共同行使股東表決權之方式，亦得成立股東表決權信託，由受託人依書面信託契約之約定行使其股東表決權。股東非將前項書面信託契約、股東姓名或名稱、事務所、住所或居所與移轉股東表決權信託之股份總數、種類及數量於股東常會開會 30 日前，或股東臨時會開會 15 日前送交公司辦理登記，不得以其成立股東表決權信託對抗公司。前二項規定，於公開發行股票之公司，不適用之 (§175-1)。

（三）方法

1. 表決權行使之方式

　　公司召開股東會時，採行書面或電子方式行使表決權者，其行使方法應載明於股東會召集通知。但公開發行股票之公司，符合證券主管機關依公司規模、股東人數與結構及其他必要情況所定之條件者，應將電子方式列為表決權行使方式之一。前項以書面或電子方式行使表決權之股東，視為親自出席股東會。但就該次股東會之臨時動議及原議案之修正，視為棄權（§177 之 1）。

　　公開發行公司之股東係為他人持有股份時，股東得主張分別行使表決權。前項分別行使表決權之資格條件、適用範圍、行使方式、作業程序及其他應遵行事項之辦法，由證券主管機關定之 (§181 Ⅲ、Ⅳ)。

2. 意思表示

　　股東以書面或電子方式行使表決權者，其意思表示應於股東會開會 2 日前送達公司，意思表示有重複時，以最先送達者為準。但聲明撤銷前意思表示者，不在此限。股東以書面或電子方式行使表決權後，欲親自出席股東會者，應於股東會開會 2 日前，以與行使表決權相同之方式撤銷前項行使表決權之意思表示；逾期撤銷者，以書面或電子方式行使之表決權為準。股東以書面或電子方式行使表決權，並以委託書委託代理人出席股東會者，以委託代理人出席行使之表決權為準（§177 之 2）。

（三）限制

1. 股東出席限制

　　原則上，各股東均得出席股東會，例外時，股東得委託代理人出席。股東得於每次股東會，出具公司印發之委託書，載明授權範圍，委託代理人，出席股東會。但公開發行股票之公司，證券主管機關另有規定者，從其規定（§177 I）。一股東以出具一委託書，並以委託一人為限，並應於股東會開會五日前送達公司，委託書有重複時，以最先送達者為準。但聲明撤銷前委託者。不在此限（§177 III）。委託書送達公司後，股東欲親自出席股東會或欲以書面或電子方式行使表決權者，應於股東會開會 2 日前，以書面向公司為撤銷委託之通知；逾期撤銷者，以委託代理人出席行使之表決權為準（§177 IV）。

2. 表決權之限制

(1) 代理人之限制

除信託事業或經證券主管機關核准之服務代理機構外，一人同時受二人以上股東委託時，其代理之表決權不得超過已發行股份總數表決權之 3%，超過時其超過之表決權，不予計算（§177 II）。

(2) 表決權之迴避

股東對於會議之事項有自身利害關係至有害於公司利益之虞時，不得加入表決，並不得代理他股東行使其表決權（§178）。

(3) 對持股之限制

公司各股東，除本法另有規定外，每股有一表決權。有第 179 條第 2 項所訂情形之一者，其股份無表決權（§179）。

(4) 政府法人之限制

政府或法人為股東時，其代表人不限於一人。但其表決權之行使，仍以其所持有之股份綜合計算。前項之代表人有二人以上時，其代表人行使表決權應共同為之（§181）。

股東會之決議，對無表決權股東之股份數，不算入已發行股份之總數。股東會之決議對依第 178 條規定不得行使表決權之股份數，不算入已出席股東之表決權數（§180）。

三、股東會議決之記錄

股東會之議決事項，應作成議事錄，由主席簽名或蓋章，並於會後 20 日內，將議事錄分發各股東。前項議事錄之製作及分發，得以電子方式為之。並應依第 183 條規定為之。代表公司之董事，違反第 1 項、第 4 項或前項規定者，處新臺幣 1 萬元以上 5 萬元以下罰鍰 (§183)。

陸、股東會決議之效力

一、合法之效力

股東會之合法決議，有拘束公司及公司機關與成員之效力，例如：董事會。

即應依照股東會之決議執行義務 (§193 Ⅰ)。

二、不合法之效力

（一）形式違法－撤銷決議

股東會之召集程序或其決議方法，違反法令或章程時，股東得自決議之日起 30 日內，訴請法院撤銷其決議 (§189)。

法院對於第 189 條撤銷決議之訴，認為其違反之事實非屬重大且於決議無影響者，得駁回其請求（§189 之 1）決議事項已為登記者，經法院為撤銷決議之判決確定後，主管機關經法院之通知或利害關係人之申請時，應撤銷其登記 (§190)。

（二）實質違法－決議無效

股東會決議之內容，違反法令或章程者無效 (§191)。此乃指決議之內容違反法令或章程之明文規定或公序良俗等情形而言。無召集權人召集之股東會所為之決議，其在形式上應屬不存在之決議，其決議自始即不能發生效力，故屬決議無效之情形。

案例解說

1. 監察人除董事會不為召集或不能召集股東會外，得為公司利益，於必要時，召集股東會 (§220)。要求董事長應改善領導方式是否係為公司利益？值得研究。若非屬為公司之利益，則有違反公司法第 220 條之規定。

   但縱係監察人於無召集股東會之必要時召集股東會，與無召集權人召集股東會之情形有別，僅係該股東會之召集程序有無違反法令，得否依公司法第 189 條規定，由股東自決議之日起 1 個月內，訴請法院撤銷其決議而已，該決議在未經撤銷前，仍為有效（最高法院 86 年台上字第 1579 號民事判例）。

2. 公開發行股票之公司董事以股份設定質權超過選任當時所持有之公司股份數額二分之一時，其超過之股份不得行使表決權，不算入已出席股東之表決權數。公司法第 197-1 條第 2 項定有明文。

   查該條立法理由載「發生財務困難之上市、上櫃公司，其董監事多將持股質押以求護盤，使持股質押比例往往較一般公司高；但股價下跌時，為免遭銀行催補擔保品，又再大肆借貸力守股價，惡性循環之結果導致公司財務急遽惡化，損害投資大眾權益。為健全資本市場與強化公司治理，實有必要對設質比重過高之董事、監察人加強控管。特修正「公司法」第 197-1 條，若公開發行股票之公司董事以股份設定質權超過選任當時所持有之公司股份數額二分之一時，其超過之股份不得行使表決權，不算入已出席股東之表決權數。藉此杜絕企業主炒作股票之動機與歪風，及防止董監事信用過度膨脹、避免多重授信。」

   故無論董監事之持股設質係在任期前或任期中，對其超過一定比例之股份限制其表決權之行使，始符法意。則依此規定計算董監事股份設質數時，應不以其於任期中之設質為限（最高法院 103 年台上字第 1732 號民事判決）。

INTERACTIONS　💡　思考訓練

一、 股份有限公司未經董事會決議，逕以董事長名義召集股東會，並經股東會為決議，股東得否訴請法院撤銷其決議或宣告其無效？

二、 改選董監事、解任董事，得否以臨時動議提出？

三、 股份有限公司股東會關於特別決議事項及選舉董事、監察人、有無假決議規定之適用？

四、 股東於股東會決議時，得否將其部分股份投贊成票，部分股份為反對票？

五、 股東出具公司印發之委託書，委託代理人出席股東會，未載明授權範圍，該代理人之權限如何？

六、 股份有限公司章程對於股東持有已發行股份總數 3% 以上者，如未為限制其表決權，其效果如何？

七、 A 股份有限公司已發行 1,000 股，股東兼董事之甲、乙、丙各有 200 股，丁、戊各為 100 股，己庚為無表決權之特別股，各為 100 股。今召開股東會決議對乙之競業行為的許可，有股東甲、乙、丙、丁、庚出席。經表決僅有甲同意，或係丙、丁同意，問其效力如何？

八、 股份有限公司股東得委託他人代理出席股東會，此項代理人是否限於股東？

CHAPTER 5 **第四節　董事及董事會**

案 例

1. 甲、乙二人組成股份有限公司，甲擔任董事長，乙擔任監察人，申請登記，應否核准？

2. 甲為 A 股份有限公司董事長，甲召開董事會後代表 A 公司與 B 股份有限公司簽定一筆機械租賃契約，交由股東會追認，股東乙、丙認為甲逾越權力，因為公司章程並未規定董事有該項權力。問乙、丙有理由否？

壹、董事

董事為董事會之成員，為公司必要常設之執行及代表機關（民 §21）。且為公司之當然負責人 (§8)。公司與董事間之關係，除本法另有規定外，依民法關於委任之規定 (§192 V)。

公司董事不得少於 3 人，由股東會就有行為能力之人選任之 (§192 I)。但依證券交易法規定發行股票之公司董事會，設置董事不得少於五人（證 §26 之 3 I）。證券交易法另設有獨立董事之規定，獨立董事應具備專業知識，於執行業務範圍內應保持獨立性，不得與公司有直接或間接之利害關係者始得充任。獨立董事，人數不得少於 2 人，且不得少於董事席次五分之一（證 §14 之 2 II、I）。

公司得依章程規定不設董事會，置董事一人或二人。置董事一人者，以其為董事長，董事會之職權並由該董事行使，不適用本法有關董事會之規定；置董事二人者，準用本法有關董事會之規定。

公開發行股票之公司依第 1 項選任之董事，其全體董事合計持股比例，證券主管機關另有規定者，從其規定。民法第 15 條之 2 及第 85 條之規定，對於本項行為能力，不適用之 (§192 II、III、IV)。

一、董事之選任

公司董事會之董事，由股東就有行為能力之人中選任之，公開發行股票之公司依前項選任之董事，其全體董事合計持股比例，證券管理機關另有規定者，從其規定 (§192 I、III)。此外；董事資格亦受消極限制，因而本法第 30 條之規定，對董事準用之 (§192 VI)。

　　如為政府或法人股東一人所組織股份有限公司之董事、監察人，由政府或法人股東指派（§128之1）。除此外；公司在發起設立時，由發起人互選，其選任方法，準用第198條之規定（§131Ⅰ、Ⅱ）。於募集設立時，由創立會選任（§146Ⅰ）。創立會選任董事，準用股東會之方法（§144），亦採累積投票法。

　　累積投票法，乃指股東會選任董事時，除公司章程另有規定外，每一股份有與應選出董事人數相同之選舉權，得集中選舉一人，或分配選舉人數，有所得選票代表選舉權較多者，當選為董事（§198Ⅰ）。第178條之規定，對於前項選舉權，不適用之（§198Ⅱ）。

・公開發行股票之公司董事選舉

　　公司董事選舉，採候選人提名制度者，應載明於章程，股東應就董事候選人名單中選任之。但公開發行股票之公司，符合證券主管機關依公司規模、股東人數與結構及其他必要情況所定之條件者，應於章程載明採董事候選人提名制度（§192-1）。

　　公開發行股票之公司董事當選後，於就任前轉讓超過選任當時所持有之公司股份數額二分之一時，或於股東會召開前之停止股票過戶期間內，轉讓持股超過二分之一時，其當選失其效力（§197Ⅲ）。

　　又若董事缺額達三分之一時，應即召開股東臨時會補選之。但公開發行股票之公司，董事會應於60日內召開股東臨時會補選之（§201）。

二、董事之任期

　　董事任期不得逾3年。但得連選連任（§195Ⅰ）。董事任期屆滿而不及改選時，延長其執行職務至改選董事就任時為止。但主管機關得依職權限期令公司改選；屆期仍不改選者，自限期屆滿時，當然解任（§195Ⅱ）。

三、董事之報酬

　　董事之報酬，未經章程訂明者，應由股東會議定，不得事後追認。第29條第2項之規定，對董事準用之（§196）。

四、董事之職權與義務

（一）職權

　　董事之職權，散見本法各條中，如1.任免經理人，應經董事過半數同意（§29Ⅰ三）。2.第一任董事就任後，應就本法第145條所規定之事項為確實之調查並向創立

基金會報告 (§146 I)。3. 在股票及公司債上簽章 (§162、§257 I)。4. 得出席董事會，或代理其他董事出席董事會 (§205)。5. 代表公司對監察人提起訴訟 (§225 I)。6. 股份有限公司之各種登記，由董事為之 (§387)。董事在執行其職務時，應依章程或股東會決議為之，亦應遵守民法委任之規定 (§192 IV)。此外尚有：

1. 公司得依董事會之決議，向證券主管機關申請辦理公開發行程序 (§156-2 IV)

2. 公司設立後得發行新股作為受讓他公司股份之對價 (§156-3)

（二）義務

董事之義務如下：1. 善良管理人之注意義務 (§192 IV)。2. 申報股份之義務 (§197)。3. 競業行為之規範 (§209)。4. 公司負責人應忠實執行業務並盡善良管理人之注意義務，如有違反致公司受有損害者，負損害賠償責任。公司負責人對於公司業務之執行，如有違反法令致他人受有損害，對他人應與公司負連帶賠償之責 (§23)。5. 董事會執行業務，應依照法令章程及股東會之決議 (§193)。此外；監察人對於公司或第 3 人負損害賠償責任，而董事亦應負責時，董事與監察人為連帶債務人 (§226)。6. 公司得為董事就其執行業務範圍投保責任保險 (§193-1)。7. 提供股東名簿之義務 (§210-1)。8. 虧損之報告及聲請宣告破產之義務 (§211)。

五、對董事之訴訟

（一）公司對董事之訴訟

股東會決議對於董事提起訴訟時，公司應自決議之日起 30 日內提起之 (§212)。公司與董事間訴訟，除法律另有規定外，由監察人代表公司，股東會亦得另選代表公司為訴訟之人 (§213)。

（二）少數股東對董事訴訟

繼續 6 個月以上，持有已發行股份總數 1% 以上之股東，得以書面請求監察人為公司對董事提起訴訟。監察人自有前項之請求日起，30 日內不提起訴訟時，前項之股東，得為公司提起訴訟；股東提起訴訟時，法院因被告之申請，得命起訴之股東，提供相當之擔保；如因敗訴，致公司受有損害，起訴之股東，對於公司負賠償之責。股東提起前項訴訟，其裁判費超過新臺幣 60 萬元部分暫免徵收。第 2 項訴訟，法院得依聲請為原告選任律師為訴訟代理人 (§214)。

提起本法第 214 條第 2 項訴訟所依據之事實，顯屬虛構，經終局判決確定，提起此項訴訟之股東，對於被訴之董事，因此訴訟所受之損害，負賠償責任。提起前條第

2 項訴訟所依據之事實，顯屬實在，經終局判決確定時，被訴之董事，對於起訴之股東，因此訴訟所受之損害，負賠償責任 (§215)。

六、董事之解任

（一）當然解任

董事任期不得逾 3 年，但得連選連任。董事任期屆滿而不及改選時，延長其執行職務至改選董事就任時為止。但主管機關得依職權限期令公司改選；屆期仍不改選者，自限期屆滿時，當然解任 (§195)。

董事經選任後，應向主管機關申報其選任當時所持有之公司股份數額（§197 I 前段）。董事在任期中其股份有增減時，應向主管機關申報並公告（§197 II）。公開發行股票之公司董事在任期中轉讓超過選任當時所持有公司股份數額二分之一時，其董事當然解任（§197 I 後段）。獨立董事不適用此項規定（證§14 之 2）。

（二）決議解任

董事得由股東會之決議，隨時解任。如於任期中，如無正當理由將其解任時，董事得向公司請求賠償因此所受之損害 (§199 I)。決議採特別決議（§199 II - IV）。決議解任須辦理登記，代表公司之負責人違反第 387 條第 1 項所定辦法規定之申請期限辦理登記者，處新臺幣 1 萬元以上 5 萬元以下罰鍰 (§387 IV)；主管機關除令其限期改正外，處新臺幣 1 萬元以上 5 萬元以下罰鍰；屆期未改正者，繼續令其限期改正，並按次處新臺幣 2 萬元以上 10 萬元以下罰鍰，至改正為止 (§387 V)。

股東會於董事任期未屆滿前，改選全體董事者，如未決議董事於任期屆滿始為解任，視為提前解任。前項改選，應有代表已發行股份總數過半數股東之出席 (§199-1)。

（三）裁判解任

董事執行業務，有重大損害公司之行為或違反法令或章程之重大事項，股東會未為決議將其解任時，得由持有已發行股份總數 3% 以上股份之股東，於股東會後 30 日內，訴請法院裁判之 (§200)。經裁判確定即生效力。

（四）其他事由解任

如委任關係終了，如公司解散，公司或董事破產，董事受禁治產宣告或董事自行辭職等原因而解任。

又如董事改選及提前解任。

　　股東會於董事任期未屆滿前，改選全體董事者，如未決議董事於任期屆滿始為解任，視為提前解任。前項改選，應有代表已發行股份總數過半數股東之出席 (§199-1)。股東會於董事任期未屆滿前，提前改選全體董事者，只要有代表已發行股份總數過半數股東之出席，並依第198條規定辦理即可，無庸於改選前先經決議改選全體董事之程序，爰修正第1項，刪除「經決議」等字（修正理由）。

貳、董事會

一、董事會之召集

　　公司業務之執行，除本法或章程規定應由股東會決議之事項外，均應由董事會決議行之 (§202)。董事會係由董事3人以上所組成（§192 I 前段），為公司必要之常設的執行機關。

（一）每屆第一次董事會

　　每屆第一次董事會，由所得選票代表選舉權最多之董事於改選後15日內召開之。但董事係於上屆董事任滿前改選，並決議自任期屆滿時解任者，應於上屆董事任滿後15日內召開之。董事係於上屆董事任期屆滿前改選，並經決議自任期屆滿時解任者，其董事長、副董事長、常務董事之改選得於任期屆滿前為之，不受前項之限制。第一次董事會之召開，出席之董事未達選舉常務董事或董事長之最低出席人數時，原召集人應於15日內繼續召開，並得適用第206條之決議方法選舉之。得選票代表選舉權最多之董事，未在第1項或前項期限內召開董事會時，得由過半數當選之董事，自行召集之 (§203)。

（二）自行召集董事會

　　董事會由董事長召集之。過半數之董事得以書面記明提議事項及理由，請求董事長召集董事會。前項請求提出後15日內，董事長不為召開時，過半數之董事得自行召集 (§203-1)。

（三）董事會之召集通知

　　董事會之召集，應於3日前通知各董事及監察人。但章程有較高之規定者，從其規定。公開發行股票之公司董事會之召集，其通知各董事及監察人之期間，由證券主管機關定之，不適用前項規定。有緊急情事時，董事會之召集，得隨時為之。前三項召集之通知，經相對人同意者，得以電子方式為之。董事會之召集，應載明事由 (§204)。

二、董事長之產生

董事會未設常務董事者，應由三分之二以上董事出席，及出席董事過半數之同意，互選一人為董事長，並得依章程規定，以同一方式互選一人為副董事長。董事會設有常務董事者，其常務董事依前項選舉方式互選之，名額至少 3 人，最多不得超過董事人數三分之一。董事長或副董事長，由常務董事依前項選舉方式互選 (§208 II)。

三、臨時管理人

董事會不為或不能行使職權，致公司有受損害之虞時，法院因利害關係人或檢察官之聲請，得選任一人以上之臨時管理人，代行董事長及董事會之職權。但不得為不利於公司之行為。前項臨時管理人，法院應囑託主管機關為之登記。臨時管理人解任時，法院應囑託主管機關註銷登記（§208 之 1）。

四、董事長之職權

董事長對內為股東會、董事會及常務董事會主席，對外代表公司。董事長請假或因故不能行使職權時，由副董事長代理之；無副董事長或副董事長亦請假或因故不能行使職權時，由董事長指定常務董事一人代理之；其未設常務董事者，指定董事一人代理之；董事長未指定代理人者，由常務董事或董事互推一人代理之 (§208 III)。常務董事於董事會休會時，依法令、章程、股東會決議及董事會決議，以集會方式經常執行董事會職權，由董事長隨時召集，以半數以上常務董事之出席，以出席過半數之決議行之 (§208 IV)。第 57 條及第 58 條對於代表公司之董事準用之 (§208 V)。

五、董事會之決議

公司業務之執行，除本法或章程規定，應由股東會議決議之事項外，均應由董事會決議行之 (§202)。有關決議之事項如下：

（一）出席與代理

董事會開會時，董事應親自出席。但公司章程訂定得由其他董事代理者，不在此限。董事會開會時，如以視訊會議為之，其董事以視訊參予會議者，視為親自出席。董事委託其他董事代理出席董事會時，應於每次出具委託書，並列舉召集事由之授權範圍。前項代理人，以受一人之委託為限。公司章程得訂明經全體董事同意，董事就當次董事會議案以書面方式行使其表決權，而不實際集會。前項情形，視為已召開董事會；以書面方式行使表決權之董事，視為親自出席董事會。前二項規定，於公開發行股票之公司，不適用之 (§205)。

（二）表決權之限制與計算

1. 自行迴避

　　董事對於會議之事項，有自身利害關係，應於當次董事會說明其自身利害關係之重要內容，不得加入表決，並不得代理他董事行使表決權。自行迴避之董事，不算入已出席董事之表決權數（§206 Ⅳ準用§178、§180）。董事之配偶、二親等內血親，或與董事具有控制從屬關係之公司，就前項會議之事項有利害關係者，視為董事就該事項有自身利害關係（§206 Ⅲ）。

2. 普通決議

　　董事會之決議，除本法另有規定外，應有過半數董事之出席，出席董事過半數之同意行之（§206 Ⅰ）。

3. 特別決議

　　特別決議，乃指應由三分之二以上董事出席，出席董事過半數之同意行之。如 (1) 有關公司重大行為之決議（§185 Ⅴ）。(2) 董事長及常務董事之選任（§208 Ⅰ）。(3) 公司債之募集（§246 Ⅱ）。(4) 發行新股之決議（§266 Ⅱ）。

（三）議事錄之作成

　　董事會之議事，應作成議事錄。本項議事錄準用第 183 條之規定（§207)。

（四）決議之效力

1. 合法之決議

　　董事會合法之決議有拘束董事及公司之效力。

2. 不法之決議

　　(1) 形式不法－召集程序瑕疵

　　　　董事會召集有瑕疵，如應通知董事而未通知致有影響決議結果之虞，該決議無效。此異於股東會之瑕疵。有認為應類推適用第 189 條訴請法院撤銷其決議。

　　(2) 實質不法－決議違反法令等

　　　　董事會決議之內容，違反法令或章程者，應類推適用本法第 191 條，依民法第 71 條規定其決議無效。董事會決議之方法，違反法令或章程者，如應以特別決議而以普通決議，如應以無記名投票而以鼓掌表決，均應屬無效。

3. 不法決議之責任

(1) 賠償及免責

董事會之決議，違反法令章程及股東會之決議，致公司受損害時，參與決議之董事，對於公司負賠償之責；但經表示異議之董事，有紀錄或書面聲請可證者，免其責任 (§193)。

(2) 制止請求權

董事會決議，為違反法令或章程之行為時，繼續 1 年以上持有股份之股東，得請求董事會停止其行為 (§194)。如公司董事會仍為此違法行為，應負賠償責任 (§23 II、§193)。但經表示異議之董事，有紀錄或書面聲明可證者，免其責任。

(3) 停止請求權

董事會或董事執行業務有違反法令、章程或股東會決議之行為者，監察人應即通知董事會或董事停止其行為（§218 之 2）。且亦有本法第 23 條及第 193 條賠償之責任。

案例解說

1. 董事、監察人姓名及持股為公司應登記事項，且主管機關應予公開，任何人得向主管機關申請查閱或抄錄，公司法第 393 條第 2 項定有明文。又公司法第 192 條第 1 項規定「公司董事會，設置董事不得少於 3 人，由股東會就有行為能力之人選任之。」但是第 2 條第 1 項第 4 款規定「股份有限公司：指 2 人以上股東或政府、法人股東一人所組織，全部資本分為股份；股東就其所認股份，對公司負其責任之公司。」此二條文顯然會有所衝突。

今 A 股份有限公司僅董事一人，當然無法登記。因此該公司僅得增加股東人數或是由股東會決議聘請「獨立董事」解決此困擾。但個人建議修改公司法，讓股份有限公司最低人數限於 5 人以上，方可解決實務上的困擾。

2. 公司法基於企業所有與企業經營分離之原則，於第 202 條規定「公司業務之執行，除本法或章程規定應由股東會決議之事項外，均應由董事會決議行之。」故凡非經法律或於章程規定屬股東會權限之公司業務執行事項，皆應由董事會決議行之，不因公司法第 193 條第 1 項規定「董事會執行業務，應依照法令章程及股東會之決議」，而有不同。又股東會係由公司所有者組成，董事會就其權限事項，決議交由股東會決定時，乃將其權限事項委由股東會以決議行之，尚非法之所禁。

INTERACTIONS　💡　思考訓練

一、 如何請求股份有限公司董事會執行股東會之決議？

二、 董事辭職須否經股東會或董事會之決議？

三、 董事會之職權與義務，本法有何規定？

四、 董事會決議經營公司登記範圍以外之業務，其決議是否無效？

五、 董事報酬未載明章程，董事自行支領車馬費，是否合法？如公司章程明訂授權董事會自行決議其報酬而無一定之限制，此際應如何處理董事之報酬？

六、 股份有限公司，認為董事會選舉董事某甲為董事長之選舉違法，可否對某甲為假處分之聲請，請求禁止甲行使董事長之職權？

七、 董事長已宣布散會，仍有過半數董事繼續集會，並為決議，該決議之效力如何？

八、 甲公司之董事長為乙公司之經理人，製造與甲公司同一種類、品質之產品，贈與乙公司出售。此行為之效力如何？

CHAPTER **⑤** 第五節 監察人

案例

1. A股份有限公司於2016年10月5日通知記名股東,並同時對無記名股東為公告,於2016年10月25日召開臨時股東會,全面改選監察人。於改選投票後,原監察人甲未獲當選,甲主張其任期尚有10個月,更者;該會議僅有52%股東出席,因此認為決議不合法,故仍繼續行使監察人職權。因而與公司發生爭執而涉訟。問甲的主張有理由否?

2. A股份有限公司董事長甲,經公司股東會特別決議予以解任,監察人乙要求甲應於解任後一周內將公司之股東名簿、股東會及董事會之議事錄、任內為伊所開立與各銀行往來之存摺與印鑑章、任內持有公司之財務報表、公司之會計帳冊、報稅文件正本等交付股東會並向監察人報告。董事長甲以時間過於倉促且無此義務而拒絕。請問董事長甲的主張有理由否?

壹、意義

監察人,為監督公司業務執行及財務狀況之必要的常設機關。公司與監察人間之關係,從民法關於委任之規定(§216 Ⅲ)。

貳、選任與解任

一、選任

公司監察人,由股東會選任之,監察人中至少須有1人在國內有住所(§216 Ⅰ)。公開發行股票之公司依前項選任之監察人須有2人以上,其全體監察人合計持股比例,證券管理機關另有規定者,從其規定(§216 Ⅱ)。第30條之規定及第192條第1項、第3項關於行為能力之規定,對監察人準用之(§216 Ⅳ)。

董事、經理人及其他職員不得兼任公司監察人(§222)。公司監察人選舉,依章程規定採候選人提名制度者,準用第192條之1第1~6項規定。公司負責人或其他召集權人違反前項準用第192條之1第2項、第5項或第6項規定者,各處新臺幣1萬元以上5萬元以下罰鍰。但公開發行股票之公司,由證券主管機關各處公司負責人或其他召集權人新臺幣24萬元以上240萬元以下罰鍰。(§216-1)。

二、解任

其解任準用董事之規定（§227、§197）。

 ## 參、任期與報酬

一、任期

監察人任期不得逾 3 年。但得連選連任。監察人任期屆滿不及改選時，延長其執行職務至改選監察人就任時為止。但主管機關得依職權，限期令公司改選；屆期仍不改選者，自限期屆滿時，當然解任（§217）。

監察人全體均解任時，董事會應於 30 日內召開股東臨時會選任之。但公開發行股票之公司，董事會應於 60 日內召開股東臨時會選任之（§217 之 1）。

二、報酬

監察人得享有報酬。其報酬，未經章程訂明者，應由股東會議決（§227 準用§196）。

肆、監察人職權

監察人各得單獨行使監督權（§221）。其職權除於前述已提及者外，尚有：

一、業務監督之職權

第 218 條規定「監察人應監督公司業務之執行，並得隨時調查公司業務及財務狀況，查核、抄錄或複製簿冊文件，並得請求董事會或經理人提出報告。監察人辦理前項事務，得代表公司委託律師、會計師審核之。違反第一項規定，規避、妨礙或拒絕監察人檢查行為者，代表公司之董事處新臺幣 2 萬元以上 10 萬元以下罰鍰。但公開發行股票之公司，由證券主管機關處代表公司之董事新臺幣 24 萬元以上 240 萬元以下罰鍰。前項情形，主管機關或證券主管機關並應令其限期改正；屆期未改正者，繼續令其限期改正，並按次處罰至改正為止。」

二、查核表冊之權

監察人對於董事會編造提出於股東會之各種表冊，應予查核，並報告意見於股東會。監察人辦理前項事務，得委託會計師審核之。監察人違反第 1 項規定而為虛偽之報告者，各科新臺幣 6 萬元以下罰金（§219）。

三、股東會召集權

監察人除董事會不為召集或不能召集股東會外，得為公司利益，於必要時，召集股東會 (§220)。所謂「必要時」，應以不能召開董事會，或應召集而不為召集股東會，基於公司利害關係有召集股東會必要之情形，始為相當。

四、代表公司之權

董事為自己或他人與公司為買賣、借貸或其他法律行為時，由監察人為公司之代表 (§223)。

五、聽取報告之權

董事發現公司有重大損害之虞時，應立即向監察人報告（§218之1）。

六、陳述意見及制止權

監察人得列席董事會陳述意見。董事會或董事執行業務有違反法令、章程或股東會決議之行為者，監察人應即通知董事會或董事停止其行為（§218之2）。

伍、監察人責任

一、監察人對公司之責任

監察人執行職務違反法令、章程或怠忽職務，致公司受有損害者，對公司負賠償責任 (§224)。

二、董監之連帶責任

監察人對公司或第三人負損害賠償責任，而董事亦負其責任時，該監察人及董事為連帶債務人 (§226)。

三、監察人對起訴股東責任

少數股東依本法第214條第2項提起訴訟，其訴訟所依據之事實，顯屬實在，經終局判決確定時，被訴之監察人，對於起訴之股東，因此訴訟所受之損害，負賠償責任（§227準用 §215 II）。唯此項賠償請求權，應向董事會為之。

四、監察人對第三人責任

監察人執行職務有違反法令致他人受有損害時，對他人應與公司負連帶賠償之責 (§23)。

五、監察人兼職之禁止

監察人不得兼任公司董事、經理人或其他職員 (§222)。

陸、對監察人之訴訟

一、股東會對監察人之起訴

股東會決議，對於監察人提起訴訟時，公司應自決議之日起 30 日內提起。前項起訴之代表，股東會得於董事外另行選任 (§225)。

二、少數股東對監察人起訴

繼續 1 年以上持有已發行股份總數 3% 以上之少數股東，得以書面請求董事會，為公司對監察人提起訴訟。董事會自有前項之請求日起，30 日內不提起訴訟時，少數股東，得為公司提起訴訟，股東提起訴訟時，法院因被告之申請，得命起訴之股東，提供相當之擔保；如因敗訴，致公司受有損害時，起訴之股東，對公司負賠償之責。若提起此項訴訟所依據之事實，顯屬虛構，經終局判決確定時，提起此項訴訟之股東，對於被訴之監察人，因此訴訟所受之損害，負賠償責任（§227 準用 §214、§215）。

案例解說

1. 公司法第 192 條第 4 項（公司與董事間之關係，除本法另有規定外，依民法關於委任之規定。）及第 216 條第 3 項（公司與監察人間之關係，從民法關於委任之規定。）規定公司與董事、監察人間之關係，屬委任關係。因此於董事、監察人任期屆滿，兩造間之委任關係即不復存在。

   公司法第 199-1 條第 1 項規定「股東會於董事任期未屆滿前，經決議改選全體董事者，如未決議董事於任期屆滿始為解任，視為提前解任。」上開規定依同法第 227 條規定，準用於監察人。

   所謂「視為提前解任」，不以改選全體董事前先行決議解任全體董事為必要，即改選全體董事前無須經決議解任全體董事之程序，是其解任性質應屬法律所定當然解任之一種，而非決議解任，否則公司法即無須特別設定「視為提前解任」之必要。因此本案縱然其任期尚有 10 個月，但因已選出新的監察人，則甲即「視為提前解任」。

   至於改選的程序是否合法？

公司法第 199-1 條第 2 項規定「前項改選，應有代表已發行股份總數過半數股東之出席。」同法第 198 條規定「股東會選任董事時，每一股份有與應選出董事人數相同之選舉權，得集中選舉一人，或分配選舉數人，由所得選票代表選舉權較多者，當選為董事。第 178 條之規定，對於前項選舉權，不適用之。」第 227 條規定「第 196 條至第 200 條、第 208-1 條、第 214 條及第 215 條之規定，於監察人準用之。但第 214 條對監察人之請求，應向董事會為之。」

本件既已有 52% 的股東出席，且依公司法規定投票選出監察人，程序並無不法，甲的主張無理由。

2. 股份有限公司與董事間之關係，除公司法另有規定外，依民法關於委任之規定。監察人準用之。因此，公司董事於委任關係終止時，固負有依民法第 540 條之規定，明確報告委任事務進行顛末之義務（最高法院 21 年上字第 1992 號判例參照），其有違反者，並應負債務不履行之損害賠償責任。

監察人應監督公司業務之執行，並得隨時調查公司業務及財務狀況，查核簿冊文件，並得請求董事會或經理人提出報告（§218 I）。違反第 1 項規定，妨礙、拒絕或規避監察人檢查行為者，各處新臺幣 2 萬元以上 10 萬元以下罰鍰（§218 III）。

本件，監察人有權要求董事長甲將該等文件交付並為相關業務之報告。董事會應將其所造具之各項表冊，提出於股東常會請求承認，各項表冊經股東會決議承認後，視為公司已解除董事及監察人之責任。但董事或監察人有不法行為者，不在此限。公法第 230、231 條定有明文。

惟公司董事如未於終止時主動為之，而由公司於委任關係終止後，另依民法第 540 條之規定（受任人應將委任事務進行之狀況，報告委任人，委任關係終止時，應明確報告其顛末），請求公司董事報告委任事務進行之狀況或顛末者，因公司之董事源於股東會之選任，足見董事與公司間委任關係之形成係以股東會之決議為基礎，與依據民法所訂立之一般委任契約，未盡相同。故上開報告義務在適用於公司董事時，自不能毫無期間之限制。

本件限定董事長甲在一周內將文件交付股東會並對監察人為報告，是否屬於合理期間，為本件之關鍵應與考量。

INTERACTIONS 思考訓練

一、 監察人與公司間有無勞基法之適用？

二、 監察人能否依職權對董事提起訴訟？

三、 監察人因查核公司之簿冊文件而委任律師、會計師審核時，應否經董事會同意？其報酬由何人負擔？

四、 監察人召集股東會時，得否將此召集權委託他人代行？

CHAPTER **5** ## 第六節 股份有限公司之會計

案 例

1. A 股份有限公司大股東甲死亡，繼承人乙丙雖尚未辦理股東名簿之變更，但公司董事會及股東都已知悉。於公司決定分派股息及紅利時，竟拒絕乙丙行使股東權請求分派股息紅利，A 股份有限公司是否有理由？

2. A 股份有限公司董事會不依公司法第 230 條第 1 項提出盈餘分配之決議，甲、乙、丙以少數股東名義召開股東會，仍無法作成分配公司盈餘之決議，甲、乙、丙乃主張準用民法第 101 條第 1 項規定，應認公司以不正當方法阻止公司盈餘之分派，而認分派盈餘之條件成就，甲、乙、丙自得請求盈餘分派。請問甲、乙、丙之主張有理由否？

3. A 股份有限公司於 2015 年度股東會決議 2014 年度盈餘提撥 3,000 萬元分三期由股東分配股息紅利。股東甲可分 400 萬元，第三期 200 萬元尚未給付，後因公司財務狀況不佳，A 股份有限公司於 2016 年 5 月召開股東會決議停止給付該第 3 期股息紅利。甲認為 A 股份有限公司違反公司法並且侵害其權益，乃提起訴訟，問甲的主張有理由否？

壹、會計表冊之編造

每會計年度終了，董事會應編造左列表冊，於股東常會開會 30 日前交監察人查核：一、營業報告書。二、財務報表。三、盈餘分派或虧損撥補之議案。前項表冊，應依中央主管機關規定之規章編造。第一項表冊，監察人得請求董事會提前交付查核。（§228）。

貳、表冊之備置與查核

董事會所造具之各項表冊與監察人之報告書，應於股東常會開會 10 日前，備置於本公司，股東得隨時查閱，並得偕同其所委託之律師或會計師查閱（§229）。

參、會計表冊之承認、抄錄

董事會應將其所造之各項表冊，提出於股東常會請求承認，經股東常會承認後，董事會應將財務報表及盈餘分派或虧損撥補之決議，分發各股東。此時該年度分派之

股息，紅利即因而確定。前項財務報表及盈餘分派或虧損撥補決議之分發，公開發行股票之公司，得以公告方式為之。第 1 項表冊及決議，公司債權人得要求給予、抄錄或複製。代表公司之董事，違反第 1 項規定不為分發者，處新臺幣 1 萬元以上 5 萬元以下罰鍰。(§230)

各項表冊經股東會決議承認後，視為公司已解除董事及監察人之責任；但董事或監察人有不法行為者，不在此限 (§231)

如股東對於上述表冊有疑問，得經由繼續 6 個月以上，持有已發行股份總數 1% 以上之股東，得檢附理由、事證及說明其必要性，聲請法院選派檢查人，於必要範圍內，檢查公司業務帳目、財產情形、特定事項、特定交易文件及紀錄。法院對於檢查人之報告認為必要時，得命監察人召集股東會。對於檢查人之檢查有規避、妨礙或拒絕行為者，或監察人不遵法院命令召集股東會者，處新臺幣 2 萬元以上 10 萬元以下罰鍰。再次規避、妨礙、拒絕或不遵法院命令召集股東會者，並按次處罰 (§245)。

肆、股息紅利之分派

一、分派之原則

原則上，於公司每營業年度終了，有盈餘始可分派 (§232 II)。公司非彌補虧損（如有虧損時），完納稅捐，並依本法規定提出法定盈餘公積後，不得分派股息及紅利 (§232 I、§237)。

二、分派之例外

在公司無盈餘時，例外的得分派盈餘之情形如下：

建設股息的發放，屬無盈餘而分派之情形。

公司依其業務之性質，自設立登記後，如需 2 年以上之準備，始能開始營業者，經主管機關之許可，得依章程之規定，於開始營業前分派股息於股東。前項分派股息之金額，應以預付股息列入資產負債表之股東權益項下，公司開始營業後，每屆分派股息及紅利超過實收資本額 6%，應以其超過之金額扣抵沖銷之 (§234)。

三、分派之比例

股息及紅利之分派，除本法另有規定外，以各股東持有股份之比例為準 (§235 I)。

四、分派之方法

（一）現金分派

股息、紅利之分派，原則上以現金分派。

（二）股份分派

1. 一般公司

公司得由有代表已發行股份總數三分之二以上股東出席之股東會，以出席股東表決權過半數之決議，將應分派股息及紅利之全部或一部，以發行新股方式為之；不滿一股之金額，以現金分派之（§240 I）。但前述出席股東股份總數及表決權數，章程有較高規定者，從其規定（§240 III）。依本條發行新股，除公開發行股票之公司，應依證券主管機關之規定辦理者外，於決議之股東會終結時，即生效力，董事會應即分別通知各股東，或記載於股東名簿之質權人（§240 IV）。

2. 公開發行股票之公司

公開發行股票之公司，出席股東之股份總數不足前項定額者，得以有代表已發行股份總數過半數股東之出席，出席股東表決權三分之二以上同意行之（§240 II）。前項出席股東股份總數及表決權數，章程有較高規定者，從其規定（§240 III）。公開發行股票之公司，得以章程授權董事會以三分之二以上董事之出席，及出席董事過半數之決議，將應分派股息及紅利之全部或一部，以發放現金之方式為之，並報告股東會。（§240 V）。

五、對員工之分派

公司應於章程訂明以當年度獲利狀況之定額或比率，分派員工酬勞。但公司尚有累積虧損時，應予彌補。公營事業除經該公營事業之主管機關專案核定於章程訂明分派員工酬勞之定額或比率外，不適用前項之規定。前2項員工酬勞以股票或現金為之，應由董事會以董事三分之二以上之出席及出席董事過半數同意之決議行之，並報告股東會。公司經前項董事會決議以股票之方式發給員工酬勞者，得同次決議以發行新股或收買自己之股份為之。章程得訂明依第1~3項發給股票或現金之對象包括符合一定條件之控制或從屬公司員工（§235-1）。

此乃為降低公司無法採行員工分紅方式獎勵員工之衝擊，公司應於章程訂明以當年度獲利狀況之定額或比率，即參考第157條體例之定額或定率方式，合理分配公司利益，以激勵員工士氣，惟獲利狀況係指稅前利益扣除分配員工酬勞前之利益，是以

一次分配方式，爰為第 1 項規定，權衡人才與資金對企業經營的重要性及必要性，員工酬勞以現金發放或股票須經董事會特別決議通過，嗣後並報告股東會並兼顧股東權益，爰於第 3 項明定。

伍、公積

一、意義

　　公積又稱為公積金，此乃為維持公司之資本，保護債權人之利益，健全公司財務狀況，將部分之盈餘儲蓄起來不為分派，或將特定之財源與以提存，以增強公司信用之一種會計制度。

二、種類

（一）法定盈餘公積

　　公司於完納一切稅損後，分派盈餘時，應先提出 10% 為法定盈餘公積。但法定盈餘公積，已達實收資本額時，不在此限（§237 I）。公司負責人違反第一項規定，不提法定盈餘公積時，各處新臺幣 2 萬元以上 10 萬元以下罰鍰（§237 III）。

（二）特別公積

　　除法定盈餘公積外，公司得以章程訂定或股東會議決，另提特別盈餘公積（§237 II）。

三、用途

（一）法定公積之用途

1. 填補虧損

　　法定盈餘公積及資本公積，原則上，除填補公司虧損外，不得使用（§239 I 本文）。填補虧損之順序原則上先以法定盈餘公積填補虧損，公司非於盈餘公積填補資本虧損，仍有不足時，不得以資本公積填充之（§239 II）。

2. 撥充資本

　　公司無虧損者，得依第 240 條第 1~3 項所定股東會決議之方法，將法定盈餘公積及下列資本公積之全部或一部填充資本，按股東原有股份之比例發給新股或現金：(1) 超過票面金額發行股票所得之溢價。(2) 受領贈與所得（§241 I）。且準用第 240 條第

4、5項之規定 (§241 II)。如以法定盈餘公積撥充資本者，以該項公積已超過實收資本 25% 為限 (§241 III)。

3. 分派股利

請參閱前述。唯此項分派股利，僅限於法定盈餘公積，資本公積則不得用來分派股息紅利。

（二）特別公積之用途

特別公積之用途，依公司章程之訂定或股東會之議決以定之 (§237 II)。

案例解說

1. 公司法第 165 條第 1 項規定，股份之轉讓，非將受讓人之姓名或名稱及住所或居所，記載於公司股東名簿，不得以其轉讓對抗公司。此係保護未參與股份轉讓之公司所設之規定。惟公司之股東死亡後，其繼承人倘已檢附相關證明資料，將繼承之事實通知公司，申請變更股東名簿之登記而公司未予變更，或公司已知悉繼承之事由時，公司尚不得拒絕該繼承人行使股東權（最高法院 102 年台上字第 1819 號民事判決）。

2. 每會計年度終了，董事會應編造盈餘分派或虧損撥補之議案，於股東常會開會 30 日前交監察人查核（§228 I 三），於每會計年度終了，由董事會編造盈餘分派之議案表冊，先送交監察人查核，再提出於股東常會請求承認，經股東常會通過後，分派給各股東。公司有盈餘時，須先完納一切稅捐，彌補虧損，依法提出法定盈餘公積後，尚有剩餘時，始得對股東分派盈餘。是以公司股東之盈餘分派請求權須踐行上開公司法所規定之程序及符合上開公司法所規定之要件，方得行使，公司及股東均應遵行，不得違反。此為公司法所規定之程序及要件與法律行為所附之條件性質上並不相同，二者不可混為一談。

   甲、乙、丙主張準用民法第 101 條第 1 項規定，應認公司以不正當方法阻止公司盈餘之分派，而認分派盈餘之條件成就，甲、乙、丙自得請求盈餘分派。自屬違反公司法之規定，實無理由。

3. 股東於公司有盈餘時，依據股東常會之決議，享有向公司請求分派盈餘之權利，謂之「盈餘分派請求權」。其性質上為股東之自益權，此自益權之一，不得加以剝奪。但關於盈餘分派仍有一定要件之限制，1. 需有盈餘：公司無盈餘時，不得分派股息及紅利，為公司法第 232 條第 2 項前段所明文，即公司必須有盈

餘時始可為股息及紅利之分派。2.經股東常會決議：董事會應將其所造具之各項表冊，提出於股東常會請求承認，經股東常會承認後，董事會應將財務報表及盈餘分派或虧損撥補之決議，分發各股東，為公司法第 230 條第 1 項所明文。股東盈餘分派請求權乃股東權之一種，於股東會決議分派盈餘時，股東之盈餘分派請求權即告確定，而成為具體的請求權，非附屬於股東權之期待權，亦即股東自決議成立時起，取得請求公司給付股息、紅利之具體請求權，公司自決議之時起，負有給付股息、紅利予股東之義務。

為避免公司於其後之年度股東常會上變更決議，以迴避公司法第 232 條盈餘應以當年度財務表冊為基礎，於彌補虧損及提出法定盈餘公積後方得分派之規範意旨，股東常會分派盈餘之決議，應僅於股東常會召開當年度營業終結前召開之股東臨時會，方得變更股東常會之決議，經濟部函釋補充商業司函釋內容時，亦同此見解，股份有限公司於股東常會為分派盈餘之決議後，若未於股東常會召開當年度營業終結前召開之股東臨時會變更該股東常會之決議，而係於其後年度召開之股東會為變更之決議，該決議內容即違反公司法第 228 條、第 230 條與 232 條規定意旨，依公司法第 191 條規定，應屬無效。

因此；本案 A 股份有限公司嗣後之決議違反公司法之規定，應屬無效，甲的主張為有理由。

INTERACTIONS 思考訓練

一、 試述公積使用之原則及例外。

二、 公司法對員工分紅入股有何規定？

三、 資本額達一定數額以上之公司，其資產負債表及損益表應先經會計師簽證，此項會計師須由何人選任？

四、 試述股分有限公司分派股息及紅利之方式？

五、 何謂建設（業）股息？其分派之條件為何？

六、 公司違反分派股息紅利之效果如何？

CHAPTER **⑤** 第七節　股份有限公司之公司債

案例

1. A 股份有限公司欲發行公司債，在計算可發行公司債的總額時，對於「特許權」應否列入計算發生疑義。試問：「特許權」應列於何種類之科目？應否列入計算？

2. 非公開發行公司可否發行可轉換公司債？

壹、意義

股份有限公司為籌募資金，以發行債券之方式，依法定程序，向社會大眾募集資金而分擔之債務，謂之「公司債」。

貳、種類

公司債之分類方式眾多，舉其中要者有以得否換發股票為分類，可分為轉換公司債或非轉換公司債。另以有無擔保而區分，可分為有擔保公司債及無擔保公司債。此兩者，容於後述。

參、發行

一、公司債發行之限制（總額之限制）

公開發行股票公司之公司債總額，不得逾公司現有全部資產減去全部負債後之餘額。無擔保公司債之總額，不得逾前項餘額二分之一（§247）。

二、公司債發行之禁止

（一）所有公司債之禁止

公司有下列情形之一者，不得發行公司債：（§250）

1. 對於前已發行之公司債或其他債務有違約或遲延支付本息之事實，尚在繼續中者。

2. 最近 3 年或開業不及 3 年之開業年度課稅後之平均淨利，未達原定發行之公司債，應負擔年息總額之 150% 者。

普通公司債、轉換公司債或附認股權公司債之私募不受第 249 條第 2 款及第 250 條第 2 款之限制，並於發行後 15 日內檢附發行相關資料，向證券主管機關報備；私募之發行公司不以上市、上櫃、公開發行股票之公司為限（§248 Ⅱ）。前項私募人數不得超過 35 人。但金融機構應募者，不在此限（§248 Ⅲ）。

三、發行公司債之程序

（一）須經董事會之特別決議

公司經董事會決議後，得募集公司債；但須將募集公司債之原因及有關事項報告股東會。前項決議，應由三分之二以上董事之出席，及出席董事過半數之同意行之（§246）。

（二）信託契約之訂定

公司發行公司債之前，應與第三人訂定信託契約，並應將公司債權人之受託人名稱及其約定事項，向證券管理機關辦理之（§248 Ⅰ 十二）。第 248 條第 1 項第 12 款之受託人，以金融或信託事業為限，由公司於申請發行時約定之，並負擔其報酬（§248 Ⅵ）。

公司債債權人之受託人，為應募人之利益，有查核及監督公司履行公司債發行事項之權（§255 Ⅱ）。除此外，受託人尚得為債權人實行或保管抵押權或質權或其擔保品，應負責實行或保管之（§256 Ⅱ），並得為公司債債權人之共同利害關係事項，召開同次公司債債權人會議（§263 Ⅰ）。

（三）申請主管機關審核

公司發行公司債時，應載明本法第 248 條第 1 項共 21 款之事項，向證券主管機關辦理之（§248 Ⅰ）。如其各款事項有變更時，應即向證券管理機關申請更正；公司負責人不為申請更正時，由證券主管機關各處新臺幣 1 萬元以上 5 萬元以下之罰鍰（§248 Ⅳ）。該條第 1 項第 7 款、第 9~11 款、第 17 款，應由會計師查核簽證，第 12~16 款，應由律師查核簽證（§248 Ⅴ）。

（四）應募書之備置與公告

公司發行公司債之申請經核准後，董事會應於核准通知到達之日起 30 日內，備就公司債應募書，附載第 248 條第 1 項各款事項，加記核准之證券管理機關與年、月、日、文號，並同時將其公告，開始募集。但第 248 條第 1 項第 11 款之財務報表，第 12 款及第 14 款之約定事項，第 15 款及第 16 款之證明文件，第 20 款之議事錄等事項，得

免於公告，超過前項期限未開始募集而仍須募集者，應重行申請。代表公司之董事，違反第 1 項規定，不備應募書者，由證券管理機關處新臺幣 1 萬元以上 5 萬元以下罰鍰 (§252)。

（五）公司債之應募

公司於募集時應向應募人交付公開說明書（證 §31、32）。應募人應在應募書上填寫所認金額及其住所或居所，簽名或蓋章，並照所填應募書負繳款之義務。應募人以現金當場購買無記名公司債券者，免填前項應募書 (§253)。

（六）查核監督與繳款

1. 查核

董事會在實行第 254 條請求前，應將全體記名債券應募人之姓名、住所或居所暨其所認金額，及已發行之無記名債券張數、號碼暨金額，開列清冊，連同第 248 條第 1 項各款所定之文件，送交公司債債權人之受託人。前項受託人，為應募人之利益，有查核及監督公司履行公司債發行事項之權 (§255)。

2. 繳款

公司債經應募人認定後，董事會應向未交款之各應募人請求繳足其所認金額 (§254)。

（七）公司債之製作與發行

公司債之債券應編號載明發行之年、月、日及第 248 條第 1 項第 1~4 款、第 18 款及第 19 款之事項，有擔保、轉換或可認購股份者，載明擔保、轉換或可認購字樣，由代表公司之董事簽名或蓋章，並經依法得擔任債券發行簽證人之銀行簽證後發行之。有擔保之公司債除前項應記載事項外，應於公司債正面列示保證人名稱，並由其簽名或蓋章 (§257)。

公司發行之公司債，得免印製債票，並應洽證券集中保管事業機構登錄及依該機構之規定辦理。經證券集中保管事業機構登錄之公司債，其轉讓及設質應向公司辦理或以帳簿劃撥方式為之，不適用第 260 條及民法第 908 條之規定。前項情形，於公司已印製之債券未繳回者，不適用之 (§257-2)。

公司債存根簿，應將所有債券依次編號，並載明第 258 條第 1 項各款事項，如為無記名債券，應於存根簿記載無記名之字樣以替代前項第 1 款之記載 (§258)。

（八）撤銷核准

公司發行公司債經核准後，如發現其申請事項，有違反法令或虛偽情形時，證券管理機關得撤銷核准。為前項撤銷核准時，未發行者，停止募集；已發行者，即時清償。其因此所發生之損害，公司負責人對公司及應募人負連帶賠償責任。第 135 條第 2 項規定，於本條第 1 項準用之（§251）。

（九）私募轉換公司債或附認股權公司債應經董事會決議

第 248-1 條規定「公司依前條第 2 項私募轉換公司債或附認股權公司債時，應經第 246 條董事會之決議，並經股東會決議。但公開發行股票之公司，證券主管機關另有規定者，從其規定。」

肆、轉讓、更改與轉換

一、轉讓

（一）記名公司債之轉讓

記名式之公司債券，得由持有人以背書轉讓之。但非將受讓人之姓名或名稱，記載於債券，並將受讓人之姓名或名稱及住所或居所記載於公司債存根簿不得以其轉讓對抗公司（§260）。

（二）無記名公司債之轉讓

無記名公司債券之轉讓，法無明文，解釋上類推適用無記名股票，得依交付而轉讓。

二、更改

債券為無記名式者，債權人得隨時請求改為記名式（§261）。

三、轉換

公司債約定得轉換股份者，公司有依其轉換辦法核給股份之義務；但公司債債權人有選擇權。公司債附認股權者，公司有依其認購辦法核給股份之義務。但認股權憑證持有人有選擇權（§262）。

公司如果發行得轉換公司債者，應將其轉換辦法，於募集時，申請證券管理機關審核。其依第 248 條第 1 項第 18 款得轉換股份數額或第 19 款可認購股份數額加計已發行股份總數，已發行轉換公司債可轉換股份總數，已發行附認股權公司債可認購股

份總數，已發行附認股權特別股可認購股份總數及已發行認股權憑證可認購股份總數，如超過公司章程所定股份總數時，應先完成變更章程增加額後，始得為之 (§248 Ⅶ)。轉換公司債之債券，並應載明轉換之字樣 (§257 Ⅰ)。

伍、公司債變更用途與設質

一、變更用途

公司募集公司債款後，未經申請核准變更，而用於規定事項以外者，處公司負責人 1 年以下有期徒刑、拘役或科或併科新臺幣 6 萬元以下罰金，如公司因此受有損害時，對於公司並負賠償責任 (§259)。

二、設質

公司債為有價證券，自得設質，其方式及效力，依民法之規定。

陸、公司債之付息與償還

一、付息

公司於發行公司債時，得約定其受償順序次於公司其他債權（§246之1）。

公司債均附有利息，其利率於應募時即應向證券主管機關辦理之。利息請求權之消滅時效依民法之規定。

二、償還

公司債償還之方法、期限，以及償還公司債款之籌集計畫及保管方法（§248 Ⅰ、四、五），均應於募集時載明，並為審核通過，依之償還。公司債償還請求權之時效為一般時效，為 15 年。

柒、公司債之監督

一、公司債債權人之受託人

請參閱前述。

二、公司債債權人會議

（一）召集權人

發行公司債之公司，公司債債權人之受託人，或有同次公司債權總數 5% 以上之公司債債權人，得為公司債債權人之共同利害關係事項，召集同次公司權人會議（§263 Ⅰ）。

（二）決議方法

第 263 條第 1 項會議之決議，應有代表公司債債權總額四分之三以上債權人之出席，以出席債權人表決權三分之二以上之同意行之，並按每一公司債最低票面金額有一表決權（§263 Ⅱ）。無記名公司債債權人，出席第 1 項會議者，非於開會 5 日前，將其債券交存公司，不得出席（§263 Ⅲ）。

（三）議事錄之作成及效力

第 263 條債券人會議之決議，應製成議事錄，由主席簽名，經申報公司所在地之法院認可並公告後，對全體公司債債權人發生效力，由公司債債權人之受託人執行之；但債權人會議另有指定者，從其指定（§264）。

（四）法院不予認可之情形

公司債債權人會亦須經法院認可並公告後，方得對全體公司債債權人發生效力。但若公司債債權人會議，有下列情形之一者，法院即不予認可：1. 召集公司債債權人會議之手續或其決議方法，違反法令或應募書之記載者。2. 決議不依正當方法達成者。3. 決議顯失公平者。4. 決議違反債權人一般利益者（§265）。

案 例 解 說

1. 特許權的意義就是「因特別許可而獲得的權利」特許權，係指特許經營某種行業，使用某種方法、技術或名稱、或在特定地區經營事業等。

   依商業會計法第 50 條規定，特許權屬無形資產。又按公司法第 247 條第 1、2 項規定「公司債之總額，不得逾公司現有全部資產減去全部負債及無形資產後之餘額。（第 1 項）無擔保公司債之總額，不得逾前項餘額二分之一。（第 2 項）」，同法第 248 條第 1 項第 10 款規定，公司發行公司債時，應載明「公司現有全部資產減去全部負債及無形資產後之餘額」，向證券管理機關辦理之。復按公司法第 247 條第 1 項對「無形資產」並無除外規定，特許權既屬「無形資產」之範疇，自應依上開規定辦理。（經濟部 103、10、16 經商字第 10302427210 號函）

2. 經濟部 91 年 6 月 13 日經商字第 09102122160 號函意旨，非公開發行股票之公司，無發行可轉換公司債之適用，至於未公開發行公司得否私募交換公司債，允屬發行人募集與發行有價證券處理準則規定之解釋範疇。

INTERACTIONS　　💡　**思考訓練**

一、 股份有限公司發行可轉換公司債後，其債權人應如何行使其轉換權方為合法？又行使後之效力如何？

二、 股份有限公司擬募集有擔保公司債，依現行公司法之規定，有何限制及禁止規定？

三、 公司債與股票有何不同？

四、 股份有限公司債之轉讓方法為何？

五、 公司債債權人之受託人如何產生？其權責如何？公司債債權人會議之決議方法及效力如何？我國採此雙軌制之優劣點如何？

六、 法院於何種情形下，對公司債債權人會議之決議得不為認可？

第八節　發行新股

案 例

1. A 股份有限公司股東會以特別決議之方法，將法定盈餘公積之一部，按股東原有股份之比例發給新股，少數股東甲、乙認為 A 股份有限公司在本期營運中有「本期虧損」，因此不得發行新股，股東會的決議違反法令時，其得自決議之日起 30 日內，訴請法院撤銷其決議。試問：甲、乙之主張有理由否？

2. A 股份有限公司於第一次董事會決議發行新股後，公司董事會復依同一程序召開第二次董事會變更原發行新股股數為第一次決議股數的二分之一之決議，董事甲認為違法。試問甲之主張有理由否？

壹、意義與程序

一、意 義

　　股份有限公司成立後，依授權資本制之制度，於必要時，由董事會決議後，再為發行股票之行為，是謂之為發行新股。

二、程序

（一）依據及決議

　　公司依第 156 條第 4 項分次發行新股，依本節之規定。公司發行新股時，應由董事會以董事三分之二以上之出席，及出席董事過半數同意之決議行之。第 141、142 條之規定，於發行新股準用之（§266）。

　　第 156-3 條規定「公司設立後得發行新股作為受讓他公司股份之對價，需經董事會三分之二以上董事出席，以出席董事過半數決議行之，不受第 267 條第 1~3 項之限制。」

　　第 156-4 條規定「公司設立後，為改善財務結構或回復正常營運，而參與政府專案核定之紓困方案時，得發行新股轉讓於政府，作為接受政府財務上協助之對價；其發行程序不受本法有關發行新股規定之限制，其相關辦法由中央主管機關定之。前項紓困方案達新臺幣 10 億元以上者，應由專案核定之主管機關會同受紓困之公司，向立法院報告其自救計畫。」

（二）不公開發行新股之程序

1. 應經董事會特別決議

公司發行新股時，應由董事會以董事三分之二以上出席，及出席董事過半數同意之決議行之（§266 II）。

2. 須經承購或認購

(1) 員工承購

公司發行新股時，除經目的事業中央主管機關專案核定者外，應保留發行新股總數 10~15% 之股份由公司員工承購（§267 I）。公司負責人違反此項規定時，各處新臺幣 2 萬元以上 10 萬元以下罰鍰。（§267 XI）。

公營事業經該公營事業之主管機關專案核定者，得保留發行新股由員工承購；其保留股份，不得超過發行新股總數 10%（§267 II）。

第 1 項、第 2 項所定保留員工承購股份之規定，於以公積或資產增值抵充，核發新股予原有股東者，不適用之（§267 V）。

章程得訂明依第 1 項規定承購股份之員工，包括符合一定條件之控制或從屬公司員工（§267 VII）。

此外，對於因合併他公司、分割或依第 167-2 條，第 235 條之 1、第 262 條、第 268-1 條第 1 項而增發新股時，亦不適用之（§267 VIII）。公司發行限制員工權利新股者，不適用第 1~6 項之規定，應有代表已發行股份總數三分之二以上股東出席之股東會，以出席股東表決權過半數之同意行之（§267 IX）。公開發行股票之公司出席股東之股份總數不足前項定額者，得以有代表已發行股份總數過半數股東之出席，出席股東表決權三分之二以上之同意行之（§267 X）。

(2) 股東認購

公司發行新股時，除依第 267 條第 1、2 項保留者外，應公告及通知原有股東，按照原有股份比例儘先分認，並聲明逾期不認購者，喪失其權利，原有股東持有股份按比例不足分認一新股者，得合併共同認購或歸併一人認購（§297 III 前段）。

(3) 特定人認購

原有股東未認購者，得公開發行或洽由特定人認購（§267 III 後段）。

3. 應備認股書

公司發行新股，而依第 272 條但書不公開發行新股時，董事會應備置認股書，載明本法第 273 條第 1 項各款事項。如有以現金以外之財產抵繳股款者，並應於認股

書中加載其姓名或名稱及其財產之種類、數量、價格或估價之標準及公司核給之股數（§274 I）。

4. 繳納股款

新股認足後，公司應即向各認股人催繳股款。認股人延欠應繳之股款時，公司應定 1 個月以上之期限催告該認股人照繳，並聲明逾期不繳失其權利，其所認股份另行認購或公開發行（§266 III 準用 §141、§142）。

公司為不公開發行新股時，由原有股東認購或由特定人協議認購者，得以公司事業所需之財產為出資（§272 但書）。

公司發行新股，而依第 272 條但書不公開發行時，仍應依第 273 條第 1 項之規定，備置認股書（§274 I）。前項財產出資實行後，董事會應送請監察人查核加具意見，報請主管機關核定之（§174 II）。

發行新股超過股款繳納期限，而仍有未經認購或已認購而撤回或未繳股款者，其已認購而繳款之股東，得定 1 個月以上之期限，催告公司使認購足額並繳足股款；逾期不能完成時，得撤回認股，由公司返回其股款，並加給法定利息（§276 I）。有行為之董事，對於因前項情事所致公司之損害，應負連帶賠償責任（§276 II）。

5. 發行新股之登記

股份有限公司每次發行新股結束後，董事會應依 387 條之規定，向主管機關申請登記。未經登記，不得以其事項對抗第三人（§12）。

（三）公開發行新股之程序

1. 應經董事會特別決議

此項與不公開發行新股同。

2. 申請證券管理機關核准

公司發行新股時，除由原有股東及員工全部認足或由特定人協議認購而不公開發行者外，應將第 268 條第 1 項所列各款事項，申請證券管理機關核准，公開發行（§268 I）。其中第 1 項第 2~4 款及第 6 款，由會計師查核簽證；第 8 款、第 9 款，由律師查核簽證（§268 III）。如第 1 項各款事項有變更時，應即向證券管理機關申請更正；公司負責人不為申請更正者，由證券主管機關，各處新臺幣 1 萬元以上 5 萬元以下罰鍰（§268 II）。

3. 應備置認股書

公開發行新股時，董事會應備認股書，未備置者，應予罰鍰（§273 V），認股書應載明本法第 273 條第 1 項各款事項，該等事項由認股人填寫所認股數、種類；金額及住所或居所，並簽名或蓋章（§273 I）。認股人如以現金當場購買無記名股票者，免填（§273 IV）。

4. 公告與發行

公司公開發行新股時，除在前項認股書加記證券管理機關核准文號及年、月、日外，並應將前項各款事項，於證券管理機關核准通知到達後 30 日內，加記核准文號及年、月、日，公告發行之。但營業報告、財產目錄、議事錄、承銷或代銷機構約定事項。得免予公告。（§273 II）超過前項期限仍須公開發行時，應重行申請。（§273 III）

5. 繳交股款

公開發行新股時，應以現金為股款（§272 I 本文）。其餘事項與不公開發行同。另有關改選董監事、發行新股之登記，亦與不公開發行之規定同。

貳、限制與禁止

一、禁止發行優先權之特別股

公司有下列情形之一者，不得公開發行具有優先權利之特別股；但仍得發行普通股（§269）。

（一）最近 3 年或開業不及 3 年之開業年度課稅後之平均淨利，不足支付已發行及擬發行之特別股股息者。

（二）對於發行之特別股約定股息，未能按期支付者。

二、公發開行新股之禁止

公司有下列情形之一者，仍得發行新股；但不得公開發行新股（§270）：

（一）最近連續 2 年有虧損者，但依其事業性質，須有較長準備期間或具有健全之營業計畫，確能改善營利能力者，不在此限。

（二）資產不足抵償債務者。

三、發行新股之撤銷

公司公開發行新股經核准後,如發現其申請事項,有違反法令或虛偽情形時,證券管理機關得撤銷其核准。為前項撤銷核准時,未發行者,停止發行;已發行者,股份持有人,得於撤銷時起,向公司依股票原定發行金額加算法定利息,請求返還;因此所發生之損害,並得請求賠償。第 135 條第 2 項之規定,於本條準用之 (§271)。

參、發行新股之效力

一、轉讓之限制

公司為發行新股時,其新股認購權利,除保留由員工承購者外,得與原有股份分別而獨立轉讓 (§267 Ⅳ)。

公司對員工依第 267 條第 1 項、第 2 項承購之股份,得限制在一定期間內不得轉讓。但其期間最長不得超過 2 年 (§267 Ⅵ)。

二、適用之限制

對於因合併他公司、分割或依第 167-2 條,第 235 條之 1、第 262 條、第 268-1 條第 1 項而增發新股時,亦不適用之 (§267 Ⅷ)。

案例解說

1. 公司法第 241 條規定，公司無虧損者，得依股東會特別決議之方法，將法定盈餘公積及第 1 項各款之資本公積之全部或一部，按股東原有股份之比例發給新股或現金，其立法意旨乃在公司應優先彌補虧損，始得以公積發給新股或現金。依經濟部 92 年 7 月 15 日經商字第 09202144820 號函及 94 年 10 月 6 日經商字第 09402149240 號函規定，所稱「虧損」係指商業會計處理準則第 26 條第 1 項第 3 款之「累積虧損」而言，彌補虧損應以彌補經股東常會承認之「累積虧損」，尚不包括營業年度中間所發生之「本期虧損」。據此，「累積虧損」會計科目之餘額為零者，即屬無虧損之情形，自得依本法第 241 條規定由公司發給新股或現金。（經濟部 101、2、13 經商字第 10102004270 號函）

2. 公司於第一次董事會決議發行新股後，公司董事會復依同一程序召開第二次董事會變更原發行新股之決議，尚屬可行。但若原股東如有爭執，宜循司法途徑解決。

   按公司發行新股依公司法第 266 條之規定，應由董事會以董事三分之二以上之出席，及出席董事過半數同意之決議行之。公司於第一次董事會決議發行新股後，公司董事會復依同一程序召開第二次董事會變更原發行新股之決議，倘因公司董事會再次決議降低該次發行新股之總數致侵害原有股東之認股權或繳納股款準備期間等利益，原股東如有爭執，宜循司法途徑解決。至於公司與銀行原簽訂代收股款合約應如何處理，事屬私權契約問題，尚與公司法規範無涉。

   （經濟部 105、10、25 經商字第 10502119940 號函）

INTERACTIONS　　**思考訓練**

一、 我公司法對發行新股有何限制及禁止之規定？

二、 公司以盈餘撥充股份時，是否須保留員工認股之部分？

三、 本法對於發行新股，認股人（原股東、員工）所認股份之轉讓，有何限制規定？

四、 股份有限公司發行新股是否均須先行變更章程？原有股東對於此項新股是否均有優先權？

五、 員工承購與股東認購新股，有何不同？

CHAPTER **5** 第九節　變更章程

案例

1. 公司申請更正變更登記案，應由原處分機關辦理，或由現申登機關辦理？
2. 公司同時辦理減資及增資登記，且減增資之數額一樣，是否應先修改章程？

壹、程序

公司非經股東會決議，不得變更章程。前項股東會之決議，應有代表已發行股份總數三分之二以上之股東出席，以出席股東表決權過半數之同意行之。公開發行股票之公司，出席股東之股份總數不足前項定額者，得以有代表已發行股份總數過半數股東之出席，出席股東表決權三分之二以上同意行之。前 2 項出席股東股份總數及表決權數，章程有較高之規定者，從其規定 (§277)。

公司登記事項變更時，應依本法第 387 條規定，向主管機關申請為變更之登記，否則不得對抗第三人 (§12)。

貳、增資之限制

公司非將已規定之股份總數，全數發行後，不得增加資本。增加資本後之股份，得分次發行 (§278)。

參、減資之規定

一、減資之限制

公司為減資時，應即編造資產負債表及財產目錄。並向各債權人分別通知及公告，並指定 30 日以上期限，聲明債權人得於期限內提出異議。如有違反上述規定，不為通知及公告，或對於在指定期限內提出異議之債權人不為清償，或不提供相當擔保者，不得以其合併對抗債權人。（§281 準用 §73、§74）。當然，公司為減資之決議，應以特別決議為之。其減資之程序如下：

因減少資本換發新股票時，公司應於減資登記後，定 6 個月以上之期限，通知各股東換取，並聲明逾期不換取者，喪失其股東之權利。股東於前項期限內不換取者，即喪失其股東之權利，公司得將其股份拍賣，以賣得之金額，給付該股東。公司負責

人違反第 1 項通知期限之規定時，各處新臺幣 3 千元以上 1 萬 5 千元以下罰鍰 (§279)。

二、股份之合併

　　公司之減資，得以股份銷除方式為之 (§168)，亦得以股份合併之方式為之。如因減少資本而合併股份時，其不適於合併之股份之處理，準用第 279 條第 2 項之規定 (§280)。

案例解說

1. 公司法第 391 條規定，公司登記，申請人於登記後，確知其登記事項有錯誤或遺漏時，得申請更正。所謂登記事項有錯誤或遺漏，係指登記機關所為之登記，就申請人所申請登記之事項，有錯誤或遺漏而言。至申請人自己漏未登記之事項，自不得援引上開規定，於登記後申請更正（最高行政法院 59 年判字第 276 號判例參照），先予敘明。
   更正案應由原處分機關辦理或由現申登機關辦理一節，按申請人係向現申登機關申請辦理，是以，更正案應由現申登機關辦理，惟如有原處分作成疑義，得向原處分機關查明處理。（105.4.25 經商字第 10502025520 號）

2. 公司減資依公司法第 168 條規定係由股東會以普通決議行之；至於增資如在額定資本範圍內，不涉及修章，則依公司法第 266 條第 2 項規定由董事會以特別決議行之。惟減資或增資如涉及章程之修正時，依公司法第 277 條規定，自應由股東會以特別決議辦理。倘該公司同時申請辦理減資及增資之變更登記，如係先減資再增資且減資及增資之數額一樣，由於並無須修正章程，應分別由股東會以普通決議董事會以特別決議行之。倘該公司係減資及增資分次辦理，並先申請辦理減資登記時，因違反公司章程「已全額發行」之規定，則應先修正章程始可辦理。（經濟部 100、2、17 經商字第 10002402520 號函）

INTERACTIONS 思考訓練

一、 股份有限公司之減資是否須於公司章程所定股份總數全數發行完畢始得為之？其減資應踐行何種程序？

二、 股份有限公司未完成增資發行新股手續，可否對外招募增資之新股？

CHAPTER ⑤ ## 第十節　公司重整

案例

1. 公司重整時，是否需要保留原員工及股東的認購權？
2. 公司重整前，董事會所為之決議，有違公司法第 266 條之規定，其法律效力應如何？

壹、意義及目的

公司重整，係就公開發行股票或公司債之股份有限公司，因其財務困難，有暫停營業或有停業之虞者，依一定之程序，經法院裁定，准予整頓，以避免其倒閉或破產之一種救助制度。

公司重整之直接目的在挽救企業，協助其清理債務避免破產，使之東山再起。間接目的在保護債權人及投資大眾，並避免社會經濟遭受不利影響。

貳、公司重整程序

一、重整之聲請

公開發行股票或公司債之公司，因財務困難，暫停營業或有停業之虞，而有重建更生之可能者，得由公司或下列關係人之向一法院聲請重整。

（一）繼續 6 個月以上持有已發行股份總數 10% 以上股份之股東（§282 Ⅰ一）。

（二）相當於公司已發行股份總數 10% 以上公司債權人（§282 Ⅰ二）

（三）工會（§282 三）。

（四）公司三分之二以上之受僱員工（§282 四）。

公司為前項聲請，應經董事會以董事三分之二以上之出席及出席董事過半數同意之決議行之。第 1 項第 3 款所稱之工會，指下列工會：1. 企業工會。2. 會員受僱於公司人數，逾其所僱用勞工人數二分之一之產業工會。3. 會員受僱於公司之人數，逾其所僱用具同類職業技能勞工人數二分之一之職業工會。第 1 項第 4 款所稱之受僱員工，以聲請時公司勞工保險投保名冊人數為準（§282 Ⅱ、Ⅲ）。

公司為聲請時，應提出重整之具體方案（§283 Ⅲ 前段）。但該項第 5~7 款之事項，得以附件補充之（§283 Ⅱ）。董事會為第 282 條第 1 項聲請，應經董事會以董事三分之二以上之出席，及出席董事過半數同意之決議行之（§282 Ⅱ）。

二、向法院提出

公司重整之聲請，應由聲請人以書狀連同副本五份向法院為之（§283 Ⅰ）此項書狀，應記載該條第 1 項各款之規定。此處所謂之法院，準用民事訴訟法之規定，應指本公司所在地之地方法院為管轄法院 (§314)。

三、徵詢與通知

法院對於重整之聲請，除依第 283-1 條之規定裁定駁回者外，應即將聲請書狀副本，檢送中央主管機關、目的事業中央主管機關、中央金融主管機關及證券管理機關，並徵詢其關於應否重整之具體意見。法院對於重整之聲請，並得徵詢本公司所在地之稅捐稽徵機關及其他有關機關、團體之意見。前述被徵詢意見之機關，應於 30 日內提出意見。聲請人為股東或債權人時，法院應檢同聲請書狀副本，通知該公司 (§284)。

四、選任檢查人

法院得就公司業務具有專門學識、經營經驗而非利害關係人者，選任為檢查人。檢查人應於選任後 30 日內將第 285 項第 1 項所列各款事項調查完畢並報告法院。其得對公司業務或財產有關之一切簿冊、文件及財產，得加以檢查，公司之任何人，對其詢問，均有答覆之義務。公司之董事、監察人、經理人或其他職員如有拒絕檢查或無正當理由不為答覆，或為虛偽陳述者，處新臺幣 2 萬元以上 10 萬元以下罰鍰 (§285)。

五、裁定前之處分

法院於裁定重整前，得命公司負責人，於 7 日內就公司債權人及股東，依其權利之性質，分別造報名冊，並註明住所或居所及債權或股份總金額 (§286)。

法院為公司重整之裁定前，得因公司或利害關係人之聲請或依職權，以裁定為第 287 條第 1 項所列各款處分。前項處分，除法院准予重整外，其期間不得超過 90 日，必要時，法院得由公司或利害關係人之聲請或依職權以裁定延長之；其延長期間每次不得超過 90 日。前項期間屆滿，重整之聲請駁回確定者，第 1 項之裁定失其效力。法院為第 1 項之裁定時，應將裁定通知證券管理機關及相關之目的事業中央主管機關 (§287)。

參、重整裁定之駁回

一、駁回重整聲請之裁定

　　有下列情形之一者，法院應裁定駁回：1. 聲請程序不合者。但可以補正者，應限期命其補正。2. 公司未依本法公開發行股票或公司債者。3. 公司經宣告破產已確定者。4. 公司依破產法所為之和解決議已確定者。5. 公司已解散者。6. 公司被勒令停業限期清理者。（§283之1）

　　法院依檢查人之報告，並參考目的事業中央主管機關、證券管理機關、中央金融主管機關及其他有關機關、團體之意見，應於收受重整聲請後120日內，為准許或駁回重整之裁定，並通知各有關機關。前項120日之期間，法院得以裁定延長之。每次延長不得超過30日，但以二次為限。有下列情形之一者，法院應裁定駁回重整之聲請：1. 聲請書狀所記載事項有虛偽不實者。2. 依公司業務及財務狀況無重建更生之可能者。法院依前項第2款於裁定駁回時，期合於破產規定者，法院得依職權宣告破產（§285之1）。

二、准許重整聲請之裁定

　　法院經前述程序之審核，認為該公司確有重整之可能，即得裁定准予重整。

　　法院為重整裁定時，應就對公司業務，具有專門學識及經營經驗者或金融機構，選任為重整監督人，並決定第289條第1項各款所列事項（§289 I）。前項重整監督人，應受法院監督，並得由法院隨時改選（§289 II）。

肆、重整裁定之效力

一、公告送達與載明

　　法院為重整裁定後，應即將裁定主文等事項公告。並應對重整監督人、重整人、公司、已知之公司債權人及股東為書面送達。法院於前項裁定送達公司時，應派書記官於公司帳簿，記明截止意旨，簽名或蓋章，並作成節略，載明帳簿狀況（§291）。

二、重整開始之登記

　　法院為重整裁定後，應檢同裁定書，通知主管機關，為重整開始之登記，並由公司將裁定書影本黏貼於該公司所在地公告處（§292）。

三、財產移屬重整人

重整裁定送達公司後，公司業務之經營及財產之管理處分權移屬於重整人，由重整監督人監督交接，並聲報法院，公司股東會、董事及監察人之職權，應予停止。前項交接時，公司董事及經理人，應將有關公司業務及財務之一切帳冊、文件與公司之一切財產，移交重整人。公司之董事、監察人、經理人或其他職員，對於重整監督人或重整人所為關於業務或財務狀況之詢問，有答覆之義務。

公司之董事、監察人、經理人或其他職員，有下列行為之一者，各處 1 年以下有期徒刑、拘役或科或並科新臺幣 6 萬元以下罰金 ：1. 拒絕移交。2. 隱匿或毀損有關公司業務或財務狀況之帳冊文件。3. 隱匿或毀棄公司財產或為其他不利於債權人之處分。4. 無故對前項詢問不為答覆。5. 捏造債務或承認不真實之債務。

四、各項程序之中止

裁定重整後，公司之破產、和解、強制執行及因財產關係所生之訴訟等程序，當然停止 (§294)。

五、為各項保全處分

法院依第 287 條第 1 項第 1、第 2、第 5 及第 6 各款所為之處分，不因裁定重整失其效力，其未為各該款處分者，於裁定重整後，仍得依利害關係人或重整監督人之聲請，或依職權裁定之 (§295)。

六、重整債權之申報

准許重整裁定後，重整債權人即應提出足資證明其權利存在之文件，向重整監督人申報；未經申報者，不得依重整程序受清償 (§297 I)。

伍、重整之實行

一、重整之機關

公司經准許重整，其董事、監察人、股東會之職權均應停止，而由重整之機關取而代之。茲分述如下：

（一）重整人

1. 重整人之產生

　　公司重整人由法院就債權人、股東、董事、目的事業中央主管機關或證券管理機關推薦之專家中選派之（§290 Ⅰ）。關係人會議，依第302條分組行使表決權之結果，有2組以上主張另行選定重整人時，得提出候選人名單，聲請法院選派之（§290 Ⅲ）。

2. 重整人職務之執行

　　重整人有數人時，關於重整事務之執行，以其過半數之同意行之（§290 Ⅳ）。重整人執行職務應受重整監督人之監督，其有違法或不當情事者，重整監督人得聲請法院解除其職務，另行選派之（§290 Ⅴ）。

3. 須經許可之職務

　　重整人職務之執行，依上述方式為之，但如屬於本法第290條第6項各款之事項，即應於事先徵得重整監督人許可始得為之（§290 Ⅵ）。

4. 重整人之責任

　　應以善良管理人之注意執行其職務。此容待後述。

（二）重整監督人

　　其係由法院選任，應受法院監督，並得由法院隨時改選（§289 Ⅱ）。

　　其主要任務在製作優先重整債權人、有擔保重整債權人、無擔保重整債權人及股東清冊，載明權利之性質、金額及表決權數額，於第289條第1項第2款期日之3日前，聲報法院及備置於適當處所，並公告其開始備置日期及處所，以供重整債權人、股東及其他利害關係人查閱（§298 Ⅰ）。

（三）關係人會議

1. 關係人會議之組成

　　重整債權人及股東，為公司重整之關係人，出席關係人會議，因故不能出席時，得委託他人代理出席（§300 Ⅰ）。

2. 關係人會議之進行

　　(1) 召集

　　　　關係人會議由重整監督人為主席，並召集除第1次以外之關係人會議（§300 Ⅱ）。重整監督人，依前項規定召集會議時，於5日前訂明會議事由，

以通知及公告為之。一次集會未能結束，經重整監督人當場宣告連續或展期舉行者，得免為通知及公告 (§300 Ⅲ)。

(2) 任務

關係人會議之任務如下：1. 聽取關於公司業務與財務狀況之報告及對於公司重整之意見。2. 審議及表決重整計畫。3. 決議其他有關重整之事項 (§301)。

(3) 決議

關係人會議，應分別按第 298 條第 1 項規定之人員，分組行使其表決權，重整債權人之表決權，以其債權之金額比例定之；股東表決權，依公司章程規定 (§298 Ⅱ)。其決議以經各組表決權總額二分之一以上之同意行之；公司無資本淨值時，股東組不得行使表決權 (§302)。

二、重整之計畫

（一）計畫之擬定與內容

重整人應擬定重整計畫，連同公司業務及財務報表，提請第 1 次關係人會議審查。重整人經依第 290 條之規定另選者，重整計畫，應由新任重整人於 1 個月內提出之 (§303)。

公司重整如有第 304 第 1 項各款之事項時，應訂明於重整計畫，其計畫之執行，除債務清償期限外，自法院裁定認可確定之日起算不得超過 1 年；其有正當理由，不能於 1 年內完成時，得經重整監督人許可，聲請法院裁定延展期限；期限屆滿仍未完成者，法院得依職權或關係人之聲請裁定終止重整 (§304)。

（二）計畫之可決與認可

重整計畫經關係人會議可決者，重整人應聲請法院裁定認可後執行之，並報主管機關備查。前項法院認可之重整計畫，對於公司及關係人均有拘束力，其所載之給付義務，適於為強制執行之標的者，並得給予強制執行 (§305)。

（三）變更、修正與終止

1. 變更

重整計畫未得關係人會議有表決權各組之可決時，重整監督人應即報告法院，法院得依公正合理之原則，指示變更方針，指示變更方針，命關係人會議在 1 個月內再予審查 (§306 Ⅰ)。

2. 修正

　　前項重整計畫經指示變更再予審查，仍未獲關係人會議可決時，應裁定終止重整。但公司確有重整之價值者，法院就其不同意之組，得以下列方法之一，修正重整計畫裁定認可之：1. 有擔保重整債權人之擔保財產，隨同債權移轉於重整後之公司，其權利仍存續不變。2. 有擔保重整債權人，對於擔保之財產；無擔保重整債權人，對於可充清償其債權之財產；股東對於可充分派之賸餘財產，均得分別依公正交易價額，各案應得之份，處分清償或分派程售或提存之。3. 其他有利於公司業務維持及債權人權利保障之公正合理方法 (§306 II)。

3. 終止

　　第 305 條第 1 項或第 306 條第 2 項重整計畫，因情事變遷或有正當理由致不能或無須執行時，法院得因重整監督人、重整人或關係人之聲請，以裁定命關係人會議重行審查，其顯無重整之可能或必要者，得裁定終止重整 (§306 III)，前項重行審查可決之重整計畫仍應聲請法院裁定認可 (§306 IV)。

　(1) 終止後之處置

　　　法院為前 2 條處理時，應徵詢主管機關、目的事業中央主管機關及證券管理機關之意見。法院為終止重整之裁定，應檢同裁定書通知主管機關，裁定確定時，主管機關應即為終止重整之登記；其合於破產規定者，法院得依職權宣告其破產 (§307)。

　(2) 終止重整之效力

　　　法院裁定終止重整，除依職權宣告公司破產者，依破產法之規定外，有下列效力：1. 依第 287 條、第 294 條、第 295 條或第 296 條所為之處分或所生之效力，均失效力。2. 因怠於申報權利，而不能行使權利者，恢復其權利。3. 因裁定重整，停止之股東會董事及監察人之職權，應即恢復 (§308)。

💲 陸、重整之完成

　　公司重整人，應於重整計畫所定期限內，完成重整工作；重整完成時，應聲請法院為重整完成之裁定，並於裁定確定後，召集重整後之股東會選任董事、監察人。重整後之公司董事、監察人於就任後，應會同重整人向主管機關申請登記或變更登記 (§310)。

　　公司重整完成後，有下列效力：

一、已申報之債權未受清償部分，除依重整計畫處理，移轉重整後之公司承受者外，其請求權消滅，未申報之債權亦同。

二、股東股權經重整而變更或減除之部分，其權利消滅。

三、重整裁定前，公司之破產、和解、強制執行及因財產關係所生之訴訟等程序，即行失其效力

　　公司債權人對公司債務之保證人及其他共同債務人之權利，不因公司重整而受影響 (§311)。

柒、補充事項

一、重整債務

　　下列各款，為公司之重整債務，優先於重整債權而為清償：1. 維持公司業務繼續營運所發生之債務。2. 進行重整程序所發生之費用。前項優先受償權之效力，不因裁定終止重整而受影響 (§312)。

二、重整人員之責任

　　檢察人、重整監督人或重整人，應以善良管理人之注意，執行其職務，其報酬由法院依其職務之繁簡定之。檢察人、重整監督人或重整人，執行職務違反法令，致公司受有損害時，對於公司應負賠償責任。檢察人、重整監督人或重整人，對於職務上之行為，有虛偽陳述時，各處 1 年以下有期徒刑、拘役或科或併科新臺幣 6 萬元以下罰金 (§313)。

案例解說

1. 公司法第 267 條第 7 項規定「本條規定，對因合併他公司、分割、公司重整或依第 167-2 條、第 262 條、268-1 條第 1 項而增發新股者，不適用之」，旨在公司依重整計畫發行新股，如可排除員工及原有股東之優先承購權，重整人即可依計畫內容逕自尋求認購，無需再費時探詢公司員工及原有股東是否優先承購，可節省勞力、時間、費用，並提高債權人及投資者之投資意願，有助於重整程序之進行。至於該條文規定究屬證券交易法之募集或私募，宜依金管會之意見辦理。（經濟部 96、1、4 經商字第 09502185160 號函）

2. 公司重整前，董事會所為之決議，有違公司法第 266 條之規定，其法律效力應屬無效。

公司法第 266 條第 2 項規定，公司發行新股時，應由董事會以董事三分之二以上出席，及出席董事過半數同意之決議行之。公司董事會違反前開規定所為之決議，效力如何，法律無規定，通說則認應屬無效。決議既屬無效，自不因其是否在公司重整前為之而有不同。（法務部 77、2、1 法參 2302 號）

INTERACTIONS 　　　思考訓練

一、 重整之公司如有訴訟之必要，其適格當事人應為公司或係重整人？

二、 重整完成之公司，可否再聲請重整？

三、 准許公司重整之裁定，如經報告法院裁定廢棄，重整程序是否即應停止？

四、 公司經法院為重整裁定後之效力如何？公司重整完成後之效力又如何？

五、 重整計畫之再予審查與重行重審有何不同？

六、 試述重整終止之原因及其效力？

CHAPTER ⑤ **第十一節　解散、合併與清算**

案例

1. 股份有限公司經股東會決議申請解散後，董事、監察人是否當然解任？
2. 法院登記之清算人與公司決議解散時所推選之清算人，如非同一人，應以何人為清算人？

有關公司之解散及合併，已於第一章第六、第七節說明，於此不再贅述，對清算已詳述於第二章第五節，於此僅為補充之說明。

壹、普通清算

普通清算，乃指股份有限公司在無特別障礙下所為之清算程序。

一、清算人之選任與解任

公司之清算，以董事為清算人，但本法或章程另有規定或股東會另選清算人時，不在此限。不能依前項之規定定清算人時，法院得因利害關係人之聲請，選派清算人（§322）。清算人除由法院選派者外，得由股東會決議解任。法院因監察人或繼續 1 年以上持有已發行股份總數 3% 以上股份股東之聲請，得將清算人解任（§323）。

二、清算人之權利與義務

清算人於執行清算事務之範圍內，除本節有規定外，其權利義務與董事同（§324）。清算人之報酬，非由法院選派者，由股東會議定，其由法院選派者，由法院決定之。清算費用及清算人之報酬，由公司現存財產中儘先給付（§325）。

三、清算人之職務

清算人之職務眾多，僅簡述如下：1. 檢查公司財產，造具財務報表及財產目錄（§326Ⅰ）。2. 催告債權人於 3 個月內申報其債權（§327）。3. 按各股東股份比例分派分派賸餘財產（§330）。4. 宣告破產（§334 準用 §89）。

四、清算之完結

清算人造具之財務報表及財產目錄等表冊，應於股東會集會 10 日前送經監察人審查，而後提起股東會承認並即報法院（§326Ⅰ、Ⅱ）。

清算完結時，清算人應於 15 日內，造具清算期內收支表、損益表、連同各項簿冊，送經監察人審查，並提請股東會承認 (§331 Ⅰ)。股東會得另選檢查人，檢查前項簿冊是否確當 (§331 Ⅱ)。第 1 項清算期內之收支表及損益表，應於股東會承認後 15 日內，向法院聲報 (§331 Ⅳ)。

公司應自清算完結聲報法院之日起，將各項簿冊及文件，保存 10 年。其保存人，由清算人及其利害關係人聲請法院指定之 (§332)。

清算完結後，如有可以分派之財產，法院因利害關係之聲請，得選派清算人重行分派 (§333)。

五、清算人之責任

（一）責任解除

清算之各項簿冊經股東會承認後，視為公司已解除清算人之責任。但清算人有不法行為者，不在此限。

（二）處行政罰

1. 違反聲報期限

清算人違反第 331 條第 4 項聲報期限之規定時，各處新臺幣 1 萬元以上 5 萬元以下罰鍰 (§331 Ⅴ)。

2. 妨礙、拒絕或規避檢查

清算人對於第 331 條第 2 項之檢查有妨礙、拒絕或規避行為者，各處新臺幣 2 萬元以上 10 萬元以下罰鍰 (§331 Ⅵ)。

貳、特別清算

一、特別清算之要件

清算之實行發生顯著障礙，法院依債權人或清算人或股東之聲請或依職權，得命令公司開始特別清算，公司負債超過資產有不實之嫌疑者亦同。但其聲請，以清算人為限 (§335 Ⅰ)。

二、特別清算之準用

第 294 條關於破產、和解及強制執行程序當然停止之規定，於特別清算準用之 (§335 Ⅱ)。

三、特別清算人之選任與解任

特別清算人之選任與解任，得適用普通清算人之規定，但本法對之設有特別規定：有重要事由時，法院得解任清算人，清算人缺額或有增加人數之必要時，由法院選派之 (§337)。

四、特別清算人之職務

（一）法院得依特別清算人之聲請，或依職權於命令開始特別清算前，提前為第339條之保全處分 (§336)。（二）特別清算人於清算中，認有必要時，得召集債權人會議 (§341 I)。（三）提出協定之建議，特別清算人得徵詢監理人之意見，對於債權人會議提出協定之建議 (§347)。（四）申請法院檢查公司業務及財產 (§352 I)。

五、債權人會議之召集

清算人於清算中，認有必要時，得召集債權人會議。占有公司明知之債權總額10%以上之債權人，得以書面載明事由，請求清算人召集債權人會議。第173條第2項於前項準用之。前條但書所定之債權，不列入第2項之債權總額 (§341)。

債權人會議之召集人，對前條第四項債權之債權人，得通知其列席債權人會議徵詢意見，無表決權 (§342)。

六、監理人

債權人會議，得經決議監理人，並得隨時解任之。前項決議應得法院之認可 (§345)。

七、特別清算之協定

（一）協定之提出及條件

清算人得徵詢監理人之意見，對於債權人會議提出協定之建議 (§347)。協定之條件，在各債權人間應屬平等。但第340條但書所定之債權，不在此限 (§348)。

（二）協定之可決及效力

協定之可決，應有得行使表決權之債權人過半數之出席，及得行使表決權之債權總額四分之三以上同意行之。前項決議，應得法院之認可。破產法第136條之規定，於第1項協定准用之 (§350)，亦即法院認可協定後，對一切債權人均生效力。

八、清算終了

（一）破產宣告

法院之命令特別清算開始後，而協定不可能時，應依職權依破產法為破產之宣告，協定實行上不可能時亦同（§355）。

（二）清算終了

即特別清算完結。

案例解說

1. 公司法第 195 條規定，董事任期不得逾 3 年。但得連選連任。董事任期屆滿而不及改選時，延長其執行職務至改選董事就任時為止（第 1 項）。但主管機關得依職權限期令公司改選；屆期仍不改選者，自限期屆滿時，當然解任（第 2 項），同法第 217 條亦作相同之規定。揆其立法意旨乃係按公司與董事間之關係，依民法關於委任之規定，委任契約期間屆滿，公司本應召集股東會改選之。然實務上，因公司經營權之爭致遲遲未為改選之事例，比比皆是，為保障股東之權益，促進公司業務正常經營，以貫徹本條之立法目的，爰予修正。準此，公司在未解散之階段，董事、監察人始有上開規定之適用。公司解散後進入清算程序中，即無改選董事、監察人之必要（本部 61 年 7 月 12 日商字第 19123 號函釋參照）。合先敘明。

   董事、監察人任期屆滿，主管機關依上開規定限期改選，期間內若公司召開股東會決議解散，因已無繼續經營業務之考量，參酌上開說明，即無公司法第 195 條、第 217 條之適用，原限期改選之處分，自股東會決議解散之日起即應廢止。復按公司經解散登記後即進入清算程序，於清算程序中，公司原有董事會及董事之職權，因此停止，改由清算人行之（台灣高等法院 100 年上更（一）字第 90 號民事判決參照）。清算中，公司股東會與監察人依然存續（最高法院 94 年台上字第 230 號民事判決參照），併予敘明。（105.2.15 經商字第 10502192930 號）

2. 法院登記之清算人與公司決議解散時所推選之清算人，如非同一人，自應以向法院聲請解散清算人登記為準。

   民法第 42 條第 1 項前段規定法人之清算屬於法院監督。股份有限公司之清算，依公司法第 334 條準用第 83 條第 1 項規定，清算人應於就任後 15 日內，將其姓名、住所及就任日期，向法院聲報；同法第 396 條、第 421 條規定公司之解

散向主管機關申請解散登記；惟公司法並無辦理清算人登記之規定。職是之故，法院登記之清算人與公司決議解散時所推選之清算人，如非為同一人，自應以向法院聲請解散清算人登記者為準。

公司法第 322 條第 1 項規定股份有限公司之清算以董事為清算人；但本法或章程另有規定或股東會另選清算人時，不在此限。揆諸上開規定，股東會自得另行推選清算人。（經濟部 74、5、29 商 21920 號）

INTERACTIONS　🔆　思考訓練

一、 何謂特別清算之協定，其提出及效力為何？

二、 何謂普通清算？何謂特別清算？其清算之機關有何不同？

BUSINESS
LAW

第六章

閉鎖性股份
有限公司

BUSINESS
LAW

案例

1. 閉鎖性股份有限公司發起設立時，股東得否以勞務出資？
2. 閉鎖性股份有限公司得否發行無票面金額股？

壹、概說

一、定義

閉鎖性股份有限公司，指股東人數不超過 50 人，並於章程定有股份轉讓限制之非公開發行股票公司（§356 之 1 I）。

二、人數

股東人數不超過 50 人為原則，但中央主管機關得視社會經濟情況及實際需要增加之；其計算方式及認定範圍，由中央主管機關定之（§356 之 1 II）。

貳、設立

一、設立方式

發起人得以全體之同意，設立閉鎖性股份有限公司，並應全數認足第一次應發行之股份（§356 之 3 I）。

立法理由載「閉鎖性股份有限公司雖享有較大企業自治空間，惟亦受有不得公開發行及募集之限制，且股東進出較為困難，是以，發起人選擇此種公司型態時，須經全體發起人同意。又基於閉鎖性之特質，不應涉及公開發行或募集，僅允許以發起設立之方式為之，不得以募集設立之方式成立，且發起人應全數認足第 1 次應發行之股份，以充實公司資本，爰為第 1 項規定。」

公司之設立，不適用第 132~149 條及第 151~1153 條規定（§356 之 3 VI）。

二、載明屬性

公司應於章程載明閉鎖性之屬性，並由中央主管機關公開於其資訊網站（§356 之 2）。

立法理由載「鑑於閉鎖性股份有限公司之公司治理較為寬鬆，企業自治之空間較大，為利一般民眾辨別，並達公示效果，以保障交易安全，明定公司於章程應載明閉鎖性之屬性，並由中央主管機關公開於其資訊網站。」

三、出資事項

發起人之出資除現金外，得以公司事業所需之財產、技術、勞務抵充之。但以勞務抵充之股數，不得超過公司發行股份總數之一定比例。前項之一定比例，由中央主管機關定之（§356之3 II、III）。

以技術或勞務出資者，應經全體股東同意，並於章程載明其種類、抵充之金額及公司核給之股數；主管機關應依該章程所載明之事項辦理登記，並公開於中央主管機關之資訊網站（§356之3 IV）。

四、選董監事

發起人選任董事及監察人之方式，除章程另有規定者外，準用第198條規定（§356之3 V）。

股東會選任董事及監察人之方式，除章程另有規定者外，依第198條規定（§356之3 VII）。

參、有價證券及股份

一、公開發行或募集有價證券之限制

公司不得公開發行或募集有價證券。但經由證券主管機關許可之證券商經營股權群眾募資平臺募資者，不在此限。前項但書情形，仍受第356-1條之股東人數及公司章程所定股份轉讓之限制（§356之4）。

立法理由載「基於閉鎖性之特質，明定閉鎖性股份有限公司不得公開發行或募集有價證券。惟為利該等公司得透過群眾募資平臺募資，爰為但書規定。」

二、股份

（一）得發行特別股

公司發行特別股時，應就下列各款於章程中定之：1.特別股分派股息及紅利之順序、定額或定率。2.特別股分派公司賸餘財產之順序、定額或定率。3.特別股之股東行使表決權之順序、限制、無表決權、複數表決權或對於特定事項之否決權。4.特別股股東被選舉為董事、監察人之禁止或限制，或當選一定名額之權利。5.特別股轉換成普通股之轉換股數、方法或轉換公式。6.特別股轉讓之限制。7.特別股權利、義務之其他事項。第157條第2項規定，於前第3款複數表決權特別股股東不適用之（§356-7）。

（二）公司發行新股

公司發行新股，除章程另有規定者外，應由董事會以董事三分之二以上之出席，及出席董事過半數同意之決議行之。新股認購人之出資方式，除準用第 356-3 條第 2~4 項規定外，並得以對公司所有之貨幣債權抵充之。第 1 項新股之發行，不適用第 267 條規定（§356 之 12）。

（三）股份轉讓

公司股份轉讓之限制，應於章程載明。前項股份轉讓之限制，公司印製股票者，應於股票以明顯文字註記；不發行股票者，讓與人應於交付受讓人之相關書面文件中載明。前項股份轉讓之受讓人得請求公司給與章程影本（§356 之 5）。

立法理由載「基於閉鎖性股份有限公司之最大特點，係股份之轉讓受到限制，以維持其閉鎖特性，爰於第 1 項規定公司股份轉讓之限制，應於章程載明。至於股份轉讓之限制方式，由股東自行約定，例如股東轉讓股份時，應得其他股東事前之同意等。閉鎖性股份有限公司股份轉讓受有限制，股份受讓人如無適當管道知悉該項限制，對受讓人保障明顯不足，爰為第 2 項規定。至於違反前揭規定者，係屬私權範疇之爭議，應由當事人循民事爭訟途徑解決。」此次修正為「印製」係依現行第二項規定，閉鎖性股份有限公司發行股票者，應於股票以明顯文字註記股份轉讓之限制，係指公司印製股票者，應於股票以明顯文字註記股份轉讓之限制，爰予修正（修正理由）。

肆、股東會

一、股東會召開之方式

公司章程得訂明股東會開會時，以視訊會議或其他經中央主管機關公告之方式為之。股東會開會時，如以視訊會議為之，其股東以視訊參與會議者，視為親自出席。公司章程得訂明經全體股東同意，股東就當次股東會議案以書面方式行使其表決權，而不實際集會。前項情形，視為已召開股東會；以書面方式行使表決權之股東，視為親自出席股東會（§356 之 8）。

二、表決權行使之方式

股東得以書面契約約定共同行使股東表決權之方式，亦得成立股東表決權信託，由受託人依書面信託契約之約定行使其股東表決權。前項受託人，除章程另有規定者外，以股東為限。股東非將第一項書面信託契約、股東姓名或名稱、事務所、住所

或居所與移轉股東表決權信託之股份總數、種類及數量於股東常會開會 30 日前，或股東臨時會開會 15 日前送交公司辦理登記，不得以其成立股東表決權信託對抗公司（§356-9）。

伍、公司會計

一、公司債

公司私募普通公司債，應由董事會以董事三分之二以上之出席，及出席董事過半數同意之決議行之。公司私募轉換公司債或附認股權公司債，應經前項董事會之決議，並經股東會決議。但章程規定無須經股東會決議者，從其規定。公司債債權人行使轉換權或認購權後，仍受第 356-1 條之股東人數及公司章程所定股份轉讓之限制。第 1 項及第 2 項公司債之發行，不適用第 246 條、第 247 條、第 248 條第 1 項、第 4~7 項、第 248 條之 1、第 251~255 條、第 257 條之 2、第 259 條及第 257 條第 1 項有關簽證之規定（§356 之 11）。

陸、公司類型之變更

一、變更為非閉鎖性股份有限公司

公司得經有代表已發行股份總數三分之二以上股東出席之股東會，以出席股東表決權過半數之同意，變更為非閉鎖性股份有限公司。前項出席股東股份總數及表決權數，章程有較高之規定者，從其規定。公司不符合第 356-1 條規定時，應變更為非閉鎖性股份有限公司，並辦理變更登記。公司未依前項規定辦理變更登記者，主管機關得依第 387 條第 5 項規定責令限期改正並按次處罰；其情節重大者，主管機關得依職權命令解散之（§356 之 13）。

閉鎖性股份有限公司可能因企業規模、股東人數之擴張，而有變更之需求，爰於第 1 項明定公司得變更為非閉鎖性股份有限公司，其程序應以股東會特別決議為之。公司倘不符合閉鎖性股份有限公司之要件時，應變更為非閉鎖性股份有限公司，並辦理變更登記。請參見立法理由。

二、變更為閉鎖性股份有限公司

非公開發行股票之股份有限公司得經全體股東同意，變更為閉鎖性股份有限公司。此經全體股東同意後，公司應即向各債權人分別通知及公告（§356 之 14）。

柒、施行期間

　　本法除中華民國 86 年 6 月 25 日修正公布之第 373 條、第 383 條、104 年 6 月 15 日修正之第 13 節條文之施行日期由行政院定之，及 98 年 5 月 5 日修正之條文自 98 年 11 月 23 日施行外，自公布日施行 (§449)。

案例解說

1. 公司法第 43 條規定，股東得以信用、勞務或其他權利為出資，但須依照第 41 條第 1 項第 5 款之規定（無限公司章程應載明：各股東有以現金以外財產為出資者，其種類、數量、價格或估價之標準。）辦理。是以，公司設立登記時以勞務為出資，已於無限公司與兩合公司（公司法第 115 條準用第 43 條）規定，非為閉鎖性股份有限公司所創。

　　有關閉鎖性股份有限公司章程、董監事應否於全體股東同意書訂定、選任或發起人會議中行之一節，因閉鎖性股份有限公司仍屬股份有限公司，閉鎖性股份有限公司專節未規定事項，仍應依股份有限公司規定辦理。爰閉鎖性股份有限公司專節中，並無規定得以全體股東同意書訂定章程之規定，是以，閉鎖性股份有限公司章程仍有公司法第 129 條規定之適用。另依同法第 356-3 條第 5 項規定，閉鎖性股份有限公司發起人選任董監事部分，得以章程另行規定，故於章程無另行規定時，適用公司法第 198 條規定。至勞務出資應否於全體股東同意書載明勞務之種類及期間一節，按公司法第 356-3 條立法理由「…鑒於非以現金出資者，其得抵充之金額及公司核給之股數等，涉及其他股東權益，爰於第 4 項明定應經全體股東同意，章程並應載明其種類、抵充之金額及公司核給之股數。」尚無規定股東同意書應記載勞務之種類及期間。（105.2.25 經商字第 10502404150 號）

2. 閉鎖性股份有限公司應先適用公司法第 13 節之規定，本節未規定者，適用公司法本法非閉鎖性之非公開發行公司之規定。次按公司法第 129 條規定，股份總數及每股金額為章程必要記載事項。次按同法第 356 條之 6 規定：「公司發行股份，應擇一採行票面金額股或無票面金額股（第 1 項）。公司發行無票面金額股者，應於章程載明之（第 2 項），…。」是以，閉鎖性股份有限公司採行無票面金額股發行股份者，仍應依上開規定，於章程載明股份總數及發行無票面金額股。

再按閉鎖性股份有限公司採行無票面金額股者，其設立登記表之「資本總額」欄應以「劃橫線」方式表示，「每股金額」欄亦應為相同處理（本部 104 年 12 月 9 日經商字第 10402125570 號函釋參照）。至「實收資本總額」、「股份總數」及「已發行股份總數」，仍應按公司設立或變更登記實際狀況繕載。另無票面金額股發行價格之訂定，公司法尚無限制，如公司所定發行價格低於 1 元，尚無不可；又閉鎖性股份有限公司之股份發行價格與股東權利義務，係屬二事，併予敘明。

末按會計師查核簽證公司登記資本額辦法第 7 條規定：「會計師受託查核簽證公司設立登記，查核報告書應分別載明其來源（現金、貨幣債權、技術作價、信用出資、勞務出資、股票抵繳、其他財產、股息紅利、法定盈餘公積、資本公積、合併、分割、收購、股份轉換、股份交換、限制員工權利新股）及其發行股款價額、發行股數與資本額，其有溢價或折價情形，應載明每股發行金額及敘明會計處理方式，並載明增資前後之已發行股份總數及資本額（第 1 項）。…會計師受託查核閉鎖性股份有限公司資本額時，應查核股東人數，如有非以現金出資者，並應查核全體股東同意書、公司章程記載出資種類、抵充之金額及公司核給之股數；於信用、勞務出資部分，應另查核股東姓名及是否符合主管機關公告之一定比例，無須檢附鑑價報告（第 3 項）。」是以，會計師受託查核閉鎖性股份有限公司資本額時，其查核報告書應依上開規定辦理。（105.1.14 經商字第 10402146980 號）

BUSINESS
LAW

第七章

關係企業

BUSINESS
LAW

案例

1. 關係企業推定從屬關係的認定標準為何？
2. 依公司法第 369-3 條第 1 款規定，公司與他公司執行業務股東或董事有半數以上相同者，推定為有控制與從屬關係，所謂「有半數以上相同」應如何認定？又董事係以法人身分當選者，其認定標準為何？
3. 非公開發行公司實質關係應如何認定？

壹、意義

本法所稱關係企業，指獨立存在而相互間具有下列關係之企業：一、有控制與從屬關係之公司。二、相互投資之公司（§369 之 1）。

一、控制與從屬公司

公司持有他公司有表決權之股份或出資額，超過他公司已發行有表決權之股份總數或資本總額半數者為控制公司，該他公司為從屬公司。除前項外，公司直接或間接控制他公司之人事、財務或業務經營者亦為控制公司，該他公司為從屬公司（§369 之 2）。

二、控制與從屬之推定

有下列情形之一者，推定為有控制與從屬關係：1. 公司與他公司之執行業務股東或董事有半數以上相同者。2. 公司與他公司之以發行有表決權之股份總數或資本總額有半數以上為相同之股東持有或出資者（§369 之 3）。

三、相互投資之公司

公司與他公司相互投資各達對方有表決權之股份總數或資本總額三分之一以上者，相互投資公司。相互投資公司各持有對方已發行有表決權之股份總數或資本總額超過半數者，或互可直接或間接控制對方之人事、財務或業務經營者，互為控制公司與從屬公司（§369 之 9）。

計算本章公司所持有他公司之股份或出資額，應連同下列各款之股份或出資額一併計入：1. 公司之從屬公司所持有他公司之股份或出資額。2. 第三人為該公司而持有之股份或出資額。3. 第三人為該公司之從屬公司而持有之股份或出資額（§369 之 11）。

貳、控制公司之責任

一、控制公司及其負責人之損害賠償責任

控制公司直接或間接使從屬公司為不合營業常規或其他利益之經營，而未於會計年度終了時維適當補償，致從屬公司受有損害者，應負賠償責任。控制公司負責人使屬公司為前項之經營者，應與控制公司就前項損害負連帶賠償責任。控制公司未為第1項之賠償，從屬公司之債權人或繼續1年以上持有從屬公司已發行有表決權股份總數或資本總額1%以上之股東，得以自己名義行使前2項從屬公司之權利，請求對從屬公司為給付。前項權利之行使，不因從屬公司就該請求賠償權利所為之和解或拋棄而受影響（§369之4）。

二、禁止抵銷及劣後性

控制公司直接或間接使從屬公司為不合營業常規或其他不利益之經營者，如控制公司對從屬公司有債權，在控制公司對從屬公司應負擔之損害賠償限度內，不得主張抵銷。前項債權無論有無別除權或優先權，於從屬公司依破產法之規定為破產或和解，或依本法之規定為重整或特別清算時，應次於從屬公司之其他債權受清償（§369之7）。

三、通知義務之遵守

公司持有其他公司有表決權之股份或出資額，超過該他公司已發行有表決權之股份總額或資本總額三分之一者，應於該事實發生之日起1個月內以書面通知該他公司。公司為前項通知後，有下列變動之一者，應於該事實發生之日起5日內以書面再為通知：1.有表決權之股份或出資額低於他公司已發行有表決權之股份總數或資本總額三分之一時。2.有表決權之股份或出資額超過他公司已發行有表決權之股份總數或資本總額二分之一時。3.前款之有表決權之股份或出資額再低於他公司已發行有表決權之股份總數或資本總額二分之一時。受通知之公司應於收到前2項通知5日內公告之，公告中應載名通知公司名稱及其持有股份或出資額之額度。公司負責人違反前3項通知或公告之規定者，各處新臺幣6千元以上3萬元以下罰鍰。主管機關並應責令限期辦理；期滿仍未辦理者，得責令限期辦理，並按次連續各處新臺幣9千元以上6萬元以下罰鍰至辦理為止。（§369之8）

參、從屬公司之責任

　　控制公司使從屬公司為前條第1項之經營，致他從屬公司受有利益，受有利益之該他從屬公司於其所受利益限度內，就控制公司依前條規定應負之賠償，負連帶責任（§369之5）。

肆、損害賠償責任之消滅時效

　　第369-4、369-5條所規定之損害賠償請求權，自請求權人知控制公司有賠償責任及知有賠償義務人時起，2年間不行使而消滅。自控制公司賠償責任發生時起，逾5年者亦同（§369之6）。

伍、相互投資公司表決權之行使

　　相互投資公司知有相互投資之事實者，其得行使之表決權，不得超過被投資公司已發行有表決權股份總數或資本總額三分之一。但以盈餘或公積增資配股所得之股份，仍得行使表決權。公司依第369-8條規定通知他公司後，於未獲他公司相同之通知，亦未知有相互投資之事實者，其股權之行使不受前項限制（§369之10）。

陸、公開發行股票關係企業之表冊

　　從屬公司為公開發行股票之公司者，應於每會計年度終了，造具其與控制公司間之關係報告書，載明相互間之法律行為、資金往來及損益情形。控制公司為公開發行股票之公司者，應於每會計年度終了，編製關係企業合併營業報告書及合併財務報表。前二項書表之編製準則，由證券主管機關定之。（§369之12）。

案例解說

1. 公司法第 369-1 條規定：「本法所稱關係企業，指獨立存在而相互間具有下列關係之企業：一、有控制與從屬關係之公司。二、相互投資之公司」；同法第 369-2 條規定：「公司持有他公司表決權之股份或出資額，超過他公司已發行有表決權之股份總數或資本總額半數者為控制公司，該他公司為從屬公司。除前項外，公司直接或間接控制他公司之人事、財務或業務經營者亦為控制公司，該他公司為從屬公司」；同法第 369-3 條規定：「有左列情形之一者，推定為有控制與從屬關係：一、公司與他公司之執行業務股東或董事有半數以上相同者。二、公司與他公司之已發行有表決權之股份總數或資本總額有半數以上為相同之股東持有或出資者」。

   上開公司法第 369-3 條第 2 款規定：「公司與他公司之已發行有表決權之股份總數或資本總額有半數以上為相同之股東持有或出資者」。以較高股份總數或資本總額之半數為準，前經本部 88 年 9 月 8 日經商字第 88219627 號函釋在案（如附件影本），例如甲公司股份總數為 10,000 股，乙公司股份總數為 6,000 股，計算甲、乙公司是否有半數以上股份為相同之股東持有時，係以較高之 10,000 股之半數 5,000 為計算標準。準此，如股東持有甲公司股份總數 5,000 股以上，持有乙公司股份總數為 5,000 股以上，則推定甲公司與乙公司有控制從屬關係。具體個案是否為關係企業，請依前項說明認定。（經濟部 99、5、11 經商字第 09900060500 號函）

2. 公司與他公司執行業務股東或董事有半數以上相同者，推定為有控制與從屬關係，所謂「有半數以上相同者」應以較高席次之半數為計算基準。又倘董事係以法人代表人身分當選者，係以代表人之個人身分為認定標準。（經濟部 88.9.8 商 88219627 號函。）

3. 按公司法所稱關係企業，係指獨立存在而相互間具有下列關係之企業：（一）有控制與從屬關係之公司。（二）相互投資之公司。公司持有他公司有表決權之股份或出資額，超過他公司已發行有表決權之股份總數或資本總額半數者為控制公司，該他公司為從屬公司。此外，公司直接或間接控制他公司之人事、財務或業務經營者亦為控制公司，該他公司為從屬公司。又推定有控制與從屬關係之情形有二：（一）公司與他公司之執行業務股東或董事有半數以上相同者。（二）公司與他公司之已發行有表決權之股份總數或資本總額有半數以上為相同之股東持有或出資者。再者，公司與他公司相互投資各達對方有表決權

之股份總數或資本總額三分之一以上者，為相互投資公司。相互投資公司各持有對方已發行有表決權之股份總數或資本總額超過半數者，或互可直接或間接控制對方之人事、財務或業務經營者，互為控制公司與從屬公司。於計算公司所持有他公司之股份或出資額時，應連同下列各款之股份或出資額一併計入：（一）公司之從屬公司所持有他公司之股份或出資。（二）第三人為該公司而持有之股份或出資額。（三）第三人為該公司之從屬公司而持有之股份或出資額。公司法第369-1條、第369-2條、第369-3條、第369-9條、第369-11條分別定有明文。又依公司法第369-2條第2項規定，控制人事、財務、業務經營者，為實質關係之控制。公司法令對於非公開發行公司間是否具有實質關係一節，並無另為規定，係參照行政院金融監督管理委員會訂頒之「關係企業合併營業報告書關係企業合併財務報表及關係報告書編製準則」第6條規定認定之（如附件）。具體個案請依上開規定判斷。（經濟部98、12、24經商字第09802173660號函）

INTERACTIONS　**思考訓練**

一、 何謂關係企業？

二、 控制公司及其負責人之責任如何？

三、 相互投資公司表決權行使應受何種限制？

BUSINESS
LAW

外國公司

BUSINESS
LAW

壹、意義

外國公司在中華民國境內設立分公司者，其名稱，應譯成中文，並標明其種類及國籍 (§370)。

貳、登記

一、積極要件

外國公司非經辦理分公司登記，不得以外國公司名義在中華民國境內經營業務。違反前項規定者，行為人處 1 年以下有期徒刑、拘役或科或併科新臺幣 15 萬元以下罰金，並自負民事責任；行為人有 2 人以上者，連帶負民事責任，並由主管機關禁止其使用外國公司名稱 (§371)。

二、消極要件

外國公司有下列情事之一者，不予分公司登記：1. 其目的或業務，違反中華民國法律、公共秩序或善良風俗。2. 申請登記事項或文件，有虛偽情事 (§373)。

三、登記之效力

（一）營業資金與負責人之限制

民國 107 年 7 月修正公司法，修正第 372 規定「外國公司在中華民國境內設立分公司者，應專撥其營業所用之資金，並指定代表為在中華民國境內之負責人。外國公司在中華民國境內之負責人於登記後，將前項資金發還外國公司，或任由外國公司收回者，處 5 年以下有期徒刑、拘役或科或併科新臺幣 50 萬元以上 250 萬元以下罰金。有前項情事時，外國公司在中華民國境內之負責人應與該外國公司連帶賠償第三人因此所受之損害。第 2 項經法院判決有罪確定後，由中央主管機關撤銷或廢止其登記。但判決確定前，已為補正者，不在此限。外國公司之分公司之負責人、代理人、受僱人或其他從業人員以犯刑法偽造文書印文罪章之罪辦理設立或其他登記，經法院判決有罪確定後，由中央主管機關依職權或依利害關係人之申請撤銷或廢止其登記。」

（二）章程或無限責任股東名冊

外國公司在中華民國境內設立分公司者，應將章程備置於其分公司，如有無限責任股東者，並備置其名冊。外國公司在中華民國境內之負責人違反前項規定者，處新臺幣 1 萬元以上 5 萬元以下罰鍰。再次拒不備置者，並按次處新臺幣 2 萬元以上 10 萬元以下罰鍰 (§374)。

參、廢止登記

一、無意繼續營業應申請廢止登記

外國公司在中華民國境內設立分公司後，無意在中華民國境內繼續營業者，應向主管機關申請廢止分公司登記。但不得免除廢止登記以前所負之責任或債務 (§378)。

二、廢止外國公司在我國境內分公司登記之事由

有下列情事之一者，主管機關得依職權或利害關係人之申請，廢止外國公司在中華民國境內之分公司登記：1. 外國公司已解散。2. 外國公司已受破產之宣告。3. 外國公司在中華民國境內之分公司，有第 10 條各款情事之一。前項廢止登記，不影響債權人之權利及外國公司之義務 (§379)。

肆、外國公司之清算

外國公司在中華民國境內設立之所有分公司，均經撤銷或廢止登記者，應就其在中華民國境內營業所生之債權債務清算了結，未了之債務，仍由該外國公司清償之。前項清算，除外國公司另有指定清算人者外，以外國公司在中華民國境內之負責人或分公司經理人為清算人，並依外國公司性質，準用本法有關各種公司之清算程序 (§380)。

第八章之其他相關部分，因已於各章節論述，於此亦不再贅述。

BUSINESS
LAW

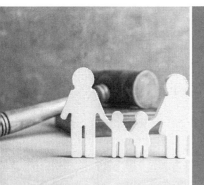

票據法

| 第一章 |

通 則

第一節　概　說

案例

1. 國庫支票是否為本法所稱之支票？
2. 美國影星湯姆・克魯斯來臺宣傳，在臺期間因購買物品，開立以美國 L.A. 付款的美國花旗銀行支票，該支票是否為本法所稱之支票而得適用本法之規定？

壹、票據之意義

票據的意義，可分為廣義、狹義與最狹義三種涵義。

一、廣義的票據

廣義的票據係指商業上的憑證，如鈔票、發票、倉單、提單、水單、印花、餐券、車票、借據等是之。

二、狹義的票據

狹義的票據是指以支付一定金額為目的之有價證券，如公債、公司債券……等是之。

三、最狹義的票據

最狹義的票據乃謂票據法上所稱之特種的有價證券。唯因各國票據法所採之體系不一，可分二種主義：一為包括主義：即票據法中所稱之票據為匯票、本票及支票（海牙公約採之）。二為分離主義：即票據法中所稱之票據僅為匯票、本票，支票則另行規定於支票法中（日內瓦公約所採）。

我國係採第一種立法例，因此，依我國票據法之規定而言，最狹義的票據即票據法上之票據，乃指當事人記載一定之日期與金額，並簽名於其上，為無條件約定由自己或委託他人，以支付一定金額為目的，依票據法規定所製作成立之一種要式的有價證券。

貳、票據之種類

票據之種類有哪些？吾人可依票據法之規定、性質之不同、受款人之有無、付款人之類別、以及票據之狀態而為分類，茲分述如下：

一、依票據法之分類

依票據法所稱之票據，為匯票、本票、及支票（票§1）。

（一）匯票

稱匯票者，謂發票人簽發一定之金額，委託付款人於指定之到期日，無條件支付與受款人或執票人之票據（票§2）。

（二）本票

稱本票者，謂發票人簽發一定之金額，於指定之到期日，由自己無條件支付與受款人或執票人之票據（票§3）。

（三）支票

稱支票者，謂發票人簽發一定之金額，委託金融業者於見票時，無條件支付與受款人或執票人之票據。前項所稱金融業者，係指經財政部核准辦理支票存款業務之銀行、信用合作社、農會及漁會（票§4）。

二、依票據性質分類

可將票據分為信用證券及支付證券兩類型，茲分述如下：

（一）信用證券：如匯票、本票是之

所謂信用證券，乃指執票人必須善意信賴發票人或付款人於到期日會依票載文義支付票據金額，原則上，執票人不得於到期日前請求付款之提示。因而信用證券實係執票人對發票人所為一短期的授信，執票人日後得依此「付款憑證」向發票人或付款人請款。發票人得藉此票據以自己或自己及付款人之信用與執票人交易而暫時無庸支付價款。由於信用證券之性質與支付證券不同，故採用分離主義的國家，於票據法中僅規定匯票及本票。

（二）支付證券：如支票是之

所謂支付證券，乃指該票據僅係代替現金之給付，並不具有授信功能，因而其僅有發票日而無到期日。是以其所需控制之風險、票據信用之維護均不同於信用證券，質言之，其保護規定不如對信用證券嚴謹，因而採用分離主義的國家，即另立支票法

以為規範。我國採合併主義,將匯票、本票、支票合併規定於一部票據法中,使一般人無法理解此二者對當事人權益保障不同之差異。乃將支票當成信用證券使用(如期票),但因其本質並非信用證券自會產生困擾。

三、依受款人之分類

以票據上有無受款人之記載而分類,可分為記名票據及無記名票據,茲分述如下:

(一)記名票據

記名票據:係指於票據上載有受款人之姓名或名稱者。

(二)無記名票據

無記名票據:乃指於票據上未載受款人之姓名或名稱者。

在採分離主義的國家,於信用證券之絕對必要記載事項,多規定必須記載受款人之姓名或名稱;而支付證券則不須記載受款人之姓名或名稱。其原因,乃信用證券為受款人對發票人所為之信用授與,故應表明其地位並負擔一定之義務,如受款人欲讓與其票據,必須負擔背書人之責任。我國係採合併主義,因而與前述不同,認為受款人之記載事項,不問係屬何種類之票據,均非屬絕對必要記載事項(§24Ⅳ、§120Ⅲ、§125Ⅱ)。

本款分類方式的區別實益,依我國票據法之規定以觀,有轉讓方式的不同、禁止轉讓的實益不同、票據遺失時權益維護(權利證明)等事項有所不同,此均容待後述。

四、依付款人分類

以付款人之類別為區分,票據可分為已付證券及委付證券二大類,分述如下:

(一)已付證券

已付證券:係指該票據由發票人自己付款者,如本票。

(二)委付證券

委付證券:乃謂該票據由發票人委託他人付款者,如匯票、本票。

本款分類方式的區別實益,本書認為有如下幾點實益:一、付款請求權行使之對象不同,因此對於付款請求權時效之起算及期間有所不同;二、主債務人有無不同,在已付證券必有主債務人而委付證券則未必有主債務人。

五、依票載狀態分類

本項分類，可分為常態票據及變態票據：

（一）常態票據

常態票據，乃指其所載當事人或形式均屬一般情形，為一般常見的格式。匯票、本票、支票，在一般情況均屬之。

（二）變態票據

變態票據即非常態票據，乃指其所載當事人或形式非一般常見之格式。原則上，本票無變態票據。匯票之變態票據如指己、付受、己付票據 (§25)。支票之變態票據，如保付支票 (§138)。

案例解說

1. 依我國票據法之規定而言，最狹義的票據即票據法上之票據。國庫支票依據國庫支票管理辦法第 2 條規定，該辦法所稱之國庫支票，定名為中華民國國庫支票（以下簡稱國庫支票），以財政部國庫署（以下簡稱國庫署）為發票人，由財政部各地區支付處（以下簡稱地區支付處）代表國庫署簽發之。依該辦法第 17 條第 1 項規定，國庫支票由國庫經辦行核驗兌付之。因此國庫支票非票據法所稱之支票。

2. 最狹義的票據即票據法上之票據。票據法第 4 條規定「稱支票者，謂發票人簽發一定之金額，委託金融業者於見票時，無條件支付與受款人或執票人之票據。前項所稱金融業者，係指經財政部核准辦理支票存款業務之銀行、信用合作社、農會及漁會」。因此該支票並非我國票據法上所稱之支票，原則上不適用本法之規定。但若有涉外民事法律適用法之適用情形時，則有我國票據法適用之可能。

CHAPTER ❶ 第二節　票據之性質及其法律關係

案例

1. 甲公司向乙公司購買商品一批，價金為新臺幣 50 萬元。甲公司言明開立支票，於收到商品後一個月付款，乙公司同意。但甲公司未開支票，一個月後，乙公司得否請求甲公司支付票款？

2. 甲經營成衣店向乙公司購買成衣一批，乙公司於民國 106 年 10 月 7 日交貨，價金 50 萬元。甲開立支票給乙公司，票載發票日為民國 106 年 11 月 7 日。但甲於 10 月 21 日發現該成衣有重大瑕疵，不良率達 40%，乃要求乙公司補正，乙公司置之不理，甲要求換票，乙公司亦拒之。甲乃於 10 月 25 日向付款銀行為止付通之。問甲之責任如何？

3. 甲於聲請本票強制執行獲准後，不慎遺失該本票，甲可否以該裁定正本及確定證明書、以及身分證明文件，即可領取分配款？

4. 甲向乙借款，甲開立支票一紙給乙，以作為日後清償之擔保。於債務清償期屆至，甲未清償，乙乃以該支票為證據，請求強制執行並主張享有優先清償之權。問乙之主張有理由否？

5. 甲簽發支票一紙給乙，未填寫金額，乙自行填寫後向銀行提示，不獲付款，乙乃至法院訴請甲清償票款，依據票據法之規定，甲應否付款？若乙自行填寫後背書轉讓給丙，丙提示不獲付款，丙至法院訴請甲、乙清償票款，依據票據法之規定，甲、乙應否付款？

6. 甲向乙借款 100 萬，乙要求甲開立保證票，乙取得該本票後並未交付甲所欲借款之金額，且立即轉讓給其女友丙。丙向甲請求本票票款之支付，甲得否拒絕付款？

7. 甲受乙脅迫簽寫 100 萬之本票給乙，乙將之轉讓給不知情的丙，以做為清償貨款之用。丙於到期日向甲請求票款之支付，甲得否拒絕給付票款？

壹、票據之性質

一、設權證券

票據與股票不同，股票為「證權證券」，其僅係在證明股東權存在之證券。票據為設權證券，票據權利之產生必須做成證券，因票據之作成而創設票據上權利義務之關係。在票據尚未製作完成前，票據權利並不存在。

二、有價證券

票據係據有財產上價值之有價證券。依其權利之行使、保全或處分須否占有該證券為分類，可分為「完全的有價證券」與「不完全有價證券」。所謂「完全的有價證券」，是指於行使、保全或處分其權利時必須占有該證券，本法所規定之票據屬之。若其票據喪失，權利人須為止付通知、聲請公示催告，經除權判決確定後、或經提供擔保，始得請求該票據金額之支付 (§18、§19)。

★票據之喪失與補救★

一、票據喪失之意義

票據喪失係指票據因毀損、滅失或因被盜、遺失等情形致權利人喪失占有之謂也。因毀損滅失而喪失，謂之絕對喪失；因被盜或遺失者，謂之為相對喪失。票據為完全的有價證券，其權利之行使、處分與保全均須占有該票據，因而票據一旦喪失，即會影響權利人之票據權利，是以本法設有補救之規定。

二、票據喪失之補救

票據喪失之補救措施有三：（一）止付通知。（二）公示催告。（三）除權判決。茲分述如下：

（一）止付通知

1. 通知權人

票據喪失時，票據權利人（執票人）得為止付之通知（§18 I 本文）。

2. 填寫單據

實務上須填寫「遺失票據申報書」連同「票據掛失止付通知書」，一併送交票據交換所，正副本各一份由交換所轉報警察局，另一副本由交換所存

案。如該票據未被竊、未遺失或毀損，而偽報掛失，應負刑法上之誣告罪（刑§171 I）、偽造文書罪（刑§214）及普通詐欺罪（刑§339）等罪。

止付通知書應載明下列事項，通知付款人票據喪失經過：喪失票據之原因、帳號、號碼、金額及其他有關記載。通知止付人之姓名、年齡、住所。其為機關、團體者，應於通知書上加蓋正式印信。其為公司、行號者，應加蓋正式印鑑，並由負責人簽名。個人應記明國民身份證字號。票據權利人為發票人時，並應使用原留印鑑（施§5 I）。

3. 不得受理

權利人填寫上述通知書、申報書後，付款人對通知止付之票據，應即查明（施§5 II前段）。如有下列情形之一者，不得受理其止付通知：

(1) 對無存款又未經允許墊借票據之止付通知，應不予受理。

(2) 對存款不足或超過付款人允許墊借金額之票據，應先於其存款或允許墊借之額度內，予以止付。其後如再有存款或繼續允許墊借時，仍應就原止付票據金額限度內，繼續予以止付（施§5 II後段）。

(3) 未屆期之票據應不得受理止付。如票據權利人就到期日前之票據為止付通知時，付款人應先予登記，俟到期日後，再依前項規定辦理。其以票據發票日前之支票為止付通知者，亦同（施§5 III、掛失處理準則〔以下簡稱準則〕§10）。

(4) 記載不完全之票據不得受理。但通知止付之票據如為業經簽名而未記載完成之空白票據，而於喪失後經補充記載完成者，準依票據法施行細則第5條第2、3項規定辦理，付款人應就票據金額限度內予以止付（施§5 IV）。

(5) 業經付款人付款之票據，不得為止付通知及公示催告（施§6）。

(6) 消滅時效已完成之票據（§22），不得為止付通知。

(7) 保付支票不得為止付通知，但得申請公示催告（§138 IV）。

(8) 止付通知失其效力者，同一人不得對同一票據再為止付通知（施§7 II）。

(9) 票據權利人雖曾依本法第18條第1項規定，向付款人為公示催告聲請之證明，但其聲請被駁回或撤回者，或其除權判決之聲請被駁回確定或撤回，或逾期未聲請除權判決者，應適用本法第18條第2項之規定，被認為止付通知失效，即不得再為申請止付之通知（施§7 I）。

(10) 法院宣告該票據沒收者，不得受理其止付（刑訴§473、§474）。

(11) 被侵占之之票據，不得為止付通知（民75年台上2540號判決）。

(12) 經列為拒絕往來戶後聲請止付通知，不得受理（74台央業780號函）。

（二）公示催告

1. 提出聲請公示催告之證明

票據權利人為止付通知之聲請時，應於提出止付通知後5日內，向付款人提出已為聲請公示催告之證明 (§18 Ⅰ)。

本法第19條第1項規定，票據喪失時，票據權利人得為公示催告之聲請。看似任意規定，實則不然，因為若其未遵守本法第18條第1項但書之規定辦理者，亦即未於提出止付通知後5日內，向付款人提出已為聲請公示催告之證明，該止付通知即會失其效力 (§18 Ⅱ)。

2. 公示催告之效力

票據權利人依法聲請公示催告而獲准者，會產生如下之效力：

(1) 止付之效力因而被維持。

(2) 善意受讓因而被防止或阻斷。

(3) 得請求票據金額之支付或提存。公示催告程序開始後，其已經到期之票據，聲請人得提供擔保，請求票據金額之支付；不能提供擔保時，得請求將票據金額依法提存（§19 Ⅱ前段）。

(4) 請求給與新票據。公示催告程序開始後，其尚未到期之票據，聲請人得提供擔保，請求給與新票據（§19 Ⅱ後段）。依除權判決行使權利。除權判決後，聲請人對於依票據負義務之人，得主張票據上之權利（民訴§565 Ⅰ）。

（三）除權判決

公示催告期間屆滿，若無人申報權利，聲請人得於申報權利之期間屆滿後3個月內，聲請為除權判決。但在期間未滿前之聲請，亦有效力（民訴§545 Ⅰ）。申報權利人，如對於公示催告聲請人主張之權利有爭執者，法院應酌量情形，在就所報權利有確定裁判前，裁定停止公示催告程序，或於除權判決保留其權利（民訴§548）。法院就除權判決之聲請為裁判前，得依職權為必要之調查（民訴§546）。對於除權判決，不得上訴（民法§551 Ⅰ）。於除權判決後，聲請人對於票據負義務之人，即得主張票據上之權利（民訴§565 Ⅰ）。

三、金錢證券

　　票據係據有財產價值之證券，其具有何種價值？其係據有「金錢」上價值的證券，其係以一定金額之給付為目的之證券，因此；「一定之金額」為票據的絕對必要記載，若有欠缺，該票據無效 (§11 I)。至於該金額是以新臺幣或外幣紀載，本法並無規定，因為現在外匯管制已取消，因此理論上應可記載外幣。但支票因受到甲存契約之限制，因此實務上仍以新臺幣為限。

　　因票據法與民法相比較，票據法為特別法，依據特別法優於普通法之法理，應優先適用票據法。票據上記載金額之文字與號碼不一致時，以文字為準 (§7)。此無非以文字記載較為慎重，故以文字為準。

　　若甲開立支票一紙給乙，於支票上僅以阿拉伯數字記載金額為 N.T. 500,000 元。問：銀行得否付款？

　　票據應記載一定之金額，唯此項金額僅須明確、固定為已足，究應以文字或號碼記載，要非所問。至於票據法第 7 條僅表明記載票據金額之方法有文字及號碼二種，若二種記載之內容不相符合時，以文字為準，乃因文字之記載較為慎重而已，並非否認號碼記載之效力。至於票據法施行細則第 3 條，則規定號碼之記載視同文字記載之情形，認為僅以號碼記載亦屬有效。是以；票據法並未禁止以號碼代替文字記載之規定。因此，本案於支票上僅記載號碼而未記載文字，並非無效，（請參看 89 年台抗字第 437 號判決），所以銀行應支付票款。

四、債權證券

　　票據雖係金錢證券，但並非謂執票人已取得票載之金額。因票據僅係「債權證券」，並非「物權證券」。簡言之，票據者，乃指執票人僅得就票據上所記載之一定金額向票據上之關係人行使票據上債的請求權，請求該特定人依票載文義支付一定之金額。是以；執票人並未直接取得該票據之金額，其僅享有票據上「債」的請求權而已。

五、文義證券

　　票據乃文義證券，票據上之一切債權與債務，均應依票據上所記載之文義而定其效力，當事人不得以票載以外之其他原因事實，對該文義加以變更、擴張、限縮或補充。原則上，在票據上簽名（蓋章）者，應依票據所載之文義負責 (§5 I)。

六、要式證券

票據既為文義證券，票據上之債權與債務，均依票據上所記載之文義而定其效力，在票據上簽名（蓋章）者，應依票據所載之文義負責（§5 I）。則；票據上之記載即屬重要，不得隨意記載，因此票據之作成，必須依據票據法規定之方式為之，始能成立生效，此即所謂「要式證券」之意也。換言之；票據法規定某些事項必須記載，則須記載。如欠缺本法所規定票據上應記載事項之一者，其票據無效（§11 I）。更者；若票據法未為規定之事項，亦不得隨意記載，若於票據上記載票據法所不規定之事項者，不生票據上之效力（§12）。（有關應記載事項、得記載事項、義以及不得記載事項，請參見第三節）

七、無因證券

票據既係「文義證券」，票據上一切之權利與義務，均依票據文義而定，當事人不得以文字以外之其他原因事實對之加以補充、變更、擴張、或限縮，其即已顯示出「無因性」之概念。因票據具有文義性及要式性的性質，即可使票據關係與原因關係分離，因此票據為「無因證券」。

無因證券乃指：票據僅為其自身而存在，其不沾染任何原因色彩，原則上票據關係與原因關係是分離的、各自獨立的，若該票據關係有效，縱其原因關係無效、不成立、或不存在，都不會影響該票據之效力。

因為票據具有「無因證券」，執票人占有該票據，原則上；即得依該票據之文義行使票據上之權利，除執票人取得票據有惡意或重大過失等情形外，執票人得不明示原因之所在而主張該票據之權利（§14 I）。執票人取得支票如係出於惡意，縱已付出相當代價，亦不得享受票據上之權利（69台上字第543號判例）。票據法第14條所謂以惡意取得票據者，不得享有票據上之權利，係指從無權處分人之手，受讓票據，於受讓當時有惡意之情形而言，如從有正當處分權人之手，受讓票據，係出於惡意時，亦僅生票據法第13條但書所規定，票據債務人得以自己與發票人或執票人之前手間所存人的抗辯之事由對抗執票人而已，尚不生執票人不得享有票據上權利之問題（67台上字第1862號判例）。

執票人以無對價或以不相當之對價取得該票據，不得享有優於前手之權利（§14 II）。所謂不得享有優於其前手之權利，係指前手之權利如有瑕疵（附有人的抗辯），則取得人即應繼受其瑕疵，人的抗辯並不中斷，如前手無權利時，則取得人並不能取得權利而言（68年台上字第3427號判例）。票據法第14條第2項所謂不得享

有優於其前手之權利，固指前手之權利如有瑕疵，該取得人即應繼受其瑕疵，人的抗辯並不中斷；如前手無權利時，取得人即不能取得權利而言，惟該前手權利瑕疵或無權利之抗辯事由，仍應由票據債務人負證明之責（89年台上字第1313號判決）。

八、流通證券

票據貴在流通，由於票據具有文義性、要式性、以及無因性，因此執票人能夠放心的接受「客票」，亦即；因為票據權利僅依文義而定，不受原因關係之影響，票據之執票人敢於承受前手所轉讓之票據。

所謂「流通證券」，乃指票據得藉交付或背書之方式轉讓。

★票據之喪失與補救★

一、票據轉讓之方式

（一）記名票據

記名票據一定要以「背書」方式轉讓（§30 Ⅰ反面解釋、124、144）。例如甲簽發本票給乙，未記載禁止轉讓，且有受款人之記載，則乙要將該本票轉讓給丙，乙一定要以「背書」方式轉讓。因此記名票據的第一個背書人必為「受款人」。

（二）無記名票據

無記名票據得以「背書」或「交付」方式轉讓(§30、124、144)。例如甲簽本票給乙，未記載禁止轉讓，且無受款人之記載，則乙要將該本票轉讓給丙，乙得以「背書」方式轉讓，也可以不背書而直接將該本票「交付」給丙。

二、執票人更為轉讓

如前例，若丙又要將本票或支票轉讓，應如何轉讓呢？這又要看乙轉讓給丙時，是採何種方式。

（一）記名背書時之轉讓方式

記名背書之被背書人要轉讓該票據時，必須以「背書」方式轉讓（§32反面解釋），其背書的方式可採記名背書的方式；也可採空白背書的方式。例如前例：甲開立支票給乙，有受款人（抬頭）乙之記載，若乙要將該支票讓與給丙，必須以背書轉讓，若乙載有被背書人丙之姓名或名稱。今丙更欲轉讓給丁，

因丙為被背書人，因此丙須以背書方式轉讓給丁，若將丁之姓名記載於票背，則為記名背書轉讓，若僅簽丙之名或蓋丙之圖章而未記載丁之姓名，則為無記名背書轉讓。

```
        票號        中華民國 107 年 10  月 18   日      帳號

        憑票支付   乙                            NT ＄ 1,000,000.
    支    新臺幣壹百萬元整
                    此致
        00000 銀行 00000 台照
    票    付款地：00 市 0000 路 00 段 00 號
        科目：支票存款
        對方科目        傳票            甲_____

                                    （發票人簽章）
```

　背書轉讓

```
    （記明背書轉讓）
                                    丁  丙
                                    ／
                                    丙  乙
```

```
    （無記明背書轉讓）
                                        丙
                                        ／
                                    丙  乙
```

（二）空白背書時之轉讓方式

1. 以交付方式轉讓。

　　票據法第 32 條第 1 項規定「空白背書之匯票，得依匯票之交付轉讓之。」本項規定於本票、支票準用之 (§124、144)。

```
    丁為空白背書之執票人，可以交付轉讓
                                        丙
                                    ／  ／
                                    丙  乙
```

2. 以背書方式轉讓

票據法第 32 條第 2 項規定「前項匯票，亦得以空白背書或記名背書轉讓之。」本項規定於本票、支票準用之 (§124、144)。

```
丁為空白背書之執票人，可以空白背書轉讓

                                丙
                               ╱ ╱
                          丁　丙　乙
```

```
丁為空白背書之執票人，可以記名背書轉讓

                              戊      丙
                             ╱      ╱
                          丁    丙    乙
```

3. 變更為記名背書

匯票之最後背書為空白背書者，執票人得於該空白內，記載自己或他人為被背書人，變更為記名背書，再為轉讓 (§33、124、144)。所謂記載他人，該他人是指受讓人而言。例如：甲開立支票給乙，有受款人（抬頭）乙之記載，乙將該支票讓與給丙，丙轉讓給丁，丁轉讓給戊，以下列二表說明之：

```
丁為空白背書之執票人，可於空白內填入自己的姓名
變更為記名背書（再為空白背書轉讓） ══》           ══》

                 丙                              丁  丙
                ╱ ╱                            ╱ ╱
           丁  丙  乙                       丁  丙  乙
```

```
丁為空白背書之執票人，可於空白內填入自己的姓名
變更為記名背書（再為記名背書轉讓） ══》           ══》

                 丙                           戊  丁  丙
                ╱ ╱                         ╱  ╱ ╱
           丁  丙  乙                     丁  丙  乙
```

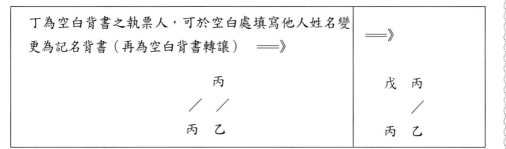

三、轉讓票據之風險

　　票據乃文義證券，票據上之債權與債務，均依票據上所記載之文義而定其效力。票據又為無因證券，原則上票據關係與原因關係是分離的、各自獨立的，若該票據關係有效，縱其原因關係無效、不成立、或不存在，都不會影響該票據之效力。因此；一旦執票人將該票據轉讓與他人，基於「文義證券」及「無因證券」的性質，原則上；發票人即不得以「原因關係」來對抗執票人。票據法第 13 條本文規定「票據債務人，不得以自己與發票人或執票人之前手間所存抗辯之事由，對抗執票人。」因此在票據得以轉讓時，發票人會有「票據抗辯限制」的風險。所以通常發票人多會為「禁止背書轉讓」以規避此風險。

貳、狹義的票據關係

一、意義

　　廣義的票據關係包括狹義的票據關係與非票據關係。所謂「狹義的票據關係」，一般稱之為「票據關係」，即票據本身所生之法律關係，亦即係基於文義證券之性質，依票據文義所生之法律關係。此項關係之發生係基於票據行為而發生票據上債權債務之關係。

二、當事人

　　任何一種法律關係之存在，必有其當事人，票據關係之當事人可分為票據債權人及票據債務人。

（一）票據債權人

基於票據行為，而享有票據上之債的請求權者，為票據債權人。原則上，凡執票人即推定為票據債權人而得享有票據權利。其票據權利有二：一為付款請求權、及追索權。付款請求權，稱之為「第1次之權利」；二為追索權，稱之為「第2次之權利」。

（二）票據債務人

基於票據行為，而負有票據上債務者，為票據債務人。因其義務之性質不同，可分為主債務人及從債務人。

1. 主債務人

主債務人又稱第一債務人，所謂「主債務人」，係指負有絕對付款義務之人。付款人不一定是主債務人，但主債務人必為付款人。

於匯票而言，主債務人為承兌人，付款人在未承兌前，並無付款義務，於承兌後，即應負付款之責（§52 I）。

於本票而言，主債務人為發票人，因為其所負之責任，與匯票承兌人同（§121）。是以；本書於前述「已付證券」時說到：已付證券必有主債務人；而委付證券未必有主債務人之原因在此。

於支票而言，原則上無主債務人，因為發票人僅應依照支票文義擔保支票之支付（§126），並非負擔絕對付款之責。但支票例外的則有主債務人，此即「保付支票」之付款人於保付後，其付款責任與匯票承兌人同（§138 I）。本書之所以強調「信用證券」與「支付證券」不同的原因在此。支票為「支付證券」，有主債務人即無從債務人；有從債務人即無主債務人。如一般（常態）支票，銀行非主債務人，因此一般支票無主債務人，僅有從債務人：發票人、及背書人。但「保付支票」，銀行因保付而負有絕對付款之義務，因此成為主債務人，此時該保付支票之發票人及背書人（從債務人），均免其責任（§138 II）。

2. 從債務人

從債務人又稱第二債務人，所謂「從債務人」，係指該人並非負有給付票款之義務，而僅是負擔擔保履行、清償義務之人。票據債權人原則上應先向付款人請求付款，於付款人未付款或未完全付款時，方得向第二債務人行使其追索之權利。

於匯票而言，從債務人為發票人、背書人、保證人、參加承兌人（§29、39、61、57）。

於本票而言，從債務人為背書人、保證人 (§39、124)。

於支票而言，原則上，從債務人為發票人 (§126)、背書人 (§39、144)。但例外的於保付支票，從債務人即不存在，因支票經保付者，其發票人、背書人均免除其責任 (§138 II)。

3. 主債務人與從債務人之區別實益

區別實益有：對象的不同、程序的不同、責任的不同、期限的不同、時效的不同、以及請求金額不同（權利的不同）。

參、非票據關係

非票據關係，乃指非基於票據行為所產生的關係，換言之；非基於票據文義所生的法律關係，稱之為非票據關係，其又可分為「票據法上的非票據關係」與「非票據法上的非票據關係」。

一、票據法上的非票據關係

票據法上的非票據關係是依據票據法之規定所產生的法律關係，但是該關係並非基於票據行為或票據的文義性所生的關係，僅因其與「票據行為」有密切的牽連性，且又為票據法所規定之關係。例如票據上的「利益償還請求權」(§22)、返還票據請求權 (§74)、返還複本請求權 (§117)。

二、非票據法上的非票據關係

非票據法上之非票據關係，乃指該法律關係係屬民法、商事法、或其他法規所定之法律關係，並非因票據行為所產生之法律關係，但因其與票據行為有密切的牽連性，故而在探討票據關係時常會一併探討。此種關係可分為：（一）預約關係。（二）資金關係。（三）原因關係。

（一）預約關係

預約，係指約定將來訂立一定契約（本約）之契約。倘將來係依所訂之契約履行而無須另訂本約者，縱名為預約，仍非預約。預約乃約定將來成立一定契約之契約，例如買賣預約，非不得就標的物及價金之範圍先為確定，但不能因此即認買賣本約業已成立。契約有預約與本約之分，兩者異其性質及效力，預約義務人如違反其義務時，預約權利人僅得請求對方履行訂立本約之義務，不得逕依預定之本約內容請求履行（61台上字第 964 號判例）。票據預約關係成立後，若義務人不依約履行其義務開立票據，

預約權利人僅得依非票據法上之法律關係主張權利，或要求預約義務人依約開立票據，而不得逕行請求票款之支付。

茲舉例說明如下：

甲乙簽訂買賣契約，載明於乙方交貨時甲方應開立支票給乙。但當乙方依約交付貨品後，甲方未依約開立支票。問乙得否至法院訴請甲給付票款？

乙不得請求票款之給付。因票據為設權證券、有價證券及文義證券，甲既未開立支票給乙，自無該支票之存在，乙即無該支票之票據權利。乙既未占有該支票當然無法依據該支票之文義行使其票據上之權利，乙不得請求甲之付票款。但乙得本於該預約請甲開立支票；或是本於民法上之法律關係，請求甲支付貨款。

（二）資金關係

資金關係是指發票人與付款人間所存在的資金關係。原則上；僅於委付證券才有所謂「資金關係」。例如匯票，發票人甲之所以委託付款人乙付款，原則上是因甲乙間存有資金關係之故也。又如支票，付款銀行之所以願意替發票人甲付款，是因為甲與付款銀行間有「支票存款帳戶」的關係，因此銀行依據該存款契約之規定，於甲帳戶存款範圍內之金額；或於允許墊借金額之範圍內替甲付款。本票為「給付證券」，原則上，無所謂的「資金關係」。但若該本票載有「擔當付款人」者，則會有資金關係，學者稱之為「準資金關係」。

資金關係僅存在於發票人與付款人之間，屬於非票據法上之非票據關係，原則上，資金關係與票據關係分離。付款人若於承兌後始發現其與發票人間並無資金關係之存在，該承兌人得否拒絕付款？票據法第 52 條第 1 項規定「付款人於承兌後，應負付款之責。」因此其不得以資金關係不存在為理由來對抗票據關係。

（三）原因關係

原因關係，有學者稱之為對價或兌價關係。其乃指當事人間之所以發生該票據關係的遠因，或當事人之所以為該票據行為之實質因素。此遠因是屬於民法或其他法律所規範之法律關係。例如甲與乙簽訂買賣契約（此為原因），基此買賣契約，乙應交付貨品；甲應給付貨款（此為結果）。甲因須之支付貨款（此為法律行為標的之本身；亦即係票據行為之原因），乃開立支票給乙（此為票據行為之本體；亦即票據行為之結果）。所以甲開立支票給乙，並非係基於買賣之原因，而是為了給付價金。因為，票據行為係以給付之本身為其法律行為之標的，若該票據行為本身有效，縱其原因關

係無效或被撤銷，亦不影響該票據行為之效力。所以；原則上原因關係與票據關係相分離。但例外時，在直接當事人間得以原因關係來對抗票據關係。

舉例說明如下：

甲受乙詐欺簽寫 100 萬本票，乙將之轉讓給不知情的丙，以做為清償貨款之用。丙於到期日向甲請求票款之支付，甲得否拒絕給付票款？

票據為「文義證券」，凡在票據上簽名者，原則上應依票據之文義負責。票據為「無因證券」，當事人不得以票載文義以外之其他原因事實，作為抗辯原因拒絕行其票據債務。因此；票據債務人，不得以自己與發票人或執票人之前手間所存抗辯之事由，對抗執票人。但執票人取得票據出於惡意者，不在此限（§13）。

案例解說

1. 基於上述之理由，乙公司不得請求甲公司支付票款。因為甲公司尚未開立支票給乙公司，乙公司並未取得票據上之權利，因此乙公司僅得對甲公司主張「貨款債權」之請求。

2. 乙未依債之本旨提出給付，應負債務不履行之責任。但甲不得為止付之通知，因為甲並未遺失該支票。甲僅因買賣關係成立後，代替現金之給付而開立該支票，因此甲不得為止付。若甲為止付通知，因須填寫「遺失票據申報書」，送交管區警察局備案存檔，可能會構成不指名的誣告罪（誣告他人侵占遺失物），且因明知不實之事項，而使公務員登載於執掌之文書，又可能會構成偽造公文書罪。因此甲不應為止付通知。甲應採假處分或假扣押方式保權其權利；或先行解約要求回復原狀，而後主張乙為無權占有，請求返還。

3. 抗告人（甲）主張：其於聲請許可本票強制執行獲准後不慎遺失該票據，然依強制執行法第6條第1項第6款規定，僅需提出本票裁定正本及確定證明書即可聲請執行，至於實體上是否持有票據原本，執行法院無權審認，且法律未規定領取分配款需提出票據原本。又原裁定所參照之臺灣高等法院暨所屬法院92年法律座談會結論，是針對執行法院發動強制執行前之審查，而本件係已執行終結發款事宜，不得比附援引、增加法律所無之限制。且執行法院僅需審酌執行名義是否成立，證明文件是否具備，至於票據上權利是否存在，執行法院無權審認，且依辦理強制執行應行注意事項第21條規定，債權人於領款時僅需提出身份證明文件即可領款，故相對人命抗告人提出票據原本，於法無據，爰求予廢棄原裁定。

臺灣高等法院民事裁定（94抗2104）法院之理由：

按票據係完全的有價證券，即表彰具有財產價值之私權的證券，其權利之發生、移轉或行使，均與票據占有不可分離之關係，執有票據，始得主張該票據上所表彰之權利。故主張票據債權之人，應執有票據始可，如其未執有票據，不問其原因為何，均不得主張該票據權利（最高法院82年度台上字第2619號裁判參照）。縱然以票據取得執行名義，因清償、轉讓或其他原因喪失票據之占有，無法或拒絕提出於執行法院，即屬法定要件之欠缺，是以本票准許強制執行之裁定為執行名義聲請強制執行者，除應提出裁定正本及該裁定已合法送達於債務人之證明外，並應提出該本票，以證明聲請人係執票人而得行使票據權利，不得僅以該執行名義聲請強制執行，況且，本票准許強制執行之民事裁定，僅具執行力，而無與確定判決之相同效力，自無從比較確定終局判決、和解、調解、支付命令、經法院核定之鄉鎮市調解，而無須提出票據原本。因此凡行使票據上權利，不論係聲請強制執行或於執行終結領取分配款時，均必須占有票據以提示之方式行使，此乃票據本身之性質使然，無關乎執行法院是否得為實體審查。經查，抗告人持對債務人之許可本票強制執行之裁定及確定證明書為執行名義聲請參與分配，並經原法院將債權額列入分配，並准許分配、領款，原法院並於領款通知上註明：領款前應提出債權證明文件（借據、本票或支票）到院後，始得領款，未提出者依法不得領款（本件全數受償，借據提出後無庸發還），此有抗告人提出之台灣士林地方法院民事執行處通知，附於本院卷可稽；惟抗告人以該票據因其疏失不慎毀損為由，遲未提出票據原本，此有抗告人提出之切結書影本附於本院卷可稽。依上開說明，抗告人既以本票准許強制執行之裁定為執行名義聲請強制執行而欲分配領款，自應提出該本票，以證明抗告人是執票人而得行使票據權利，不問其喪失票據占有之原因為何，原法院據以駁回抗告人之異議，於法尚無不合。再者，辦理強制執行應行注意事項第21條規定：「各債權人應領之分配額，如由債權人親自領取，應核對其身份證明文件無誤後交付之。」該規定應僅在確認領款人是否為債權人身份，非得為無須提出票據原本之依據，抗告人執前詞指摘原裁定不當，求予廢棄原裁定，為無理由，應予駁回。

4. 本案，乙須取得執行名義，方得聲請強制執行。又因支票僅為債權證券，不具有擔保性、優先性，因此以不得主張享有優先受償之權。坊間企業界於借款時，常開立支票或本票以作為保證之「保證票」，實則；票據僅為債權證券，不具有物權性質，因此不具有「擔保性」，無法主張優先清償。

5. 本案該支票未填寫金額，依票據法第 125 條第 2 款「一定之金額」為絕對必要記載事項。今甲未記載即將該支票交付與乙，依同法第 11 條第 1 項本文之規定，該票據為無效。因此；乙不得向甲主張票款之清償。

若乙擅自記載金額，得否向甲主張票款之清償？

不可！因票據法第 11 條第 2 項規定「執票人善意取得已具備本法規定應記載事項之票據者，得依票據文義行使權利」；但乙取得該支票時明知該支票欠缺金額之記載，仍願收受該支票，顯非「善意取得」，因此不得一具票據文義行使票據權利。

若乙擅自記載金額，將之背書轉讓給丙，丙得否向甲主張票款之清償？

票據法第 11 條第 2 項規定「執票人善意取得已具備本法規定應記載事項之票據者，得依票據文義行使權利；票據債務人不得以票據原係欠缺應記載事項為理由，對於執票人，主張票據無效。」此時應視丙取得該票據時是否為「善意」受讓人，若其非因故意或過失而有本案所述之情形，則其為善意，得依票據文義行使權利；票據債務人不得以票據原係欠缺應記載事項為理由，對於執票人，主張票據無效。

6. 票據乃文義證券，在票據上簽名（蓋章）者，應依票據所載之文義負責（§5 I）。票據又係「無因證券」，原則上票據關係與原因關係是分離的、各自獨立的，若該票據關係有效，縱其原因關係無效、不成立、或不存在，都不會影響該票據之效力。除執票人取得票據有惡意或重大過失等情形外，執票人得不明示原因之所在而主張該票據之權利（§14 I）。

票據行為，為不要因行為，執票人不負證明關於給付之原因之責任，如票據債務人主張執票人取得票據出於惡意或詐欺時，則應由該債務人負舉證之責（64 年台上字第 1540 號判例）。按票據法第 14 條所謂以惡意或有重大過失取得票據者，係指明知或可得而知轉讓票據之人，就該票據無權處分仍予取得者而言（52 年台上字第 1987 號判例）。因此；本案甲要拒絕支付票款，必須主張惡意抗辯，且須負舉證之責。

7. 最高法院判例認為：票據行為為不要因行為，即不以給付之原因為要素而得成立之行為，凡簽名於票據之人，不問原因如何，均須依票上所載文義負責，除執票人取得票據係出於惡意或詐欺者外，發票人不得以自己與執票人前手所存抗辯之事由，對抗執票人（49 年台上字第 678 號）。73 年台上字第 4364 號判例載「票據債務人（背書人）以其自己與執票人間所存抗辯之事由，對抗執票人，固為法之所許，然背書人以發票人與執票人間所存抗辯之事由，對抗執票人，則為支票為無因證券之性質所不容。」

第三節　票據行為

案例

1. 甲與乙交易，乙將貨品交付給甲，甲開立支票給乙，乙背書給丙時記載「若甲乙間之買賣契約有效，則乙願負擔背書人之責任。」此記載之效力如何？

2. 甲開立匯票給乙，委請丙付款。於匯票上甲記載：本人免除擔保付款之責任，試問此項記載之效果如何？

3. 甲為乙之父親，甲無業與乙同住。乙開設公司，常須向友人借貸周轉。某日；債主丙至乙之住所請求乙償還借款，乙不在家，甲說乙不在家，家中無現金，他可否以乙的支票還款，丙同意，甲乃擅自開立乙之支票以代清償。因找不到乙之印鑑，甲乃於發票人處蓋上甲自己的圖章交付丙。丙至銀行提示不獲付款，乃要求乙清償票款。問丙有理由否？若丙主張此為「表見代理」，要求乙負擔票據責任，可否？

4. 甲公司董事長乙，為求公司資金周轉之順暢，常向外借款，有時亦因自己的債務向友人借款。某日乙向友人丙借款，開立公司之支票給丙，於發票人處蓋上公司章（大章），以及甲之私章（非小章《印鑑章》）並簽名，丙至銀行提示不獲付款，乃向乙公司請求清償票款。乙公司認為其與丙並無借貸關係存在而拒付。丙乃至法院訴請乙公司清償票款。問丙之主張有理由否？

5. 甲公司授權總經理乙於新臺幣 30 萬元範圍內，得自行簽發公司支票。某日乙以公司名義簽發票載金額為新臺幣 32 萬元的支票給丙公司。丙公司不獲付款，要求甲公司清償票款新臺幣 32 萬元，甲公司拒絕乃生爭訟。問甲公司得否只負擔新臺幣 30 萬元？

壹、票據行為之概說

一、票據行為之意義

狹義的票據行為，係指以負擔票據上債務為目的所為之要式的法律行為。是以，票據行為係票據關係的唯一基礎，票據關係僅依票據行為而產生。廣義的票據行為，是指行使票據權利所為之一切行為，包括「提示」、「追索權」之行使。本書所謂之票據行為，僅指狹義的票據行為而言。

二、票據行為之種類

票據行為之種類如何？茲分述如下：

匯票有：發票、背書、承兌、參加承兌及保證。本票有：發票、背書及保證。支票有：發票、背書。

匯票	發票	背書	承兌	參加承兌	保證
本票	發票	背書			保證
支票	發票	背書			

發票行為，稱為「主票據行為」或稱為「基本的票據行為」，是「創設票據權利」之行為。背書、承兌、參加承兌及保證行為，為「從票據行為」或「附屬的票據行為」。因為票據行為具有「獨立性」，因此各個票據行為各自獨立，附屬票據行為係以「主票據行為」之存在為前提，至於主票據行為是否有效？是否合理？在所不問。

三、票據行為之性質

票據行為，亦係法律行為，且為債權行為，因而一般債權行為所具有之性質，原則上票據行為亦具有之。此外；其尚具有較特殊的性質，如：

（一）文義性

票據上之權利與義務均依票據文字之意義為準，此即所謂的「文義性」。基此性質，又產生三項原則：

1. 客觀原則：票據文義應依客觀上所呈現的形式狀態為認定標準，當事人不得以文字記載以外之其他原因事實對票據文義加以補充、變更、限縮或擴張。

2. 外觀原則：票載文義如何，僅以該文義本身為認定依據，不再探究其實質原意。例如支票之票載發票日與實質發票日不同，即以票載發票日為認定標準。

3. 有效原則：凡合乎要式行之票據行為，原則上該票據行為即生該行為之效力，以確保交易安全，維護票據之安定性。例如：乙於甲開立之本票正面發票人處簽名或蓋章，縱令乙以背書之意思於發票人處簽章，因為此行為已符合發票行為之要件，因此即認定乙係以發票之意思而為發票行為，致甲乙成為共同發票人。

（二）無因性

票據行為具有「無因性」，票據行為係以給付之本身為其法律行為之標的，若該票據行為本身有效，縱其原因關係無效或被撤銷，亦不影響該票據行為之效力。

（三）協同性

協同性又稱為連帶性、共同性。乃指在票據上各個票據行為雖各自獨立，但其均以共同擔保票據金額之支付為其共同的目的。若票據金額未能依文義支付，則所有在票上簽名（為票據行為）之人，除各該票據行為有得撤銷、或無效之情形外，凡在該票據上為票據行為者均應連帶負擔該票據債務。此即票據行為協同性。

如匯票承兌人應負付款之責（§52 I）發票人應擔保付款（§29）、背書人亦應依文義擔保付款（§39 準用 §29），若該執票人不獲付款，發票人、承兌人、背書人及其他票據債務人，對於執票人連帶負責（§96 I）。

此外，票據行為尚有有三個特殊的性質：一為票據行為的獨立性；二為票據行為的單純性、三為票據行為的不可分性。

1. 獨立性

所謂票據行為的「獨立性」乃指各個票據行為各自獨立，依票據上有數個票據行為時，如該票據行為有效，但其他票據行為中有一個或數個票據行為有瑕疵時，亦不影響該票據行為之效力（於票據偽造與變造時再詳論）。

2. 單純性

所謂票據行為的「單純性」乃指票據行為的內容必須明確，不可附條件。

3. 不可分性

所謂票據行為的「不可分性」乃指，執票人於背書轉讓時，將票據金額之一部分所為之背書，或將票據金額分別轉讓於數人之背書，不生效力。（於票據之背書轉讓時再詳論）。

貳、票據行為之要件

票據是「要式證券」，票據之作成，必須依據票據法規定之方式為之，始能成立生效。換言之；票據法規定某些事項必須記載，則須記載。如欠缺本法所規定票據上應記載事項之一者，其票據無效（§11 I）。而票據之記載是基於票據行為所產生。票據行為，係一法律行為，因而其成立及生效要件自應適用民法上有關法律行為之要件。此外，其尚具有記載及交付二要件。記載可分為下列三項說明：一、應記載事項。二、得記載事項。三、不得記載事項。

一、應記載事項

應記載事項，乃指票據法規定，各種票據必須要記載的事項。此為強制規定，當事人必須遵守。此種強制規定又可分為效力規定與命令規定。前者為「絕對必要記載事項」，後者為「相對必要記載事項」。

（一）絕對必要記載事項

該事項為應記載事項，當事人在為該票據行為時必須記載。如未記載，在發票行為，該票據無效（§11 Ⅰ）。在其他票據行為會令該行為不生效力，但票據不因之而無效。

茲列表說明「發票行為」之絕對必要記載事項：

匯票 （§24）	發票人之簽名	表明其為匯票之文字	一定之金額	無條件支付之委託	發票年月日		
本票 （§120）	發票人之簽名	表明其為本票之文字	一定之金額	無條件擔任支付	發票年月日		
支票 （§125）	發票人之簽名	表明其為支票之文字	一定之金額	無條件支付之委託	發票年月日	付款人之商號	付款地

發票人之簽名，在司法實務上，不限於簽全名。發票人之簽名，如僅簽姓或名者，亦生簽名之效力（64年7月第5次庭推總會決議）。但在銀行實務，銀行不會付款，因為銀行須依據發票人所留存之印鑑，經審核比對符合印鑑者，銀行方得付款。此外；銀行實務上，對於發票人之印鑑亦有限制，不得以橡皮章或組合圖章為印鑑。

目前支票之絕對必要記載事項多已事先印製於支票上，僅剩發票年月日、金額及發票人之簽名由當事人自行填寫。當事人應於簽發支票時填妥，若有欠缺，依票據法第11條第1項本文規定「欠缺本法所規定票據上應記載事項之一者，其票據無效。」唯學者及實務上有主張「空白授權票據」，應加以注意。

（二）相對必要記載事項

相對必要記載事項亦為「應記載事項」，但此等事項當事人可以不必記載，若未記載票據不因之而無效，因為本法另有補充之規定，故此項記載事項又稱「法定記載事項」或「補充記載事項」。本法第11條第1項規定「欠缺本法所規定票據上應記載事項之一者，其票據無效。但本法別有規定者，不在此限。」其但書所言「但本法別有規定者」即此處所謂的「相對必要記載事項」。

茲列表說明說明「發票行為」之相對必要記載事項如下：

	付款人之姓名或商號(§24Ⅲ)	受款人之姓名或商號(§24Ⅳ)	發票地(§24Ⅴ)	付款地(§24Ⅵ)	到期日(§24Ⅱ)
匯票	付款人之姓名或商號(§24Ⅲ)	受款人之姓名或商號(§24Ⅳ)	發票地(§24Ⅴ)	付款地(§24Ⅵ)	到期日(§24Ⅱ)
本票		受款人之姓名或商號(§24Ⅲ)	發票地(§24Ⅳ)	付款地(§24Ⅴ)	到期日(§24Ⅱ)
支票		受款人之姓名或商號(§24Ⅱ)	發票地(§24Ⅲ)		

何以「付款人之姓名或商號」在匯票為相對必要記載事項？在本票及支票則否？

因為本法第 24 條第 3 項規定「未載付款人者，以發票人為付款人。」此雖為應記載事項，當事人雖未記載，因本法已有補充規定，故票據不因之而無效。本票因係「已付證券」，因而無本款之規定。支票為「委付證券」，何以支票對於「付款人之姓名或商號」則非相對必要記載事項？因為本法對第 125 條第 3 款「付款人之商號」之記載無補充規定，因而若有所欠缺，即為無效。

又例如「付款地」，在支票為「絕對必要記載事項」，在匯票及本票則為「相對必要記載事項」，因為本法第 24 條第 6 項「未載付款地者，以付款人之營業所、住所或居所所在地為付款地。」同條第 5 項規定「未載付款地者，以發票地為付款地。」因為都有補充規定，故為「相對必要記載事項」。

二、得記載事項

所謂得記載事項，有學者稱之為任意記載事項，本書不贊成，因為所謂「得」記載，並非放任當事人自由記載，而係依本法規定，准許當事人以特約或約定之事項，方得由當事人依法記載之事項，當事人在本法所允許的範圍內記載，方能發生該記載之效力。如當事人雖已有約定，但未記載於票據，依票據的文義性而言，自不生任何票據法上之效力（票§12、施§14）。

例如：平行線之記載，學者認為是得記載事項，實際上它僅是支票的得記載事項，因為此項規定僅規定於本法第 139 條第 1 項：「支票經在正面劃平行線二道者，付款人僅得對金融業者支付票據金額。」因為匯票及本票並無此項規定，因此「平行線之記載」並非匯票及本票的得記載事項。

又例如：擔當付款人或預備付款人的記載，本法第 26 條定有明文，因此是匯票的得記載事項。但本票僅得既載擔當付款人而不得記載預備付款人，因為本法第 124 條僅規定：本票準用本法第 26 條第 1 項規定之故也。支票則不得記載擔當付款人或預備付款人，因為本法第 144 條並未規定準用第 26 條規定。

再例如：禁止背書轉讓之規定，為匯票、本票、及支票的得記載事項。因為本法第 30 條第 2 項規定「記名匯票發票人有禁止轉讓之記載者，不得轉讓。」此項規定，為本票及支票所準用（§124、144）。是以；本書主張得記載事項並非「任意記載事項」，其僅限於本法規定得由當事人記載者，當事人方得依特約或約定，依本法之規定記載，因記載而生該記載之效力；若未記載，不得對抗善意第三人。

三、不得記載事項

所謂「不得記載事項」，乃指票據法所未規定之事項、或票據法禁止當事人記載之事項，當事人不得記載於票據。若當事人於票據上記載本法所不規定之事項者，不生票據上之效力（票 §12）。所謂不生票據上之效力可分為（一）完全不生票據法上之效力以及（二）部分不生票據法上之效力。茲分述如下：

（一）完全不生票據法上之效力

完全不生票據法上之效力者，學者通稱為「記載有害事項」，或稱為「記載則票據無效事項」，但本書不贊同此種說法，而稱之為「完全不生票據法上之效力」。因為本法第 12 條規定「票據上記載本法所不規定之事項者，不生票據上之效力。」是以；不得記載事項之效力，應依該條之規定而論。所謂「完全不生票據法上之效力」，乃指此種事項一旦記載於票據上，該記載本身完全不生票據上之效力，主要是因該不得記載之事項若經記載則與票據性質、票據行為特性及絕對必要記載事項有所牴觸，因而會使該票據無效。唯此種情形均發生於「發票行為」中。

前述「要式證券」時提及：依票據法第 11 條第 1 項本文規定「欠缺本法所規定票據上應記載事項之一者，其票據無效。」若支票欠缺日期或金額之記載，該支票應屬無效，但若發票人於票面記載「授權執票人自行補充」，該支票是否有效呢？此為有關「空白授權票據」之爭議，茲補述如下：

★空白授權票據★

有關「空白授權票據」，於此先引三案例以供參考：

一、上訴人簽發未記載發票日之訟爭支票，交與會首邱某囑其於每月 12 日提示兌領，以清償上訴人應繳死會會款之用，即係以會首為其逐月填寫發票日之機關，該會首因給付會款而轉囑被上訴人填寫發票日完成發票行為，則被上訴人亦不過依上訴人原先決定之意思，輾轉充作填寫發票日之機關，與上訴人自行填寫發票日完成發票行為無異，上訴人不得以訟爭支票初未記載發票日而主張無效，尤不得以伊未直接將訟爭支票交付被上訴人，被上訴人填寫發票年月日完成發票行為，未另經伊之同意執為免責之抗辯（72 年台上字第 3359 號判例）。

二、本票之發票年、月、日係屬本票應認載事項之一，又欠缺票據法所規定票據上應記載事項之一者，其票據無效，此觀票據法第 120 條第 1 項、第 11 條第 1 項規定自明。被上訴人既未在系爭本票記載發票年、月、日，該本票自屬無效。自難諉為不知。是上訴人明知系爭本票原未載發票日而受讓之，即非善意受讓系爭本票，自不得援引票據法第 11 條第 2 項規定，而主張依票據文義行使票據權利（82 年台上字第 1406 號）。

三、欠缺本法所規定票據上應記載事項之一者，其票據無效，票據法第 11 條第 1 項前段定有明文。又依同法第 120 條第 1 項第 2 款規定，一定之金額為本票應記載事項。故本票上如未記載一定之金額，或記載不清，難以辨識一定之金額者，其本票當然無效（89 年台抗字第 406 號）。

第二、第三個判決都未承認「空白授權票據」，第一個判例似乎是承認了「空白授權票據」，但實際僅承認「使者」之概念可用於發票行為。茲敘述如下：

「空白授權票據」為學者間仿日本支票法而創之名詞。主張有「空白授權票據」者認為：空白授權票據乃指，（一）發票人已簽名。（二）票據欠缺絕對必要記載事項。（三）發票人授予執票人補充記載之權。

本書以為「空白授權票據」因：（一）違反絕對必要記載者，無效：票據為要式證券，本法第 11 條第 1 項本文規定，欠缺本法所規定票據上應記載事項之一者，其票據無效。（二）違反形成權之規定：補充權為形成權之性質，形成權須由法律規定，不得由當事人自行創設。（三）邏輯上的謬誤：若票據上之其他絕對必要記載事項得授權他人自行填寫，何以發票人之簽名（蓋章）須

自行填寫？若發票人之簽名（蓋章）須自行填寫，何以票據上之其他絕對必要記載事項得授權他人自行填寫？（四）違反法律諺語之意涵：法律諺語載「任何人不得將大於自己的權利授予他人」，若該票據因欠缺絕對必要記載而無效，此乃自始、客觀、當然、永久的無效，既然該票據為自始的無效，發票人即無該票據權利，其又何能將無權利之「權利」轉讓他人呢？因此本書認為「空白授權票據」不存在也不能成立。

但因實務上確有此種情形存在，於是實務上即將空白授權票據中之「補充權」的授予，解釋為「代理權」的授予。

1. 法律問題座談會

臺灣板橋地方法院簡易庭民國 82 年 7 月 9 日法律問題座談決議有甲乙兩說：甲說為肯定說、乙說為否定說。研討結果：採乙說。

司法院民事廳研究意見：

(1) 本件法律問題，准最高法院 82 年 4 月 27 日 (82) 台文字第 0281 號函復稱：「本院 82 年 3 月 30 日 82 年度第一次民事庭會議討論決定：於本院 67 年台上字第 3896 號判例，及 70 年 7 月 7 日 70 年度第 18 次民事庭會議決議（一）之見解未變更前，仍照上開判例及決議之意旨辦理。」

(2) 按欠缺票據上應記載事項之一者，除別有規定外，其票據無效（票據法第 11 條第 1 項），然票據行為乃財產上之法律行為，自得授權他人代理為之。亦即代理人經本人（票據債務人）之授權，於代理權限內，自己決定效果意思，以本人之名義，完成票據行為，而行為之效果直接歸屬於本人。此與票據債務人自行決定效果意思後，再囑託他人依此效果意思完成票據行為，乃票據債務人假手他人為表示機關，該他人係居於使者之地位，將票據債務人原先決定之效果意思對外表示之情形有別（參照最高法院 70 年 7 月 7 日，70 年度第 18 次民事庭會議決議（一）），不容混淆。又票據行為之代理，票據債務人授權執票人填載票據上應記載之事項，並不限於相對的應記載事項，即絕對的應記載事項，亦可授權為之（參照最高法院 67 年台上字第 3896 號判例意旨）。至票據法第 11 條第 2 項規定「執票人善意取得已具備本法規定應記載事項之票據者，得依票據文義行使權利，票據債務人不得以票據原係欠缺應記載事項為理由，對於執票人主張票據無效。」，僅係關於善意執票人得為權利之行使，及債務人抗辯權之限制之規定而已，尚難據之而謂我國票據法承

認空白票據之發行。是空白票據之發行，依票據法第 11 條第 1 項之規定，票據無效，惟善意執票人得依同法第 2 項之規定，行使其票據權利，票據債務人不得予以抗辯。

(3) 本題，甲所有之車輛靠行於乙之車行，為擔保靠行期間一切應付款項（包括因甲車侵權行為應對第三人所為之賠償），乃甲由簽發本票一紙（除發票人甲之簽名及發票日期外，餘均未記載），連同授權書（上載明乙得按實際債權額代甲填寫票面金額）交付予乙，依前說明，依票據行為之代理規定，甲得授權乙在實際債權額代甲填寫票面金額，乙持有填寫後之本票，自屬為有效之票據。若乙未按實際債權額代填票面金額（如票面金額逾越實際債權額或實際上未有債權而填載虛偽之債權額等），則屬於甲得否對抗乙之問題。

四、本題研討意見，以甲說結論為當，惟甲說理由立論未洽，應予修正。

2. 司法業務研究會

民國 72 年 5 月 2 日司法院第三期司法業務研究會，其研究結論如下：

我國票據法對於空白票據並無明文規定，而其第 11 條第 2 項雖云「執票人善意取得已具備本法規定應記載事項之票據者，得依票據文義行使權利；票據債務人不得以票據原係欠缺應記載事項為理由，對於執票人主張票據無效」，但亦僅係關於善意執票人得為權利之行使及債務人抗辯權之限制之規定，尚難採之而謂票據法有空白票據之明定。是空白票據不能被認為票據法上之票據。（最高法院 68 年 10 月 23 日 68 年度第 15 次民事庭會議紀錄，補充說明（一）參照），參以該院 70 年 7 月 7 日 70 年度第 18 次民事庭會議決議：「甲簽發未記載發票日之支票若干張交付丙，既已決定以嗣後每月之 15 日為發票日，囑丙逐月照填一張，以完成發票行為，則甲不過以丙為其填寫發票日之機關，並非授權丙，使其自行決定效果意思，代為票據行為而直接對甲發生效力，自與所謂「空白授權票據」之授權為票據行為不同。嗣丙將上開未填載發票日之支票一張交付乙，轉囑乙照填發票日，乙依囑照填，完成發票行為，乙亦不過依照甲原先決定之意思，輾轉充作填寫發票日之機關，與甲自行填寫發票日完成簽發支票之行為無異。乙執此支票請求甲依票上所載文義負責，甲即不得以支票初未記載發票日而主張無效。此種情形，與票據法第 11 條第 2 項規定，尚無關涉」。

本書認為「空白授權票據」不存在也不能成立之理由除上述說明外，尚補
充說明如下：

(1) 即便是代理行為，亦屬無效

本票為文義證券，應記載其為本票之文字、一定之金額、無條件擔任支
付、發票年、月、日，由發票人簽名，票據法第 120 條第 1 項亦有明定。
欠缺上開應記載事項之一者，依同法第 11 條第 1 項前段，其票據無效。
則本票之發票行為，屬依法應以文字為之之法律行為，苟有對本票之發
票行為授與代理權者，依上說明，其代理權之授與，即應以文字為之。
否則，其授與即不依法定方式為之，依民法第 73 條前段規定，自屬無效
（104 年台上字第 1348 號判決）。

(2) 依票據法第 11 條第 2 項規定，仍屬無效

若發票人於票書面記載授予代理權，則執票人自然是明知系爭本票原未
載發票日而受讓之，即非善意受讓系爭本票，自不得援引票據法第 11 條
第 2 項規定，而主張依票據文義行使票據權利（82 年度台上字第 1406
號判決）。

因此本書認為本法並未承認「空白授權票據」。

（二）部分不生票據法上之效力

部分不生票據法上之效力，又分為二種效力：(1) 該票據行為及記載均不生票據法
上之效力，但該票據並不因之而無效。(2) 僅該記載不生票據法上之效力，該票據行為
並不因之而無效。

1. 該票據行為及記載均不生票據法上之效力

此項效力學者稱之為「記載無益事項」或「記載無意義事項」，本書不贊成此用語，
因而稱之為「該票據行為及記載均不生票據法上效力事項」。此乃指，如為當事人為
票據行為時有此項記載，因該記載與票據行為之特性（書面性、要式性、文義性、無
因性、獨立性、單純性、不可分性）相抵觸，且又與票據性質之部分（設權證券、有
價證券、金錢證券、債權證券、文義證券、要式證券、無因證券、流通證券、提示證券、
繳回證券）有所不合，致令該票據行為不生票據上之效力，並導致該記載亦不生票據
上之效力。但該票據本身並不因之而無效。

例如：就票據金額之一部所為之背書或將票據金額分別轉讓於數人之背書，不生效力（§36本文、§124、§144）。此所謂「不生效力」，是指該票據行為（背書行為）違背了票據行為「不可分性」的特性，又違背了「有價證券」、「無因證券」、「流通證券」等票據性質，因此該票據行為不生票據上之效力，因其不生效力致該記載亦不生票據法上之效力。實務上已採此見解：就本票金額之一部分所為之背書，或將本票金額分別轉讓於數人之背書，有違背書之不可分性，依票據法第124條準用第36條前段規定，不生背書之效力（88年度台上字第1780號）。

2. 僅該記載不生票據法上之效力，該票據行為仍然有效

此項效力學者稱之為「不生票據法上之效力」，亦為本書所不贊同。因為無論是完全不生效力或是部分不生效力，都是不生票據法上之效力，何以僅此屬於不生票據上效力之事項呢？顯然其理論或學說有待釐清。

所謂「僅記載不生票據法上之效力」是指，若票據上記載此種事項，僅該記載的本身不生效力，其票據行為仍有效力。因為該票據行為僅牴觸了票據行為的特質，或僅牴觸了票據性質，因情節輕微，所以僅該記載之本身不生票據上之效力，該票據行為仍然有效。此等情形，本法於條文中規定「其記載無效」或「視為無記載」者屬之。

參、票據行為之代理

一、票據代理之意義

票據行為係法律行為，且為債權行為，因此民法上有關法律行為代理之相關規定，除票據法另有關定外，亦得適用之。80年台上字第1426號判決載「票據行為亦為法律行為之一種，民法上有關代理之法條亦適用之，票據上之簽名亦係意思表示，自可由代理人為之。」是以；票據行為之代理乃指代理人基於本人之授權，載明為本人代理之意旨，於代理權限內，代本人為票據行為並簽名於票據者。

且因票據之發票行為，屬依法應以文字為之之法律行為，苟有對本票之發票行為授與代理權者，依上說明，其代理權之授與，即應以文字為之。否則，其授與即不依法定方式為之，依民法第73條前段規定，自屬無效（104年台上字第1348號判決）。

二、票據代理之要件

（一）形式要件

1. 明示本人之名義

此乃採「顯名主義」之當然結果。票據行為之代理，乃採顯名主義，且具文義性，代理人必須在票據上簽名或蓋章，並表明代理之旨（75 台上字第 1475 號判決）。民法第 103 條第 1 項規定「代理人於代理權限內，以本人名義所為之意思表示，直接對本人發生效力。」本項規定於票據行為亦得適用。73 年台上字第 3156 號判決載：代理人任意記明本人之姓名蓋其印章，而成為本人名義之票據行為者，祇須有代理權，即不能不認為代理之有效形式。但若代理人未載明為本人代理之旨而簽名於票據者，則為「隱名代理」，依票據法第 9 條規定，該隱名代理人應自負票據上之責任。

2. 表明代理之意旨

代理人必須表明其係本人之代理人，並以本人之名義為意思表示或授意思表示。在理論上而言，票據行為之代理，代理人亦應表明其為本人代理人之意旨。但實務上多未顯示「代理之意旨」。若代理人為本人發行票據，未載明為本人代理之旨而簽名於票據者，應自負票據上之責任，固為票據法所明定，惟所謂載明為本人代理之旨，票據法並未就此設有規定方式，故代理人於其代理權限內，以本人名義蓋本人名章，並自行簽名於票據者，縱未載有代理人字樣，而由票據全體記載之趣旨觀之，如依社會觀念，足認有為本人之代理關係存在者，仍難謂非已有為本人代理之旨之載明（41 年台上字第 764 號判例）。

3. 須簽名於票據上

代理人既須表明代理之意旨，即須顯示代理人自己之姓名，以示該票據行為係代理人代本人所為。但實務上有僅表示本人之姓名或名稱而未顯示代理人之姓名者，謂之為「票據之代行」。85 年台上字第 407 號判決載：代理人任意記明本人之姓名蓋其印章，而成為本人名義之票據行為者，所在多有，此種行為只須有代理權即不能不認為代理之有效形式；又經理人有為商號管理事務及為其簽名之權利，而簽名得以蓋章代之，故經理人自書商號名稱並自刻商號印章使用者，當然屬於有效之行為。

‧票據之代行，其效力如何？

實務上認為票據之代行可被認為是代理之一種型式，如未違反代理之要件，應認為有效。53 年台上字第 2716 號判例即認為：代理人為本人發行票據，未載明為本人

代理之旨而簽名於票據者，應自負票據上之責任，固為票據法第 6 條（舊）所明定，惟代理人亦有不表明自己之名僅表明本人之名而為行為，即代理人任意記明本人之姓名蓋其印章，而成為本人名義之票據行為者，所在多有，此種行為只須有代理權，即不能不認為代理之有效形式。

（二）實質要件

1. 須有代理權之存在

代理人須有代理權，為有權代理的要件之一。因此票據行為之代理，代理人自須要有代理權之存在，否則即屬「無權代理」。代理權之欠缺可能是因為：(1) 未經授與代理權。(2) 因授權行為之無效或被撤銷。(3) 代理人逾越代理權。(4) 代理權已消滅仍為代理。

若發票人將已蓋妥印章之空白票據交與他人（代理人），授權其代填金額以辦理借款手續，則縱使曾限制其填寫金額之範圍，但此項代理權之限制，發票人未據舉證證明，為執票人所明知或因過失而不知其事實，依民法第 107 條之規定，自無從對抗善意之執票人，從而該代理人逾越權限，多填票面金額，發票人自不得執是而免除其發票人應付票款之責任（52 年台上字第 3529 號判例）。

代理權之有無發生爭議時，應依舉證責任分配之原則認定。

例如支票之背書如確係他人逾越權限之行為，按之票據法第 10 條第 2 項之規定，就權限外部分，即應由無權代理人自負票據上之責任，此乃特別規定優先於一般規定而適用之當然法理，殊無適用民法第 107 條之餘地（50 年台上字第 1000 號判例）。

．無權代理之效力

無權代理人代理本人在票據上所為之票據行為，此項無權代理之事由，本人可以對抗一切執票人，就令執票人之取得支票並非出於惡意或重大過失，亦不例外（75 台上字第 2611 號判決、89 年台上字第 43 號判決）。

2. 須在代理權範圍內

代理人須在代理權之範圍內為意思表示或受意思表示，此亦為有權代理之要件。無代理權人以代理人之名義所為之法律行為，係效力未定之法律行為，固得經本人承認而對於本人發生效力。惟本人如已為拒絕承認，該無權代理行為即確定的對於本人不生效力，縱本人事後再為承認，亦不能使該無權代理行為對於本人發生效力（85 年台上字第 963 號判例）。此號判例是針對民法第 170 條之規定而言。

票據法第 10 條之規定為民法第 170 條規定的特別法，應優先適用。

票據法第 10 條第 1 項規定「無代理權而以代理人名義簽名於票據者，應自負票據上之責任」。此乃指，當本人舉證證明該票據行為係出自「無權代理人」所為，本人即可不負票據上之責任，因該無權代理人已於票據上簽名，依票據文義性，應由該無權代理人自付票據之責。但若本人無法舉證證明該票據行為係屬無權代理人所為，則本人仍應依票據文義負責，並無民法第 170 條之適用。

票據法第 10 條第 2 項規定「代理人逾越權限時，就其權限外之部分，亦應自負票據上之責任」，亦無民法第 170 條之適用。

「無代理權而以代理人名義簽名於票據者，應自負票據上之責任」及「支票為文義證券，不容發票人以其他立證方法變更或補充其文義」、「在票據上簽名者，依票上所載文義負責」、「票據上之權利義務，悉依票據記載之文字以為決定」，最高法院著有 51 年台上字第 1362 號、55 年台上字第 1873 號、68 年台上字第 3779 號判例可資參照。票據為無因證券，執票人行使票據上之權利，就其如何取得該票據之原因事實，毋庸負舉證之責；反之，票據債務人如以其自己與執票人間所存抗辯事由對抗執票人，即應由票據債務人就此項事由負舉證之責。惟按公司之法定代理人在支票發票人欄除蓋用公司名章及其私章外，又簽名於其上者，究係以法定代理人之身分，代理公司簽發支票，抑自為發票人，而與公司負共同發票之責任，允依支票全體記載之形式及社會一般觀念而為判斷（97 年台上字第 665 號判決）。

肆、空白授權票據與票據代理之差異

一、授予補充權之問題

空白票據的授予補充權，補充權為形成權之性質，形成權須由法律規定，不得由當事人自行創設。因而發票人將填寫金額或日期之權利，授與他人，此性質應屬授與「補充權」之性質，就票據法之規定而言，法律並未規定發票人有此項補充權，因此發票人授與補充權的行為，不生票據法上之效力。

二、授予代理權之承認

實務上認為，票據行為亦為法律行為、債權行為，性質上適於代理，因此發票人得將其發票行為之部分授與代理人代其填寫金額、日期、發票人之姓名或名稱，甚或其他相對必要記載事項。

　　例如 67 年台上字第 3896 號判例載：「授權執票人填載票據上應記載之事項，並不限於絕對的應記載事項，即相對的應記載事項，亦可授權為之。本票應記載到期日而未記載，固不影響其本票效力，但非不可授權執票人填載之。」

　　上訴人簽發未記載發票日之訟爭支票，交與會首邱某囑其於每月 12 日提示兌領，以清償上訴人應繳死會會款之用，即係以會首為其逐月填寫發票日之機關，該會首因給付會款而轉囑被上訴人填寫發票日完成發票行為，則被上訴人亦不過依上訴人原先決定之意思，輾轉充作填寫發票日之機關，與上訴人自行填寫發票日完成發票行為無異，上訴人不得以訟爭支票初未記載發票日而主張無效，尤不得以伊未直接將訟爭支票交付被上訴人，被上訴人填寫發票年月日完成發票行為，未另經伊之同意執為免責之抗辯（72 年台上字第 3359 號判例）。

三、授予代理權之否認

　　實務上亦有認為發票行為不得為代理權之授與，但得以他人為「使者」或「信差」，以他人為「傳達機關」。依據最高法院 70 年 7 月 7 日民事庭會議決議意旨，其僅承認由發票人自行決定效果意思後，再由他人為發票人之填寫機關，並不承認由發票人授權他人自行決定效果意思之所謂「授權行為」。若填寫人並非單純為發票人之填寫機關，其有自行決定效果意思之權利甚明，故於該記載完成之本票尚未為善意第三人取得之前，發票人自得以該本票本係無效票據對抗填寫人。

　　如對於未來不確定債務，簽發未記載金額之本票交付乙，授權乙於其債務發生時，代填金額，例如甲車肇事致人死傷，應對第三人為賠償，因其含有精神慰藉金等項，並無一定之賠償標準，則乙之填寫金額，顯非為甲所使用之機關，而係自行決定其效果意思。難以認為乙係善意取得已具備票據法規定應記載事項之票據。依票據法第 11 條第 2 項反面解釋，甲應得以本票原未記載金額，對於乙主張該票據無效（票據法第 120 條第 1 項第 2 款、第 11 條第 1 項本文參照）。

四、本書之見解

　　本書認為，依據票據法第 11 條第 1 項本文之規定，可知本法並不承認「空白授權票據」之存在。且依據前引實務之見解，亦可知實務亦不承認「空白授權票據」。但本書接受「代理權授與」之概念，但對於被授權人逾越代理權之範圍所為的越權代理，在直接當事人間（本人與代理人間）固得適用票據法第 10 條第 2 項之規定而為抗辯，但對於第三人則不適用，而應適用同法第 11 條第 2 項之規定，發票人不得以之對抗善意之執票人。

案例解說

1. 乙之背書行為，違背了票據行為「單純性」之特性，背書附記條件者，因此該記載不生票據上之效力，但其背書行為仍屬有效。是以；本法第36條但書規定「其條件視為無記載。」

2. 因匯票為「有價證券」、「委付證券」、「信用證券」、「債權證券」，甲委託丙支付票款，若甲可因此免除票款給付之責，則使他人不敢收受該匯票，因此甲必須擔保該匯票之信用。若甲於匯票上記載「免除擔保付款之責」，僅該記載不生票據上之效力，甲仍應依票載文義擔保票據金額之支付。

3. 本案甲以乙之代理人名義，開立乙之支票，並於票據上未顯示「本人」乙之名義，而於支票上簽署甲之姓名或蓋上甲之圖章，此為「隱名代理」，依票據法第九條規定「代理人未載明為本人代理之旨而簽名於票據者，應自負票據上之責任。」因此；丙向乙請求票款之支付，顯無理由。

   若丙主張此為「表見代理」，要求乙負擔票據責任，可否？

   因為票據為「文義證券」，票據行為具有「文義性」，若票據上未表明本人與代理人之關係，即無法依票據法第10條之規定主張表見代理。但丙可對乙主張應負民法上的表見代理「授權人」之責。

   民法第169條所定之表見代理與同法第107條所定之越權代理不同。前者，本人未曾授與代理權，因有表見事實，而使本人對善意無過失之第三人負授權人之責任；後者，本人原曾授與有限制之代理權，而代理人越權代理，本人不得以代理權之限制對抗善意無過失之第三人，兩者迥然有別（90年台上字第1774號判決）。

   發票人縱曾授權代理人使用發票人印章，以發票人名義開設銀行帳戶簽發支票，核是項授權行為與使用發票人印章在他人本票為背書，係屬兩個性質顯然不同之代理行為，衡之常情，尚不致使人誤信授權開戶簽發支票即當然包括授權背書，故代理人逾權使用發票人印章在系爭本票上背書，尚不生授與代理權後復予以限制或撤回代理權之問題。且不致使從事銀行金融專業之第三人陷於善意不知（指無過失而不知），自無民法第107條規定之適用（76年台上字第433號判決）。

4. 票據為無因證券，執票人行使票據上之權利，就其如何取得該票據之原因事實，毋庸負舉證之責；反之，票據債務人如以其自己與執票人間所存抗辯事由對抗執票人，即應由票據債務人就此項事由負舉證之責。發票人一旦提出其基礎原

因關係（如消費借貸）不存在之對人抗辯，執票人自應就該基礎原因關係存在之積極事實負舉證之責任。

惟按公司留存於銀行印鑑章，多為公司名章以及負責人圖章，本案公司之法定代理人甲在支票發票人欄，除蓋用公司名章及其私章外，又簽名於其上者，究係以法定代理人之身分，代理公司簽發支票，抑自為發票人，而與公司負共同發票之責任，允依支票全體記載之形式及社會一般觀念而為判斷（97 年台上字第 665 號）。

5. 在票據上簽名之行為，得不由本人自為，而委由代理人代理本人簽名。雖票據法第 10 條第 2 項規定代理人逾越權限時，就其權限外之部分，應自負票據上之責任。但此乃指該代理人有在票據上簽名而言，若其僅為「代行」而未簽名於票據上，則無該項之適用。因為票據乃文義證券，在票據上簽名者，方應依其文義負責。89 年台上字第 901 號判決載：票據法第 10 條第 2 項規定：代理人逾越權限時，就其權限外之部分，應自負票據上之責任。係指代理人逾越權限以代理人名義簽名於票據之情形而言。如代理人未載明為本人代理之旨，逕以本人名義簽發票據，即無上開規定之適用，而應適用民法第 107 條之規定，本人不得以代理權之限制對抗善意無過失之執票人，而就代理人權限外之部分，自須負票據上之責任。

51 年台上字第 1326 號判例亦載：票據係文義證券，在票據簽名者，依票上所載文義負責，票據法第 10 條第 1 項規定：「無代理權而以代理人名義簽名於票據者，應自負票據上之責任」即本此義，同條第 2 項所載，越權代理與上述無權代理規定於同一條文，當然仍係指代理人簽署自己之名義者而言，若本人將名章交與代理人，而代理人越權將本人名章蓋於票據者，自無本條之適用。如謂未露名之代理人須負票據之責任，必將失去票據之要旨，故票據僅蓋本人名義之圖章者，不能依票據法第 10 條命未露名義之代理人負票據之責任，至本人應否負責，應依本條以外之其他民事法規法理解決之。（例如有票據法第 14 條，民法第 107 條情形者，應依各該條之規定處理。）

CHAPTER **①** 第四節　票據瑕疵

案例

1. 甲遺失支票，未掛失止付，乙拾得後將該支票剪貼影印，將金額壹萬零柒佰玖拾肆元，改為柒佰玖拾肆萬元，交付丙作為債款之清償，丙向銀行請求不獲付款，乃控訴乙偽造有價證券。問乙是否構成偽造有價證券罪？

2. 甲為作家，因購買電腦周邊用品，乃開立支票 10 萬元給文具供應商乙，甲順手拿起身旁刻有自己筆名之圖章，蓋於支票發票人欄上交付給丙，丙提示不獲付款，即至法院控訴甲偽造有價證券，甲是否有罪？

3. 甲擅自以乙之名義簽發支票給丙，票上蓋乙之圖章，票載金額為新臺幣 100 萬元整，但未填寫發票年月日，即交付給丙。丙填寫日期後至銀行取款，不獲付款，乃訴請乙支付票款，並控告甲觸犯偽造有價證券，問丙之行為效力如何？

4. 甲簽發 100 萬元支票，受款人記載為乙，未禁止背書轉讓，乙不慎遺失該支票，丙拾得後立即偽刻乙之圖章，向丁洽借金額 80 萬，用偽刻的乙之圖章背書轉讓給丙。丁提示不獲付款，乃要丙清償票款，並對丙提起刑事訴訟，問：丙應否負擔票據責任？丙應負擔何種刑事責任？

5. 甲偷取乙之支票並偽造乙之印章，蓋於乙之支票上，一張面額為 70 萬元、另一張面額為 50 萬元，交付給丙以清償借款及貨款。丙提示不獲付款，乃提起刑事訴訟，問甲應負擔何種刑責？

6. 甲同時偽造乙及丙之印章蓋於商業本票各數張，用以向不特定之廠商購買貨品，經丁廠商提起告訴，檢察官提起訴訟，問甲之刑責如何？

7. 甲簽發支票一紙給乙，票載金額係以阿拉伯數字填寫為 N.T.500,000。乙背書給丙時更改為 N.T. 1,500,000，並填寫文字為 150 萬元正。丙提示不獲付款，要求甲乙連帶票款 150 萬元，是否有理由？

8. 甲簽發支票給乙，票載發票日為中華民國 100 年 10 月 3 日，甲知道乙要將該票據背書轉讓給丙，於是要求乙同意甲更改日期為中華民國 100 年 10 月 31 日，乙同意更改後背書轉讓給丙，丙於同年 11 月 4 日至銀行提示不獲付款，乃要求甲乙支付票款，乙以丙超過提示期間、即未於票據上簽名表示同意為由，拒絕負擔票據責任。問：乙之抗辯有理由否？

票據瑕疵，實際係探討瑕疵之票據行為所造成票據上之效果。票據瑕疵，通說認為有三：一、票據偽造。二、票據變造。三、票據塗銷。

 # 壹、票據偽造

一、意義

乃指無權利人，以行使之目的，假冒他人之名義，而偽為票據行為。

二、票據偽造之要件

（一）無製作權之人

所謂無製作權之人，乃指無任何正當權源之人，亦即該人無任何代理權、受任權、受託權或其他權限者。

現今實務見解有認為票據行為之代理人「逾越」代理權者，亦應成立偽造有價證券罪。本書則有不同之見解：

票據法第 10 條第 2 項規定「代理人逾越權限時，就其權限外之部分，亦應自負票據上之責任」，因越權代理人僅係就票據金額部分逾越代理權限，本書以為不能認為其係觸犯刑法第 201 條偽造有價證券罪。但若代理人雖經授權代本人簽名蓋章，若其逾越代理權限擅自填寫他人為共同發票人，則有可能構成偽造有價證券罪。茲舉例說明如下：

一、甲授權乙在 100 萬元範圍內替甲填寫票據金額。乙擅自填寫 150 萬元。問乙之責任如何？

若甲能證明此為越權代理，依票據法第 10 條第 2 項之規定，對於超出權限的 50 萬元部分，應由乙自行負擔票據之責。此時；乙之行為是否該當刑法第 201 條之構成要件，值得研究。因為乙之行為不屬於「偽為票據行為」，僅為「越權」行為。

但是實務上卻認為此時應構成偽造有價證券罪。

72 年台上字第 7112 號判決載：被害人公司授權上訴人於空白支票填寫金額，繳納所欠貨櫃場棧租，乃上訴人於獲悉並未欠繳棧租後，私擅填寫金額 1 萬 5 千元後，自行使用，已逾越授權範圍，自應令負偽造有價證券罪責。

77 年台上字第 1573 號判決亦採相同之見解，其載上訴人不依黃○添之授權，擅自簽發超過限定金額之支票，要與無權簽發他人名義支票無異，應成立偽造有價證券罪（本院最近之統一見解），原判決論以變造，自有未合。

二、甲授權乙替甲簽發支票，乙擅自於發票人欄內記載甲及丙為共同發票人，開立
100 萬支票給丁。問乙之責任如何？

乙擅自將丙列為發票人，使丙負擔票據責任，對丙造成侵害。且乙所為之行為，並非越權行為，而是乙「假冒丙之名義」「偽為」發票行為，該當於刑法第 201 條之構成要件，應負刑責。

（二）以行使之目的

所謂以行使之目的，係指以經濟利益之獲取或交換為目的。

（三）假冒他人名義

凡非以自己之名義所為者，是之。該他人指自然人、法人、獨資商號、已死亡之自然人、已解散之法人或不存在之人。

但若用「人頭支票」、「芭樂票」則如何呢？茲舉例說明如下：

甲公司實際負責人為總經理乙，享有開立支票之權。至於名義上董事長丙（人頭）則無開票及其他經營管理權，但公司支票之印鑑章為甲公司名章及丙之印鑑章。甲公司財務狀況不佳，A 公司提示甲公司之支票均因存款不足而遭退票，於是 A 公司負責人乃提起告訴，主張乙應負偽造有價證券之刑責。問乙是否應負該罪責？若乙不負偽造有價證券罪，其該當何罪？

票據法上之票據偽造，是指：無製作權之人，以行使之目的，假冒他人之名義，偽為票據行為。甲公司於銀行存留之印鑑為甲公司之名章（大章），及名義上負責人丙之印鑑章（小章）。依票據法之規定而言，乙基於職務上負責人之身分開立公司支票，並非無權代理，亦非票據偽造。

刑法上之偽造有價證券罪，係指無製作權而擅以他人（包括法人與自然人）名義發行票據者而言。如於票據上冒用他人名義，但該他人並非發票人，而不負票據法上發票人之義務者，則行為人縱可成立其他罪名，究不能遽依偽造有價證券罪論擬。依原判決認定之事實，系爭本票之發票人為南○公司，而楊清展為該公司之實際負責人。倘若不虛，因楊○係有權以南○公司之名義簽發本票之人，各該本票上縱同時蓋用「人頭」負責人蘇○之印章，及書寫其姓名，但從票據形式以觀，發票人仍為南○公司。是蘇○之印文、署名如僅係表彰其為發票人之法定代理人，而非以蘇○為共同發票人者，則按諸首開說明，上訴人等之行為是否該當於偽造有價證券罪之構成要件，即有研求之餘地（93 年台上字第 6255 號判決、95 年台上字第 2771 號判決參照）。

．「人頭支票」、「芭樂票」

使用「人頭支票」、「芭樂票」而遭退票者,可能觸犯刑法第339條之詐欺取財罪。

一般所謂之「人頭支票」、「芭樂票」係指無法兌現之空頭支票,此又可分為未獲授權,冒用他人名義開戶、申領之支票,及委請知情之人以相當對價或其他方式,至金融行庫設立帳戶並請領甲存支票供自己使用,以及發票名義人知情,並志願充為「人頭」概括授權他人簽發之支票等情形。後者因發票名義人志願充為人頭,以其名義開戶及申領支票供他人簽發使用,該他人及經該他人同意而簽發之人,已得發票人(「人頭」)之直接或間接概括授權而簽發,雖不成立偽造有價證券罪,然上開提供人頭設立帳戶者,帳戶內通常並無足夠支付支票金額之存款,跳票之機率甚高,則其販賣「人頭支票」予他人使用,對於所販賣之空白支票,係供知情之買受者(或其下手)接續填載金額及發票日期,以完成支票之簽發行為,使生票據法上效力,然後持以向不知情之人(被害人)詐財,自是知之甚稔。從而販賣者係與知情而完成支票簽發持以行使之買受者,相互利用其一部行為,以完成其犯罪目的,對於買受者持以行使所犯詐欺取財罪,自具有犯意聯絡及行為分擔,應成立共同正犯(95年台上字第3326號判決)。

(四)偽為票據行為

凡無製作權者又未受本人授與代理權或未受委託者,其擅自的去製作該票據行為,即屬之。至於該行為之方式得以摹擬、偽刻印鑑、盜用印鑑等等之方式為之。

(五)票據記載完成

票據偽造,須偽造者將該票據偽造完成,亦即該票據之絕對必要記載事項均已記載完畢。若偽造者雖已假冒他人之名義簽名於票據上,但尚未記載金額或日期,則因票據欠缺絕對必要記載事項而無效,故而票據偽造之行為並無法成立,行為人自不負偽造之責任,在刑事責任上亦不能論以偽造有價證券罪(80年台上字第3311號90年台上字第2956號判決載:支票為要式證券,支票之作成必依票據法第125條第1項第1~8款所定法定方式為之,支票之必要記載事項如有欠缺,除票據法另有規定(如票據法第125條第2項及第3項)外,其支票即為無效,此就票據法第11條第1項、第125條之規定觀之自明。是支票之金額及發票年月日為支票之絕對必要記載事項,如未記載,其支票當然無效,不能認係有價證券;因而偽造他人名義為發票人之支票,如對於支票之絕對必要記載事項,尚未記載完全,即無成立偽造有價證券罪之餘地。94年台上字第554號判決亦採相同之見解。

本票為要式證券，發票年、月、日為本票絕對必要記載事項，如未記載，依票據法第 11 條前段之規定，其本票當然無效。又偽造有價證券罪並不處罰未遂，是冒用他人名義簽發本票，苟未記載發票年、月、日，因仍不具備有效票據之外觀，其偽造票據之行為未全部完成，尚不能責令擔負偽造有價證券罪責（89 年台上字第 3717 判決）。

三、票據偽造之種類

為票據行為，可分偽為發票行為即發票行為以外之票據行為。因此票據偽造可分二種：

（一）票據之偽造

即無製作權人以行使之目的假冒他人名義偽為「發票」行為。

（二）票據上簽名之偽造

即無製作權人以行使之目的假冒他人名義偽為發票行為以外之其他票據行為：如背書、承兌、參加承兌、保證等是之。

四、票據偽造之效力

（一）對被偽造人之效力

1. 如抗辯成功，不負任何責任

但若被偽造人主張該票據行為並非其本人所為，而係被他人偽造。此際；被偽造係屬「非常態」之狀況、且又有利於被偽造人，因此應由被偽造人負舉證責任。如被偽造人抗辯成功能證明其係被偽造者，則無庸負擔任何責任。此為絕對抗辯事由，得對抗一切權利人。

2. 舉證責任

對於票據是否有被偽造發生爭執，原則上，由票據債務人負舉證責任。此乃因票據具有「文義性」及「無因性」之故也。

如 82 年台上字第 629 號判決載：本票乃文義證券及無因證券，本票上之權利義務，依票上所載文義定之，與其基礎之原因關係各自獨立。故本票上權利之行使，不以其原因關係存在為前提。至票據債務人以自己與執票人間所存抗辯事由，對抗執票人，固為法之所許，惟應由票據債務人就此抗辯事由負舉證責任。

（二）對於偽造人之效力

1. 票據責任

　　偽造人若未簽章於票據上，依文義證券之性質而言，其不負擔票據上之責任。如其簽章於票據上，則可能會發生「無權代理」之爭議。

2. 民事責任

　　偽造人雖不負票據責任，但其行為構成民事上之侵權行為 (§184)，故應負侵權行為損害賠償之責 (§198)。

3. 刑事責任

　　(1) 票據之偽造

　　　　如係票據之偽造，則構成刑法上之偽造有價證券罪（刑 §201）。

　　(2) 票據上簽名之偽造

　　　　如係票據上簽名之偽造，則構成刑法上之偽造私文書罪（刑 §210，亦有主張依刑 §220 I 偽造準文書罪論）。

（三）真正簽名人之效力

　　票據之偽造或票據上簽名之偽造，不影響真正簽名人之效力 (§15)。亦即在票據上簽名者（其非被偽造之人），應依其文義負責。

　　例如：甲簽發 100 萬元支票，受款人記載為乙，未禁止背書轉讓，乙不慎遺失該支票，丙拾得後立即偽刻乙之圖章，向丁洽借金額 80 萬，用偽刻的乙之圖章背書轉讓票據行為具有「獨立性」，亦即票據上各個票據行為各自獨立，不因其他票據行為之無效、或被撤銷而受影響。本案該支票之背書雖經丙之偽造，但甲之發票行為並未被偽造，如其已具備絕對必要記載事項，則該票據為有效成立。雖該支票經丙為背書之偽造，依票據法第 15 條之規定「不影響真正簽名人之效力」。因此；甲應依票據法第 5 條第 1 項之規定，應「依其文義負責」，亦即應負擔發票人之責。

　　甲簽發 100 萬元本票，於發票人欄內蓋上甲自己的名字，為取信受款人乙，甲乃偽刻丙的圖章，於發票人欄內蓋上丙的圖章成為共同發票。乙不疑有他，至到期日向丙提示不獲付款，始知甲之偽造行為，乙仍要求甲清償票款，甲應否清償票款？

　　票據之偽造或票據上簽名之偽造，不影響於真正簽名之效力，票據法第 15 條定有明文。甲偽造丙之發票行為，丙若抗辯成功證明其係被偽造者，則丙無須負擔任何法律上的責任。但甲為偽造者，且又蓋章於本票發票人欄內，依據票據之文義性及票據法第 15 條、第 5 條第 1 項之規定，甲仍應負擔本票發票人之責任。

（四）對於付款人之效力

付款人如有惡意及重大過失而付款者，應自負其責（§71Ⅱ但書）。

（五）對於執票人之效力

執票人得向偽造人主張侵權行為損害賠償請求權，亦得向真正簽名人主張票據上之權利。

貳、票據變造

一、意義

乃指無變更權人，以行使之目的，擅自變更票據上簽名以外之其他記載事項之行為。

二、要件

其要件如下：（一）無變更權之人。（二）以行使之目的。（三）擅自變更記載。

（一）無變更權之人

無變更權之人，乃指無任何正當權源之人，亦即該人無任何代理權、受任權、受託權或其他權限者。若有變更權者所為之變更，則為「改寫」，而非變造。

★改寫★

票據法第 11 條第 3 項規定「票據上之記載，除金額外，得由原記載人於交付前改寫之。但應於改寫處簽名。」

改寫之要件如下：

1. 主體

原記載人方得改寫。

2. 客體

除金額外，票據上之其他記載事項均得改寫。金額是絕對不得改寫，無論是文字（大寫）、或是號碼（小寫）均不得改寫。

3. 期限

應於交付前改寫之，原記載人一旦將該票據交付，即喪失改寫權。

> **4. 程序**
>
> 　　改寫人應於改寫處簽名。

（二）以行使之目的

　　所謂以行使之目的，係指以經濟利益之獲取或交換為目的。

（三）擅自變更記載

　　所謂「擅自變更記載」，即無變更權限者亦未獲本人之授權，而擅自的變更簽名以外之其他原記載事項。若為簽名之變更，則為票據偽造之範圍。

三、效力

（一）簽名在變造前者

　　簽名在變造前者，依原有文義負責（§16 I 前段）。

（二）簽名在變造後者

　　簽名在變造後者，依變造文義負責（§16 I 中段）。

（三）不能辨別前後者

　　簽名之時期究係在變造前或後發生疑義，不能辨別前後時，推定簽名在變造前。

（四）對變造者之效力

　　變造者通常均在票據上簽名，其：票據責任：應依變造文義負責。民事責任：應負民事上侵權行為損害賠償之責（民§184、191、198）。刑事責任：應構成刑法上之變造有價證券罪（刑§201）。

（五）參與或同意變造

　　參與或同意變造者，不論簽名在變造前後，均依變造文義負責（§16 II）。唯參與或同意之意思表示無庸載明於票據，亦不可能載明於票據，此際則屬舉證責任之問題。

參、票據塗銷

一、非由於權利人故意塗銷

　　票據法第17條規定「票據上之簽名或記載被塗銷時，非由票據權利人故意為之者，不影響於票據上之效力。」

茲舉例說明之：

甲簽發本票給乙，乙背書轉讓給丙，於轉讓時，乙不慎將墨汁打翻沾染到該本票，致該本票記載之金額模糊不清難以認定，丙於到期日向甲請求清償票款，甲拒絕清償，雙方乃對簿公堂。問：甲得否拒付？

本案涉及到票據塗銷之問題。該本票因乙之不慎，致該票據上記載之金額被塗銷，依票據法第 17 條之規定，該塗銷係非由票據權利人故意為之者，不影響票據上之效力。

是否係「非故意為之」，應由該塗銷人負舉證責任，若無法證明係因非故意所致，則該塗銷即會影響該票據之效力。又本案乙若能證明該塗銷係出於故意，但因金額以模糊不清難以認定，則似已達「毀損」之地步，似已造成本票之毀損，縱係非由於權利人故意為之者，該票據之效力仍受到影響。

二、係由於權利人故意塗銷

若該塗銷，是由於權利人故意塗銷者，依票據法第 17 條反面解釋，即會影響票據之效力。例如執票人故塗銷背書，若「塗銷之背書，不影響背書之連續者，對於背書之連續，視為無記載。」若「塗銷之背書，影響背書之連續者，對於背書之連續，視為未塗銷。」（§37 Ⅱ、Ⅲ）

案例解說

1. 支票為有價證券，支票上權利之移轉及行使，與其占有支票有不可分離之關係，一旦喪失占有，非依法定程序，不得享有支票上之權利，因而支票原本，有不可替代性。上訴人既無變造本件支票，僅以剪貼影印方式，將支票影本之金額壹萬零柒佰玖拾肆元，改為柒佰玖拾肆萬元，而支票影本不能據以移轉或行使支票上之權利，顯與一般文書之影本與原本有相同之效果者不同，故難認係變造支票之行為。惟該具有支票外觀之影本，不失為表示債權之一種文書，其內容俱係虛構，自屬偽造之私文書（84 年台上字第 1426 號判例）。

2. 依據支票存款契約，甲留存於銀行之印鑑應為本名，今甲以筆名之圖章蓋於之票發票人欄，銀行依據甲存契約，應不能支付該票據之票款，會以「印件不符」而退票。但若甲能證明該筆名之主體即為甲，且為大多數人所知，亦為丙所知悉，則甲即無偽造之犯意，而不負擔刑事責任，但甲仍應負擔該票款支付之票據責任，以及債務不履行之損害賠償責任。

88 年台上字第 751 號判決載：署名，以證明其主體之同一性為已足，並不以簽署姓名為必要，即用化名、代名、偏名、筆名或僅簽名字，亦無不可。因之行為人如以其偏名為法律行為，苟其偏名，係行之有年，且為社會上多數人所知，則該偏名已足以證明其主體之同一性，該行為人即無偽造他人名義之犯意。

3. 該支票既未記載金額或日期，則因票據欠缺絕對必要記載事項而無效，丙自行填寫發票年月日，縱係基於甲之授權，但依票據法第 11 條第 1、2 項之規定，乙仍得對抗丙，而拒絕支付票款。

因該支票之絕對必要記載事項有欠缺，票據法第 11 條第 1 項本文之規定，該支票無效。因此該支票並非「有價證券」，該支票既非有價證券，則甲之偽造有價證券罪自無法成立。

4. 票據法第 15 條僅規定「票據之偽造或票上簽名之偽造，不影響於真正簽名之效力。」至於偽造人之責任如何？因該條並無明文，自應依同法第 5 條規定而論，亦即若偽造人有在票上簽名者，「依票上所載文義負責」，若偽造人未在票上簽名，依第 5 條票之據文義性而言，偽造人自不負票據責任。因此本案丙是不需負擔票據責任，但要負擔民是上侵權行為損害賠償之責。

丙構成侵占遺失物罪 (§337)、詐欺取財罪 (§339)、以及偽造私文書罪 (§210)。所犯三罪之間，有方法、結果之牽連犯關係，應從一重罪：詐欺取財罪處斷。因刑法第 55 條已於民國 94 年修正，因此依該條前段論處。如所犯罪名在三個以上時，量定宣告刑，不得低於該重罪以外各罪法定最輕本刑中之最高者。

5. 甲為無製作權人，偷取乙之支票並擅自以乙之名義開立支票，構成票據之偽造。甲應負擔票據責任、民事責任以及刑事責任。

甲之所為，係觸犯刑法第 320 條第 1 項之竊盜罪、第 201 條第 1 項之偽造有價證券罪，其偽造後持以行使，其持以行使之行為為輕行為，應為偽造之重行為所吸收（90 年台上字第 4595 號判決），因此只論偽造有價證券罪。其偽造印章為偽造有價證券之部分行為，亦包括於偽造有價證券罪內，不另論偽造印章罪（實務上有認為係想像競合犯）。但偽造之印章不問屬於犯人與否，依刑法第 219 條之規定，應沒收之。

甲同時偽造二張乙之支票交付給丙，係屬偽造有價證券行為之接續犯，應論以單一之偽造有價證券罪。因甲係同時為之，因其行為無先後可分，且被害法益仍僅一個，應只成立單純一罪（86 年台上字第 7318 號判決參照）。

甲竊取乙支票之竊盜罪與偽造有價證券罪間，有方法與結果之牽連關係，應從一重之偽造有價證券罪處斷（80 年台上字第 692 號判決參照）。因刑法第 55 條

已於民國 94 年修正，因此依該條前段論處。如所犯罪名在三個以上時，量定宣告刑，不得低於該重罪以外各罪法定最輕本刑中之最高者。

6. 甲之行為有二：偽造印章與偽造有價證券，其偽造印章為偽造有價證券之部分行為，亦包括於偽造有價證券罪內，不另論偽造印章罪（實務上有認為係想像競合犯）。

   甲同時偽造不同被害人之本票時，因其侵害數個個人法益，係一行為觸犯數罪名，此與同時偽造同一被害人之多張本票時，其被害法益僅有一個，只成立單一之偽造有價證券罪名迥異（95 年台上字第 2503 號判決參照）。應依刑法第 55 條想像競合犯之規定，從一重處斷。

7. 乙為執票人，其並無變更權，因此乙所為之更改，應為「變造」。依票據法第 7 條及票據法施行細則第 3 條規定，記載票據金額之方法，有文字（俗稱「大寫」）及號碼（即阿拉伯號碼，俗稱「小寫」）兩種，前者規定二者記載方法不符時以文字為準，此無非以文字記載較為鄭重而已，並非否認號碼記載之效力，後者規定號碼記載視同文字記載之情形，均認以號碼記載金額為有效。本件甲將支票填妥後，金額係以小寫（即號碼）填寫者，經發票人簽章後，乙變更小寫數額及依變更後小寫金額為文字金額之記載，核此情形，乙變更號碼書寫金額時，殊難認金額尚未記載，既經記載金額，法律上即難認為發票行為尚未完成，乙於發票人完成發票行為後變更金額之行為，核屬變造行為（80 年台上字第 1375 號判決參照）。

8. 甲將支票交付給乙後，甲即無權改寫（§ 11 Ⅲ），若甲擅自變更簽名以外之其他記載事項，除有刑事責任及民事侵權行為賠償責任外，依票據法第 16 條規定，尚應負擔變造之責。

   乙同意甲變造，不論其簽名在變造前後，均依變造文義負責（§ 16 Ⅱ）。丙於民國 100 年 11 月 4 日，為付款之提示，係依變造文義於票載發票日後七日內為付款之提示，因此未違反票據法第 125 條第 1 項第 1 款之規定，乙自不得以變造前之文義主張丙對乙喪失追索權。

   至於乙之同意無須於票據上簽名表示同意，70 年台上字第 30 號例判載「支票背書人同意發票人更改票載發票年、月、日者，應依其更改日期負責，又背書人同意，亦非以其於更改處簽名或蓋章為必要，此觀票據法第 16 條第 2 項規定之法意，不難明瞭。」

第五節　票據權利

案例

1. 甲開立匯票給乙，委託丙付款。該匯票未記載發票年月日，丙即承兌。後乙向丙請求付款，丙拒付，乙乃訴請法院判令丙付款？問丙應否付款？若乙背書轉讓給丁後，仍未記載發票年月日，丁得否至法院起訴向丙請求票款？
2. 甲簽發支票給乙，乙背書給丙，丙背書給丁，丁提示不獲付款，乃向丙追索，丙於107年10月7日償還票款，並將支票返還給丙，丙於107年12月27日始向乙追索，乙拒絕清償，乙有理由否？丙得否向法院起訴請求乙返還票款？若乙拒絕付款，丙得否訴請乙償還該款項呢？
3. 甲向乙訂購某商品一批，價金70萬元，甲乃開立本票給乙，後因政府禁止該商品進口致給付不能，甲乃拒絕支付票款。甲有理由否？

壹、票據權利之意義與種類

一、意義

票據權利，乃指票據權利人得依票據文義所行使債的請求權。亦即票據權利人為取得票據金額之給付，依票據文義，對於票據關係人所行使之債的請求權。

二、種類

（一）保全的票據權利

票據權利人為確保票據債權之存在、或確保票據債權得以有效之行使，票據法設有此項保全之規定，權利人依此規定以確保票據債權之存在或得為有效之行使。例如：對於匯票付款人所為之「承兌之提示」（§42、45)。例如：對於本票發票人所為之「見票之提示」(§122)。

（二）行使的票據權利

行使的權利，乃指此項權利為票據權利人行使票據金額請求權之權利。又可分為二種權利：

1. 付款請求權

付款請求權，為票據權利人在「行使的票據權利」中，屬於「第一次的權利」。有學者認為此權利係對於「主債務人」所行使，本書不贊成。本書認為此權利係對「付款人」所行使的權利，至於該付款人是否為「主債務人」，在所不問。例如：執票人應向匯票付款人請求付款，至於該付款人是否承兌，則非所問，若已承兌則該付款人為主債務人（§52 I），若付款人尚未承兌，則該付款人並非票據上之債務人。又匯票上載有擔當付款人者，其付款之提示，應向擔當付款人為之（§69 II）。又如支票之執票人係向付款行庫行使付款請求權，該付款行庫原則上並非票據上之債務人，因此銀行若未付款，執票人不得向法院起訴請求銀行付款，除非該之票已經付款人之「保付」（§138 I）。

2. 追索權

追索權，為票據權利人在「行使的票據權利」中，屬於「第二次的權利」。一般通稱為「償還請求權」。此權利係在票據權利人對於付款人行使付款請求權，不獲滿足後，經行使保權票據上權利之行為後，得向票據上之債務人請求償還票據金額之權利。

追索權與付款請求權之不同點如下：(1) 先後不同：原則上於行使付款請求權不獲滿足後，才會有追索權的行使。(2) 性質不同：付款請求權是僅得向付款人行使支付票款之權利，追索權是向票據上所有債務人請求其履行債務之權利。三、對象不同：付款請求權行使之對象未必為票據債務人，追索權行使之對象必為票據債務人。四、消滅時效：付款請求權的消滅時效期間較長，追索權的期間較短。

貳、票據權利之取得

一、原始取得

（一）發票

票據為設權證券，票據權利之產生必須做成證券，執票人因取得發票人簽發之票據而得享有票據上之權利，發票人也因而負擔票據上之債務。此為票據權利的原始取得。

（二）善意取得

1. 意義

　　善意取得又稱「即時取得」、或「善意受讓」，乃指執票人依票據法上轉讓之方法取得該票據，其取得時為善意的自無權利人之處取得該票據，執票人得依本法之規定主張享有票據上之權利，是謂之「善意取得」。

　　善意取得與「票據抗辯」是一體兩面的，當票據債務人以執票人無權利主張票據權利而拒絕負擔該票據債務時，執票人即須證明其具有票據權利，若執票人能證明其取得該票據係基於善意，則得享有票據權利。若其無法證明其為善意，而債務人又證明其為「惡意」或「欠缺對價」，則其不得享有票據上之權利。若執票人取得支票如係出於惡意，縱已付出相當代價，亦不得享受票據上之權利（69台上字第543號判例）。

　　本法第11條第3項之規定，係為「善意取得」之規定，已如前述。此外；學者多以票據法第14條反面解釋，闡釋善意取得之要件，本書從之。

2. 要件

　　善意受讓之要件如下：

(1) 須依票據法上轉讓之方法取得該票據：即依背書或交付之方式取得。

(2) 須由無權利人處取得：所謂無權利人係指非真正權利人（如空白票據之持有人）、無權處分人（限於善意取得人之直接前手）。

(3) 須受讓人係基於善意而取得：即受讓人非因故意或重大過失而不知情，或不可得知而取得該票據。

(4) 須有相當之對價：若無對價或以不相當之對價而取得該票據者，不得享有優於前手之權利。

(5) 匯票、本票若依背書方式取得者，須在到期日前取得：因在到期日後之背書，僅有通常債權轉讓之效力 (§41 Ⅰ、124)。

(6) 須該票據為形式上有效之票據：須該票據之絕對必要記載事項均已記載完成且符合一定之款式。

3. 善意受讓之效力

(1) 取得票據權利

　　當執票人滿足前述要件，即可主張「善意受讓」而享有票據上之權利。

(2) 真正權利人之權利受阻

例如：票據權利人喪失該票據，而受讓人已可主張善意取得者，無論原票據權利人喪失之原因如何，均不得要求善意受讓人返還該票據。

二、繼受取得

（一）意義

繼受取得，係指執票人依憑現已存在之票據權利而為取得該票據者。亦即執票人係自權利人處，依票據法上之轉讓方法或其他法律之規定而取得票據者。

（二）種類

1. 票據法上之繼受取得

票據法上之繼受取得又可分：(1) 依背書或交付而取得 (§30)。(2) 因清償票款而取得：保證人清償債務後，得行使執票人對承兌人、被保證人及其前手之追索權(§64)。參加付款人，對於承兌人、被參加付款人及其前手，取得執票人之權利。但不得以背書更為轉讓 (§84 I)。執票人向匯票債務人行使追索權，債務人為第 97 條之清償者，得向承兌人或前手要求第 97 條各款所列之金額，發票人為第 97 條之清償者，向承兌人要求之金額同。(§98)。

2. 非票據法上之繼受取得

例如：因民法之繼承、贈與、公司法之合併、強制執行法之轉讓命令而取得該票據者，其執票人為基於非票據法之繼受人，唯應注意者：若其取該票據係基於無對價或以不相當之對價取得票據者，不得享有優於其前手之權利 (§14)。

參、票據權利之行使與保全

一、意義

票據權利之行使，係指票據權利人行使其付款請求權或追索權之行為。為付款請求權之行使，必須遵守付款之提示期間，為追索權之行使必遵守保全程序。有關付款請求權或追索權之行使，擬於各種票據時再為詳論。

票據權利之保全，乃指票據權利人為防止票據權利喪失所為之行為，如提示、拒絕證書之作成、通知前手，付款提示為必要之行為，不得以特約免除。

二、方法

（一）提示

　　無論係為票據權利之行使或保全，首要之行為即是「提示」，提示可分為「付款提示」與「承兌提示」，前者為權利之行使；後者為權利之保全。

　　見票後定期付款之匯票，應自發票日起 6 個月內為承兌之提示 (§45 I)。執票人應於到期日或其後 2 日內，為付款之提示 (§69 I、123)。提示期間得由當事人以特約約定「指定期間」或「禁止期間」(§44)。票據法第 104 條規定「執票人不於本法所定期限內為行使或保全匯票上權利之行為者，對於前手喪失追索權。執票人不於約定期限內為前項行為者，對於該約定之前手喪失追索權。」

　　支票之執票人，應於本法第 130 條各款所定期限內，為付款之提示 (§130)。執票人不於第 130 條所定期限內為付款之提示，或不於拒絕付款日或其後 5 日內請求作成拒絕證書者，對於發票人以外之前手，喪失追索權 (§132)。

（二）拒絕證書

　　拒絕證書，乃指付款人應以書面表示拒絕承兌或拒絕付款之意旨，該書面謂之為「拒絕證書」。其可分為「拒絕承兌證書」和「拒絕付款證書」。但發票人或背書人，得為免除作成拒絕證書之記載 (§94 I)。發票人為此項記載時，執票人得不請求作成拒絕證書，而行使追索權。背書人為此項記載時，僅對於該背書人發生效力 (§94 II、III)。

　　拒絕證書，由執票人請求拒絕承兌地或拒絕付款地之法院公證處、商會或銀行公會作成之 (§106)。

　　匯票全部或一部不獲承兌或付款或無從為承兌或付款提示時，執票人應請求作成拒絕證書證明之。付款人或承兌人在匯票上記載提示日期，及全部或一部承兌或付款之拒絕，經其簽名後，與作成拒絕證書有同一效力。(§86 I、II)。票據法第 87 條第 2 項規定「拒絕承兌證書，應於提示承兌期限內作成之。拒絕付款證書，應以拒絕付款日或其後 5 日內作成之。但執票人允許延期付款時，應於延期之末日，或其後 5 日內作成之。」拒絕承兌證書作成後，無須再為付款提示，亦無須再請求作成付款拒絕證書 (§88)。

　　支票之執票人於第 130 條所定提示期限內，為付款之提示而被拒絕時，對於前手得行使追索權。但應於拒絕付款日或其後 5 日內，請求作成拒絕證書。付款人於支

票或黏單上記載拒絕文義及其年、月、日並簽名者，與作成拒絕證書，有同一效力 (§131)。

（三）通知

執票人應於拒絕證書作成後 4 日內，對於背書人、發票人及其他匯票上債務人，將拒絕事由通知之 (§89 Ⅰ)。如有特約免除作成拒絕證書者，執票人應於拒絕承兌或拒絕付款後 4 日內，為前項之通知 (§89 Ⅱ)。背書人應於收到前項通知後 4 日內，通知其前手 (§89 Ⅲ)。

發票人、背書人及匯票上其他債務人，得於第 89 條所定通知期限前，免除執票人通知之義務 (§90)。

（四）效力

票據法第 104 條規定「執票人不於本法所定期限內為行使或保全匯票上權利之行為者，對於前手喪失追索權。執票人不於約定期限內為前項行為者，對於該約定之前手喪失追索權。」

支票之執票人不於第 130 條所定期限內為付款之提示，或不於拒絕付款日或其後五日內請求作成拒絕證書者，對於發票人以外之前手，喪失追索權 (§132)。

三、處所

為行使或保全票據上權利，對於票據關係人應為之行為，應在票據上指定之處所為之；無指定之處所者，在其營業所為之；無營業所者，在其住所或居所為之。票據關係人之營業所、住所或居所不明時，因作成拒絕證書，得請求法院公證處、商會或其他公共會所，調查其人之所在；若仍不明時，得在該法院公證處、商會或其他公共會所作成之 (§20)。

四、時間

為行使或保全票據上權利，對於票據關係人應為之行為，應於其營業日之營業時間內為之；如其無特定營業日或未訂有營業時間者，應於通常營業日之營業時間內為之。(§21)

肆、票據抗辯

一、意義

票據抗辯，乃指票據債務人，依法定之理由，得拒絕執票人票據權利之請求的一種抗辯權利。

二、種類

依票據債務人之抗辯權所得對抗之相對人而為區分，可分為「物的抗辯」與「人的抗辯」。

（一）物的抗辯（絕對抗辯）

物的抗辯，係基於「票據關係」本身所產生的抗辯，例如基於文義證券、要式證券等理由所為之票據無效的抗辯。或基於票據行為特質所產生之抗辯，例如依據票據行為獨立性而生之抗辯。

茲舉例說明如下：

甲乙婚後不睦，甲在外有一同居之女友丙，此為乙所知悉，欲抓姦在床。甲對乙說若乙不為抓姦、或雖抓姦在床亦不得提告，甲每月開立 5 萬元本票一紙給乙。於是於本票上記載「若乙未違反甲乙間之約定，甲應支付本票票款 5 萬元正」，若事後甲拒付，乙可否訴請法院判令甲付款？若乙背書轉讓給丙，丙得否至法院起訴向甲請求票款？

票據行為，不得附條件，此觀票據法第 24 條第 1 項第 5 款、第 120 條第 1 項第 4 款及之規定自明。又作成票據時，票據上之權利即已發生，執票人自得對於票據債務人行使票據上之權利，從而票據上之權利，性質上自亦不許附條件。甲乙之約定已違票據法之強制規定，該本票應屬無效。甲自得對抗乙和丙。

1. 物的抗辯之種類

物的抗辯，係指票據債務人得對抗一切票據債權人，縱該執票人係基於善意而取得該票據，亦無法依據善意受讓而主張其享有票據權利。因此「物的抗辯」又稱為「客觀抗辯」或「絕對抗辯」。此又可分為如下二種情形：

(1) 任何債務人得對任何債權人主張之抗辯

此係指凡該票據上之任何票據債務人，均可拒絕執票人之請求。如：A. 票據欠缺絕對必要記載事項之抗辯（§11 I 本文），發票人、背書人、或其他票據上

之債務人都得對於任何執票人主張該票據無效。又如：B. 因除權判決而宣告該票據無效之抗辯。

茲舉例說明如下：

甲簽發支票給乙，乙不慎遺失，乃依票據法規定為止付通知並生公示催告，公示催告間屆滿，尚未為除權判決前，乙得否請求甲支付票款？若該支票為丙善意取得，丙得否請求甲支付票款？

票據雖經公示催告，在尚未經除權判決前，執票人仍非不得對發票人及背書人主張票據上之權利（63 年台抗字第 345 號判例）。查票據係有價證券、提示證券，又具繳回性，票據上權利之行使，與票據之占有，有不可分離之關係。執票人喪失票據時，在未恢復其占有之前，除依票據法第 19 條之規定，為公示催告之聲請，於公示催告程序開始後，以供擔保之方式請求票據金額之支付外，僅得依票據法施行細則第 4 條之規定，聲請法院為禁止付款之假處分，或依票據法第 18 條之規定，為止付之通知，自不得逕對票據債務人行使票據上之權利（87 年台上字第 911 號判決參照）。

在證券之公示催告程序進行中，只須證券未經除權判決，證券持有人非不得行使證券上之權利，證券持有人究向法院申報權利，抑或起訴請求得依其自由意見決之。如本於證券另行起訴請求，不因公示催告程序之進行而受影響。系爭支票既未經除權判決，丙本於尚未宣告失權之系爭支票起訴請求，自非法所不許（73 年台上字第 944 號判決參照）。

(2) 特定債務人得對任何債權人主張之抗辯

此係指票據上之特定債務人，得對抗任何執票人之抗辯。如：A. 欠缺票據行為能力之抗辯（§8）。B. 無權代理之抗辯（§10 Ⅰ）。C. 票據偽造、變造之抗辯（§15、16）。D. 時效消滅之抗辯（§22）。E. 撤銷承兌之抗辯：付款人雖在匯票上簽名承兌，未將匯票交還執票人以前，仍得撤銷其承兌。但已向執票人或匯票簽名人以書面通知承兌者，不在此限（§51）。F. 保全手續欠缺之抗辯（§104）。

（二）人的抗辯（相對抗辯）

所謂「人的抗辯」，係指票據當事人間基於特別關係所產生的抗辯。此種抗辯，票據債務人僅得對抗特定的債權人，倘債權人有所變更，票據債務人的抗辯權即受影響。故而此種抗辯又稱之為「主觀抗辯」或「相對抗辯」。尤須注意者，乃「人之抗辯」多係基於「非票據關係」之原因而產生得抗辯。又可分成如下兩種情形：

1. 任何債務人得對特定債權人主張之抗辯

此係指凡該票據上之任何票據債務人，均可拒絕特定執票人之請求。如：A.執票人欠缺形式受領資格（§71 I）。B.執票人欠缺實質受領資格（§71 II）。C.執票人欠缺受領能力：破產人之債務人，於破產宣告後，不知其事實而為清償者，得以之對抗破產債權人；如知其事實而為清償者，僅得以破產財團所受之利益為限，對抗破產債權人（破產法§76）。

2. 特定債務人得對特定債權人主張之抗辯

此係指該票據上之特定票據債務人，得拒絕特定執票人之請求。如：A.直接當事人間基於原因關係不法、不存在、或無效之抗辯。B.特定當事人間基於民法上抵銷、或免除之抗辯。C.基於資金關係所生之抗辯。

（三）人的抗辯之限制

票據為文義證券、要式證券、無因證券、流通證券，因此在行使「人的抗辯」時，即須受有限制以維護票據之性質而利其流通。是以本法對於「人的抗辯」設有限制之明文，即票據法第 13 條之規定「票據債務人，不得以自己與發票人或執票人之前手間所存抗辯之事由，對抗執票人。但執票人取得票據出於惡意者，不在此限。」依該條反面解釋，票據債務人得以自己與發票人或執票人間所存之抗辯事由對抗發票人或執票人。此例外，乃因票據為無因證券（73 年台上字第 4364 號判例）、文義證券，票據上之權利與義務，均依票載文義定之，票據關係與原因關係原則上各自獨立。但若在直接當事人間，則得以原因關係對抗票據關係，唯該抗辯事由是否存在，應由票據債務人負舉證責任。

（四）人的抗辯限制之例外

此例外有二：一為「惡意抗辯」；另一為「對價抗辯」。

1. 惡意抗辯

票據行為為不要因行為，故執票人不負證明關於給付之原因之責任。除債務人以自己與執票人間所存抗辯之事由對抗執票人（如抗辯消費借貸在未收受借款以前尚未成立）；或抗辯執票人係以惡意或重大過失取得票據；或謂無對價或以不相當之對價取得票據外，即應依票上所載文義負背書人之責任（74 台上字第 180 號判決）。是以；票據法第 14 條第 1 項規定「以惡意或有重大過失取得票據者，不得享有票據上之權利。」本條所謂以惡意或有重大過失取得票據者，係指明知或可得而知轉讓票據之人，就該票據無權處分而仍予取得者而言（52 台上字第 1987 號判例）。

執票人取得該票據如係出於惡意，縱已付出相當代價，亦不得享受票據上之權利（69 年台上字第 543 號判例）。票據行為，為不要因行為，執票人不負證明關於給付之原因之責任，如票據債務人主張執票人取得票據出於惡意或詐欺時，則應由該債務人負舉證之責（64 年台上字第 1540 號判例）。

票據法第 14 條所謂以惡意取得票據者，不得享有票據上之權利，係指從無權處分人之手，受讓票據，於受讓當時有惡意之情形而言，如從有正當處分權人之手，受讓票據，係出於惡意時，亦僅生票據法第 13 條但書所規定，票據債務人得以自己與發票人或執票人之前手間所存人的抗辯之事由對抗執票人而已，尚不生執票人不得享有票據上權利之問題（67 台上 1862 判例）。

2. 對價抗辯

票據法第 14 條第 2 項規定「無對價或以不相當之對價取得票據者，不得享有優於其前手之權利。」所謂不得享有優於前手之權利，係指前手之權利如有瑕疵（附有人的抗辯），則繼受取得人即應繼受其瑕疵（附有人的抗辯）。若權手無票據權利，則繼受人亦無票據權利，亦即；繼受人之權利僅能小於或等於前手之權利，因此「人的抗辯」不因讓與人將票據權利讓與繼受人而中斷（68 年台上字第 3427 號判例）。例如：

甲向乙借款 100 萬，乙要求甲開立保證票，乙取得該本票後並未交付甲所欲借款之金額，且立即轉讓給其女友丙。丙向甲請求本票票款之支付，甲得否拒絕付款？

原則上甲應依票據文義支付票款。但甲可主「惡意抗辯」或主張「對價抗辯」，拒絕付款，但甲須負擔舉證之責。

伍、利益償還請求權

一、意義

利益償還請求權，並非票據上之權利，而是基於票據法上非票據關係所產生之非票據權利。其具有指名債權之性質，但亦非民法上不當得利之請求權。此權利乃票據法所特別規定的一種救濟權。

二、要件

（一）主體

　　主體包括權利人與義務人。權利人須為票據權利消滅時之正當權利人。其僅須證明於票據權利消滅時，其為實質的權利人。義務人僅限於發票人或承兌人（§22 IV），亦即僅限於「主債務人」。

（二）客體

　　票據權利原係有效存在。但票據權利因時效或手續之欠缺而消滅。此處之時效期間有二：一為付款請求權之時效期間；另一為追索權之時效期間。

　　付款請求權之時效期間：票據上之權利，對匯票承兌人及本票發票人，自到期日起算；見票即付之本票，自發票日起算，三年間不行使，因時效而消滅（§22 I 前段）。

　　追索權之時效期間：票據上之權利，對支票發票人自發票日起算，1 年間不行使，因時效而消滅。匯票、本票之執票人，對前手之追索權，自作成拒絕證書日起算，1 年間不行使，因時效而消滅。支票之執票人，對前手之追索權，4 個月間不行使，因時效而消滅。其免除作成拒絕證書者：匯票、本票自到期日起算；支票自提示日起算。匯票、本票之背書人，對於前手之追索權，自為清償之日或被訴之日起算，6 個月間不行使，因時效而消滅。支票之背書人，對前手之追索權，2 個月間不行使，因時效而消滅（§22 I 後段、22 II、III）。

（三）利益

　　發票人或承兌人因票據權利之消滅而受有利益。此項利益固指票據債務人於原因關係或資金關係上所受之利益（對價）而言，唯此利益不以執票人所提供之對價為限，從而利益償還請求權於無直接當事人關係之發票人與執票人、或承兌人與執票人間，亦得發生。

（四）期間

　　消滅時效期間為 15 年。因本法並無明文，依特別法與普通法之關係，特別法既無明文，則依普通法之規定。查票據法第 22 條第 4 項規定之利得償還請求權，係基於票據時效完成後所生之權利，與票據基礎原因關係所生之權利各自獨立，故執票人於未逾民法第 125 條所規定 15 年之期間行使利得償還請求權時，發票人或承兌人不得以原因關係所生權利之請求權消滅時效業已完成為抗辯（96 年台上字第 2716 號判決參照）。

三、效力

義務人僅於所受利益限度內，負償還之責（§22 Ⅳ）。

此利益是否包括消極利益？

法院判決認為僅限於積極利益，但司法座談會認為包括消極利益。本書認為應限於積極利益。茲引述相關判決如下：

票據法第 22 條第 4 項所指之票據利得償還請求權，乃執票人於能證明其票據上之債權因時效或手續之欠缺而消滅，致未能受償，而發票人因而受有利益時，即得於發票人所受利益之限度請求返還，不因其票據上之債權是否罹於同條第 1~3 項所定之短期消滅時效期間，抑或罹於強制執行法第 4 條第 3 項所定之消滅時效期間而異，原審為相反之認定，非無可議（85 年台上字第 82 號判決參照）。

票據上之債權，倘因時效或手續之欠缺而消滅，固非不可依票據法第 22 條第 4 項之規定，對支票發票人於其所受利益之限度請求償還，惟發票人是否果受有利益，又受利益之限度為何，按諸舉證責任分配原則，均應由執票人負舉證責任。倘發票人並無受有利益，自無上開利益償還請求權之適用（87 年台上字第 430 號判決參照）。

90 年台上字第 846 號判決載「（一）票據法第 22 條第 4 項所定之利得償還請求權係票據法上之一種特別請求權，償還請求權人須為票據上權利消滅時之正當權利人，其票據上之權利，雖因時效消滅致未能受償，惟若能證明發票人因此受有利益，即得於發票人所受利益之限度內請求返還。至其持有之票據縱屬背書不連續，亦僅為形式資格有所欠缺，不能單憑持有此背書不連續之票據以證明其權利而已，償還請求權人倘能另行舉證證明其實質關係存在，應解為仍得享有此權利。（二）利得償還請求權並未定有行使之確定期限，依民法第 229 條第 2 項規定，經償還請求權人於得請求給付時，催告發票人為給付，而發票人不為給付時，即應負遲延責任。其經償還請求權人起訴而送達訴狀者，與催告有同一之效力。」

案例解說

1. 票據法第 11 條第 1 項規定，欠缺本法所規定票據上應記載事項之一者，其票據無效，但本法別有規定者，不在此限，又依同法第 24 條第 1 項第 7 款規定，發票年月日為匯票絕對應記載事項，故簽發匯票而未記載發票年月日者，依上開規定，不能認為有發票之效力。又基本票據行為（發票行為）因形式欠缺而無效者，其附屬票據行為（背書、承兌、參加承兌、保證），亦皆無效（78 年台上字第 2089 號判決參照）。

2. 丙於 107 年 10 月 7 日償還票款，至 107 年 12 月 27 日始向乙行使追索權，依票據法第 22 條第 3 項後段規定「支票之背書人，對前手之追索權，2 個月間不行使，因時效而消滅。」乙自得拒絕清償票款。

   按消滅時效完成後，僅使債務人取得拒絕給付之抗辯權，至債權人之請求權或債權並不因而消滅。丙持有系爭支票之票據權利請求權，縱因時效而消滅，僅在丙行使票據權利時，乙得以時效抗辯拒絕給付而已，並非丙之票據權利不存在。丙既對系爭支票票據權利請求權仍存在，其自得向法院訴請票款之償還（83 年台上字第 210 號判決參照）。

3. 甲主張與乙所訂購買某商品之合約，已因政府禁止該商品進口致給付不能而歸於無效，則其開具之價金之本票票自亦毋庸兌現云云，此種直接抗辯能否能立？法院應予以調查，若有票據法第 13 條反面解釋之情形，自可主張人的抗辯（46 年台上字第 1835 號判例參照）。

| 第 二 章 |

匯 票

CHAPTER **②** 第一節　概說與發票

 壹、概說

一、意義

　　稱匯票者，謂發票人簽發一定之金額，委託付款人於指定之到期日，無條件支付與受款人或執票人之票據 (§2)。

二、種類

　　除了在第一章所做的分類（如：信用證券、委付證券）等外，尚有如下之分類：

（一）依據指定到期日方式之不同而為分類

1. 即期匯票

　　所謂「即期匯票」，是指見票即付的匯票 (D/D)。匯票之到期日，如記載為「見票即付」（§65 I 三），或未載到期日者，視為見票即付 (§24 II)。見票即付之匯票，以提示日為到期日 (§66 I)。

2. 遠期匯票

　　所謂「遠期匯票」，是指須經過一段期間後，於到期日屆至，方得付款之匯票。其又可分為：「定期匯票」、「計期匯票」、「註期匯票」、「分期付款之匯票」。

　　(1) 定期匯票

　　　　定期匯票俗稱「板期匯票」，乃指發票日後定日付款之匯票（§65 I 一）。亦即匯票上載明確切之到期日，如到期日記載為 2011 年 12 月 5 日。

　　(2) 計期匯票

　　　　計期匯票，乃指發票日後定期付款之匯票（§65 I 二）。亦即於匯票上之到期日記載為「發票日後一定期間付款」之匯票，如到期日記載為「發票日後 5 個月付款」，該發票日記載為 2011 年 6 月 15 日。該到期日須計算後才確定。

　　(3) 註期匯票

　　　　註期匯票，乃指見票後定期付款之匯票（§65 I 四）。亦即匯票之到期日記載為「見票後一定期間付款」之匯票，如到期日記載為「見票後 1 個月」付款，執票人須先為見票（承兌），於付款人承兌或拒絕承兌後方得確定到期日之匯票。見票後定期付款之匯票，依承兌日或拒絕承兌證書作成日，計算到期日。

匯票經拒絕承兌而未作成拒絕承兌證書者，依第 45 條所規定承兌提示期限之末日，計算到期日 (§67)。

票據法第 68 條規定：「發票日後或見票日後 1 個月或數個月付款之匯票，以在應付款之月與該日期相當之日為到期日；無相當日者，以該月末日為到期日。發票日後或見票日後 1 個月半或數個月半付款之匯票，應依前項規定，計算全月後加 15 日，以其末日為到期日。票上僅載月初、月中、月底者，謂月之 1 日、15 日、末日。」

(4) 分期付款之匯票

分期付款之匯票，乃指於同一匯票上，將匯票金額區分為若干部分，並分別預定其到期日，在美國 UCC 允許對定日付款之匯票為分期付款，我國則無此限制。票據法施行細則第 10 條規定：「分期付款票據，受款人於逐次受領票款及利息時，應分別給予收據，並於票據上記明領取票款之期別、金額及日期。」

（二）依據票據關係人之不同而為分類

1. 指己匯票

指己匯票又稱己受匯票，即發票人以自己為受款人之匯票（§25 I 前段）。

2. 對己匯票

對己匯票又稱己付匯票，即發票人以自己為付款人（§25 I 後段）。

3. 付受匯票

付受匯票，係發票人以付款人為受款人之匯票（§25 I 中段）。

4. 己付己受匯票

己付己受匯票，係發票人以自己為受款人，並以自己為付款人之匯票 (§25 I)。

（三）依據貿易繳款方式不同而為分類

1. 光票

無須付隨任何單據，付款人僅依匯票本身之文義而付款之匯票，謂之為「光票」。

2. 跟票

付款人除須依據匯票本身之文義為付款與否之依憑外，尚須依據附隨之單據始得決定應否付款之匯票。如 D/A.D/P、LC 之跟單匯票。

貳、發票

一、意義

發票，乃發票人依據票據法所規定之一定款式所為之票據行為，係主（基本）票據行為，因發票而創設票據上之權利。學者通說對票據行為係採單獨行為之發行說，故發票人除依法製作票據外，尚須將該票據交付，始完成發票行為。

二、款式

票據行為係一要式行為，其必須依法定方式為之，且須為一定之記載。

（一）絕對必要記載事項

已於第一章說明，請參看。

（二）相對必要記載事項

有下列五種事項：

1. 付款人之姓名商號

未載付款人者，以發票人為付款人（§24 Ⅲ）。

2. 受款人之姓名商號

未載受款人者，以執票人為受款人（§24 Ⅳ）。

3. 發票地

未載發票地者，以發票人之營業所、住所或居所所在地為發票地（§24 Ⅴ）。

4. 付款地

未載付款地者，以付款人之營業所、住所或居所所在地為付款地（§24 Ⅵ）。

5. 到期日

未載到期日者，視為見票即付（§24 Ⅱ）。

（三）得記載事項

1. 擔當付款人

擔當付款人，乃指代付款人為付款之人，但其並非票據債務人。發票人得於付款人外，記載一人為擔當付款人（§26 Ⅰ）。付款人於承兌時，得指定擔當付款人。

發票人已指定擔當付款人者，付款人於承兌時，得塗銷或變更之（§49）。

2. 預備付款人

預備付款人，乃為防止匯票遭拒絕承兌或拒絕付款而設之制度，以期維護匯票之信用。發票人得於付款人外，記載在付款地之一人為預備付款人 (§26 II)。背書人亦得記載在付款地之一人為預備付款人 (§35)。

執票人於到期日前得行使追索權時，匯票上指定有預備付款人者，得請求其為參加承兌 (§53 I)。付款人或擔當付款人，不於第 69 條及第 70 條所定期限內付款者，有參加承兌人時，執票人應向參加承兌人為付款之提示；無參加承兌人而有預備付款人時，應向預備付款人為付款之提示 (§79 I)。

3. 付款處所

發票人得記載在付款地之付款處所 (§27)。為行使或保全票據上權利，對於票據關係人應為之行為，應在票據上指定之處所為之（§20 前段）；如發票人已載明付款處所，即應依指定之處所為之。

4. 利息與利率

發票人得記載對於票據金額支付利息及其利率。利率未經載明時，定為年利率六釐。利息自發票日起算。但有特約者，不在此限 (§28)。

5. 免除擔保承兌

發票人應照匯票文義擔保承兌及付款。但得依特約免除擔保承兌之責。前項特約，應載明於匯票 (§29 I、II)。

6. 禁止背書轉讓

記名匯票發票人有禁止轉讓之記載者，不得轉讓 (§30 II)。

此外尚有其他得記載事項，如：承兌期限或期日 (§44)、承兌期限之延長或縮短 (§45、§66)、指定支付票款之貨幣 (§75 I)、免除執票人通知之義務 (§90)、免除作成拒絕證書 (§94 I)、不得發行回頭匯票之記載（§102 I 但書）。

（四）不得記載事項

1. 全然不生票據上之效力

已如前述。

2. 票據行為與記載均不生票據上之效力

已如前述。

3. 僅該記載不生票據上之效力

匯票上有免除擔保付款之記載者，其記載無效 (§29 Ⅲ)。因其僅違反票據行為之特性。票據行為係以負擔票據上債務為目的，依票據法之規定，所為之要式行為。票據行為具有「協同性」，以共同擔保票據金額之支付為目的，發票人、承兌人、背書人及其他票據債務人，對於執票人連帶負責 (§96 Ⅰ)。若發票人於票據上有免除擔保付款之記載，即與上述目的相牴觸，因此該記載部分不生票據上之效力，但其發票行為不因之而無效。

三、效力

（一）對發票人之效力

1. 擔保承兌

發票人應照匯票文義擔保承兌。但得依特約免除擔保承兌之責 (§29 Ⅰ)。

2. 擔保付款

發票人應照匯票文義擔保付款。匯票上有免除擔保付款之記載者，其記載無效 (§29 Ⅰ、Ⅲ)。

（二）對受款人之效力

受款人因領得票據而成為票據債權人，原則上得依票據文義行使其票據上之權利、或為票據權利之保全或處分。

（三）對付款人之效力

付款人於承兌前，並非票據債務人，故無任何票據責任。俟其承兌後，始付絕對付款之責 (§52 Ⅰ)。

★本票之發票★

一、款式

票據行為係要式行為，其必須依法定方式為之，且須為一定之記載。

（一）絕對必要記載事項

已於第一章說明，請參看。

（二）相對必要記載事項

有下列四種事項：

1. 受款人之姓名商號

未載受款人者，以執票人為受款人（§120Ⅲ）。

2. 發票地

未載發票地者，以發票人之營業所、住所或居所所在地為發票地（§120Ⅳ）。

3. 付款地

未載付款地者，以發票地為付款地（§120Ⅴ）。

4. 到期日

未載到期日者，視為見票即付（§120Ⅱ）。見票即付，並不記載受款人之本票，其金額須在 500 元以上（§120Ⅵ）。

（三）得記載事項

1. 擔當付款人

擔當付款人，乃指代付款人為付款之人，但其並非票據債務人。發票人得於付款人外，記載一人為擔當付款人（§124 準用 §26Ⅰ）。

2. 利息與利率

發票人得記載對於票據金額支付利息及其利率。利率未經載明時，定為年利率六釐。利息自發票日起算。但有特約者，不在此限（§124 準用 §28）。

3. 禁止背書轉讓

記名匯票發票人有禁止轉讓之記載者，不得轉讓（§124 準用 §30Ⅱ）。

4. 見票期間之延縮

　　見票後定期付款之本票，應由執票人向發票人為見票之提示，請其簽名，並記載見票字樣及日期；其提示期限，準用第 45 條之規定（§122 Ⅰ）。

二、效力

（一）對發票人之效力

　　本票發票人所負責任，與匯票承兌人同（§121）。

（二）對受款人之效力

　　受款人因領得票據而成為票據債權人，原則上得依票據文義行使其票據上之權利、或為票據權利之保全或處分。

★本票之發票★

一、款式

　　票據行為係要式行為，其必須依法定方式為之，且須為一定之記載。

（一）絕對必要記載事項

　　已於第一章說明，請參看。

（二）相對必要記載事項

　　有下列二種事項：

1. 受款人之姓名商號

　　未載受款人者，以執票人為受款人（§125 Ⅱ）。發票人得以自己或付款人為受款人，並得以自己為付款人（§125 Ⅳ）。

2. 發票地

　　未載發票地者，以發票人之營業所、住所或居所所在地為發票地（§125 Ⅲ）。

（三）得記載事項

1. 禁止背書轉讓

　　記名匯票發票人有禁止轉讓之記載者，不得轉讓（§144 準用 §30 Ⅱ）。

2. 給付金種之約定

　　表示支票金額之貨幣，如為付款地不通用者，得依付款日行市，以付款地通用之貨幣支付之。但有特約者，不在此限。表示支票金額之貨幣，如在發票地與付款地名同價異者，推定其為付款地之貨幣（§144準用§75）。

3. 保付之記載

　　付款人於支票上記載照付或保付或其他同義字樣並簽名後，其付款責任，與匯票承兌人同 (§138 Ⅰ)。

4. 平行線之記載

　　支票經在正面劃平行線二道者，付款人僅得對金融業者支付票據金額 (§139 Ⅰ)。

二、效力

（一）對發票人之效力

　　發票人應照支票文義擔保支票之支付 (§126)。付款人於支票上已為前項之記載時，發票人及背書人免除其責任 (§138 Ⅱ)。支票之特殊性即在此：在一般常態支票，無主債務人，但有從債務人（發票人、背書人）。在變態（體）支票，有主債務人（保付支票之付款人），但無從債務人（發票人、背書人均免責）。

（二）對受款人之效力

　　受款人因領得票據而成為票據債權人，原則上得依票據文義行使其票據上之權利、或為票據權利之保全或處分。

CHAPTER ② 第二節　背書

案例

　　甲向乙購買貨品開立票載金額為新臺幣 100 萬元、發票日為民國 105 年 6 月 5 日之支票給乙，乙向丙借款 100 萬，乃將該支票背書轉讓給丙。丙於同年月 10 日提示不獲付款，於 106 年 5 月 3 日以 40 萬元代價讓與丁，背書後轉讓。丁得否向甲乙丙行使追索權？若可，丁得請求若干元？

壹、概說

一、意義

　　背書，乃指執票人以讓與票據權利之意思，或以其他之目的，將之記載於票據背面或黏單上，並簽名於其上，所為之一種要式的、附屬的票據行為。

二、種類

　　背書，可分為轉讓背書與非轉讓背書。

（一）轉讓背書

　　執票人以讓與票據權利為目的所為之背書，謂之轉讓背書，其又可分為：一般轉讓背書與特殊（種）轉讓背書。

1. 一般轉讓背書

　　一般轉讓背書又分二種：記名（完全、正式）背書、無記名（空白、略式）背書。

(1) 記名（完全、正式）背書

　　即背書人記載被背書人，並簽名於匯票者，是之（§31 Ⅱ）。

(2) 無記名（空白、略式）背書

　　乃指背書人不記載被背書人，僅簽名於匯票者，是之（§31 Ⅲ）。

(3) 區別實益

　　A. 禁止背書轉讓之記載

　　　僅於記名票據或記名背書時才有實益。

B. 轉讓方式之不同

記名背書之執票人如轉讓該票據，必須以背書之方式轉讓，不得僅以交付方式轉讓（§30 I 後段反面解釋）。

空白背書之執票人如要轉讓該票據，得依交付轉讓，亦得以空白背書或記名背書方式轉讓 (§32)，且得變更為記名背書再為轉讓：「票據之最後背書為空白背書者，執票人得於空白內，記載自己或他人為被背書人，變更為記名背書，再為轉讓」(§33、§124、§144)。

2. 特種轉讓背書

其可分為二種：一為回頭背書，另一為期後背書。

(1) 回頭背書

回頭背書又稱為還原背書、回還背書或逆背書。其乃指以原票據債務人為被背書人之背書。本法規定匯票得讓與發票人、承兌人或其他票據債務人 (§34 I) 之背書是之。實務認為發票人將票據交付他人後，經輾轉背書，再由發票人受讓，以前背書人得對發票人行使之追索權，應因混同而消滅，嗣後發票人再將該支票交付他人，依票據法第 99 條第 2 項之法意，發票人受讓票據前之各背書人，均應免其責任（76 年台上字第 964 號判決）。

票據為文義證券（形式證券），不允債務人以其他立證方法變更或補充其文義。本件系爭支票為訴外人仲○公司簽發後交付被上訴人，被上訴人背書後交付訴外人唐○，唐○侯以空白背書交付仲○公司，仲○公司再交付上訴人以抵付買賣價款，為原審確定之事實，則唐○交付系爭支票予仲○公司時，既僅於支票上為空白背書而未記載仲○公司為被背書人，自非回頭背書（85 年台上字第 1398 號判決）。

執票人應以背書之連續，證明其權利，票據法第 37 條第 1 項前段定有明文，此項規定，依同法第 144 條並為支票所準用。本件系爭支票記載被上訴人為受款人，上訴人汪○、李○、陳○、黃○為背書人，被上訴人似未背書，其上印章，似係提示領款人章，果係如此，則其背書不連續，被上訴人自無追索權可言。倘被上訴人亦為背書，其背書固屬連續。惟被上訴人背書後，再因上訴人汪○等人之背書而取得系爭支票，則為回頭背書，依票據法第 144 條、第 99 條第 2 項規定，被上訴人對該上訴人亦無追索權（76 年台上字第 587 號判決）。

若匯票讓與付款人之背書 (§34 I)，學者謂之「準回頭背書」，本書稱為「表象回頭背書」，因為付款人未承兌前，並非票據上之債務人，因此執票人將匯

票權利讓與給未承兌之付款人，應屬一般轉讓背書，僅因其為付款人，在表面上看來似乎與回頭背書相似，故稱之為「表象回頭背書」。回頭背書之特點在追索權上顯示，執票人為發票人時，對其前手無追索權。執票人為背書人時，對該背書之後手無追索權 (§99)。此容待後述。

(2) 期後背書

世界各國的票據立法對於期後背書內涵的界定不盡相同，大體可分為兩種立法例。

A. 以票據到期日經過為標準。即票據到期日前，無論何時均可為背書轉讓，於到期日經過再行轉讓，則為期後背書，亦即，期後背書是指票據到期日後所為的背書。

B. 以作成拒絕付款證書後或作成拒絕付款證書期限經過後為標準。亦即，當執票人提示付款遭到拒絕並依法作成拒絕付款證書後，或雖未作成拒絕證書但法定的作成拒絕付款證書的期限已經經過，此時所為的背書為期後背書。

各國票據立法對期後背書的定義與內涵雖有不同，但對於期後背書的效力的規定卻是一致的，無論英美法系還是大陸法系國家的票據法，都規定期後背書不具有票據上的效力，僅具有通常債權轉讓的效力。這是因為票據已經到期，執票人隨時可以請求付款；從理論上講，執票人不必再轉讓票據，若是執票人不直接請求付款，而以背書方式轉讓票據權利，與常情相背。若票據已經被拒絕承兌或拒絕付款，執票人即應依法行使追索權，若是執票人此時背書轉讓票據，則有違事理之常。所以，各國之票據法雖承認期後背書，但對其效力卻不約而同地規定期後背書僅有一般債權轉讓的效力，而不具備票據法上的效力。

支票無到期日，實務上認為支票在提示付款後或提示付款期間經過後所為之背書，係為期後背書。

期後背書的被背書人所取得的權利，究竟是一種票據權利，或是一種普通債權？

學界對此有不同觀點。有學者認為，既然期後背書僅產生通常債權轉讓的效力，則被背書人不能取得票據權利，僅能取得通常債權即「普通債權」之權利。但也有學者認為，雖然期後背書產生的是通常債權轉讓效力，但被背書人仍取得票據權利（梁宇賢；施文森）。

實務界認為被背書人非不得享有票據上權利。

52 年台上字第 949 號判例：作成拒絕付款證書後，或作成拒絕付款證書期限經過後所為之背書，謂為期限後背書，依票據法第 41 條但書規定，只發生債務人得以對抗背書人之事由，轉而對抗被背書人之問題，非謂被背書人因此不得享有票據上權利。

所謂僅有通常債權讓與之效力，係指票據債務人得依債權讓與之規定，以對抗背書人之事由，轉而對抗被背書人之問題，非謂被背書人因此不得享有票據上權利（71台上字第 3030 號判決）。

期限後背書只發生債務人得以對抗背書人之事由，轉而對抗被背書人之問題，非謂被背書人因此不得享有票據上權利，本院 52 年台上字第 949 號著有判例（81 台上字第 1727 號判決）。

作成拒絕付款證書後，或作成拒絕付款證書期限經過後所為之背書，謂為期限後背書，依票據法第 41 條第 1 項規定，僅有通常債權轉讓之效力。所謂僅有通常債權轉讓之效力，係指期後背書所移轉者，僅為該票據之債權，無票據法上擔保效力，亦無抗辯限制之效力，與民法上一般債權讓與之效力相同，人的抗辯並不因讓與而中斷，票據債務人仍得以所得對抗執票人前手之事由對抗執票人而已，非謂執票人因此不得享有票據上之權利。故票據債務人主張執票人取得票據出於惡意，或期後背書之背書人或其前手存有票據權利瑕疵，則應由票據債務人就該惡意或票據權利瑕疵之事實負舉證之責（101 年度台簡上字第 27 號判決）。

但本書認為，期後背書的背書人對被背書人不承擔票據上的擔保責任，即其對被背書人不承擔擔保票據承兌和付款的責任。因為期後背書只能產生一般債權轉讓效力，背書人並不負擔一般轉讓背書對被背書人及對其後手承擔擔保承兌和付款責任，僅承擔民法中一般債權讓與人的責任。若被背書人不獲承兌或付款，其只能依民法的規定向背書人請求承擔違約責任或損害賠償責任。

期後背書的背書人不承擔票據背書人的擔保責任，但是，對於背書人之外的其他前手債務人是否承擔票據責任？

學者見解不一。有學者認為，期後背書的被背書人只能向背書人主張權利，而無權對其他債務人為票據權利之主張，有學者持相反觀點，認為「背書人以外之前手債務人的責任並不因期後背書而免除」（梁宇賢）。期後背書並不能成「發票人所得據為免責之依據」（施文森）。其他債務人對執票人的擔保責任，並不因期後背書而獲免除，其仍然要對被背書人負擔保付款和擔保承兌的責任；但是，他們可以其與期後背書的背書人之間的抗辯事由對抗被背書人。

本書認為該被背書人僅取得背書人的「票據上的債權」而非「票據權利」，亦即；僅發生「票據法上的非票據關係」，其性質類似「債權讓與」，因此其僅取得背書人之「債」的地位，被背書人固得行使背書人之債權，唯此僅為民法上通常債權之性質，因此凡得對抗背書人之事由均得對抗被背書人。

（二）非轉讓背書

其可分委任取款背書及質背書，目前我票據法無質背書之規定。但實務上有承認質背書的判決，茲引述如下：

1. 質背書

質權以記名證券為標的物者，除交付該證券外，並應依背書方法為之，固為民法第908條所明定。惟設質之背書應如何記載，法並無明文，解釋上自可比照票據法規定之背書方法辦理。舉凡由出質人（背書人）在證券之背書記載質權人（被背書人）之姓名，並由出質人簽名（即票據法第31條第2項之記名背書），或不記載質權人之姓名，而僅由出質人在證券背書簽名（即票據法第31條第3項之空白背書）為之，應均生合法背書之效力（91年台抗字第475號判決）。

2. 委任取款背書

所謂委任取款背書，乃指執票人以委任取款之目的，而為背書時，應於票據上記載之（§40 I）。是以委任取款背書應記載委任取款之意旨，如載明「託收」、「委任」、「入帳戶」、「為收款」、「為代理取款」等均可。其應否記載受託人（即被背書人）？我票據法無明文，唯基於同條第2項所載「前項被背書人，得行使匯票上一切權利，並得以同一目的，更為背書」之規定以觀，其應記載被背書人（即受託人），此亦為銀行實務所採行。茲舉例說明如下：

按執票人以委任取款之目的而為背書時，應於支票上記載之，票據法第144條準用第40條第1項定有明文。查，系爭支票四紙之背面，記載：「本支票原經本行（指土銀松山分行）代收因遭受退票後復經執票人要求改委代收」字樣處，蓋有土銀松山分行經理章，而無金○公司之簽章，可否認上訴人係金○公司之委任取款受任人，即非無疑。……是上訴人究係系爭支票之權利人抑或委任取款受任人，即有發回詳查之必要（89年台上字第1108號判決）。

票據法上之背書依其目的不同，可分為票據權利轉讓背書與委任取款背書，而執票人以委任取款之目的，為背書時，應於匯票上記載之，此為票據法第40條第1項所明定，依同法第144條之規定並為支票所準用，又票據法第40條第1項所謂之「記載」，並不以受款人親自以文字書寫「委託取款」之字樣為必要，蓋「委託受任取款人代為取款」之戳章亦無不可。記載受款人名稱並禁止背書轉讓且劃有平行線之支票應於受款人之帳戶提示付款不得背書轉讓，此觀票據法第144條、第30條第2項之規定即明，發票人簽發此種票據之目的，除為保留其對執票人之抗辯權外，並為防止遺失，或免

為他人盜領，此種禁止背書轉讓之票據，如委任背書取款，依中央銀行業務局 (73) 台央業字第 1800 號及 (74) 台央業字第 1145 號函釋示，須符合下列條件 (1) 受款人在金融業未設立帳戶。(2) 受款人與受任領款人均於票據背書簽名，並經提示之金融業者簽章證明。(3) 應由受款人於票據背面記載「委託受任人取款」等委託文句。

貳、背書之要件

除須具備一般法律行為之要件外，尚須具備下列之要件：

一、須具備一定之款式

票據行為為要式行為，故須具有書面性、要式性等性質。

（一）完全背書之絕對必要記載事項

背書人記載被被書人，並簽名於票據者為記名背書 (§31 Ⅱ)。其絕對必要記載事項為：背書人之簽名或蓋章。至於被背書人之姓名、名稱。背書之年、月、日為得記載事項。

在票據背面蓋章而形式上合於背書之規定者，即應擔負背書人之責任，就令非以背書轉之意思而為背書，其內心之意思非一般人所知或可得而知，為維持票據之流通性，仍不得解免背書人之責任（70 年台上字第 1319 號判決）。

（二）空白背書之絕對必要記載事項

僅背書人之簽名或蓋章。

二、須於一定處所為之

背書由背書人在匯票之背面或其黏單上為之 (§31 Ⅰ)。

凡在票據背面或黏單上簽名，而形式上合於背書之規定者，即應負票據法上背書人之責任，縱令非以背書轉讓之意思而背書，因其內心效果意思，非一般人所能知或可得而知，為維護票據之流通性，仍不得解免其背書人之責任（65 年台上字第 1550 號判例）。

票據乃文義證券，不允許債務人以其他立證方法變更或補充其文義，故凡在票據背面或其黏單上簽名而形式上合於背書之規定者，即應負票據法上背書人之責任。縱令係屬隱存保證背書，且為執票人所明知，仍不能解免其背書人之責任（92 年簡台上字第 24 號判例）。

三、須具備一定之特性

（一）完整性（不可分性）

　　就本票金額之一部分所為之背書，或將本票金額分別轉讓於數人之背書，有違背書之不可分性，依票據法第 124 條準用第 36 條前段規定，不生背書之效力。例如訴外人陳○郎取得1,300萬元之系爭本票後，將其中之570萬3千元本票債權讓與被上訴人，倘為一部背書，被上訴人並不能取得票據債權，則其是否得依票據法第 22 條第 4 項規定請求上訴人償還利得，即非無疑（88 年台上字第 1780 號判決）。

（二）單純性（不可附條件）

　　票據行為具有「單純性」，背書為票據行為故有此「單純性」。「單純性」乃指票據行為的內容必須明確，不可附條件。背書附記條件者，其條件視為無記載（§36後段）。

參、背書之禁止

　　票據為流通證券，原則上得依交付或背書方式轉讓票據權利，但票據為無因證券，權利人為避免發生「人的抗辯之限制」的不利情形，乃得依特約或約定，於票據上記載「禁止背書轉讓」。

一、發票人禁止背書轉讓

（一）理由

　　發票人禁止背書轉讓之理由有三：1. 為使票據關係單純化，不欲與他人發生票據關係。2. 保留人的抗辯權，以避免本法第 13 條不利之情形發生。3. 為避免擴增追索金額。

（二）款式

1. 該票據須為記名票據

　　記名票據發票人有禁止轉讓之記載者，不得轉讓 (§30 II、124、144)。若為無記名票據，縱有此項記載，亦無意義，因為執票人得以交付方式轉讓。

2. 原則上應於票據正面為之

　　發票人為禁止背書轉讓，原則上應於票據正面為之，若在支票背面為此項記載，為與背書人之禁止背轉讓區別，須有發票人之簽名或蓋章，足以認定其為發票人所為者，始為有效。

3. 原則上應簽名或蓋章

發票人不問其係在票據正面或背面為禁止書轉讓之記載，均須由為此記載之票據債務人於其記載下簽名或蓋章，始生禁止背書轉讓之效力。但發票人如於票據正面記載禁止書面，該記載如依社會觀念足認係由發票人於發票時為之者，雖發票人未於其記載下方簽名或蓋章，亦發生禁止背書轉讓之效力。實務見解亦同。

在票據上記載禁止背書轉讓者，必由為此記載之債務人簽名或蓋章，始生禁止背書轉讓之效力，此就票據法第 30 條第 2 項及第 3 項各規定觀之甚明（依同法第 144 條規定，各該項規定準用於支票），未經簽名或蓋章者，不知其係何人為禁止背書轉讓之記載，亦與票據為文義證券之意義不符。本件支票背面雖有「禁止背書轉讓」之記載，但卻未經為此記載者簽名或蓋章，尚難謂可生禁止背書轉讓之效力。支票為文義證券（形式證券），不允債務人以其他立證方法變更或補充其文義（68 年台上字第 3779 號判例）。

支票上記載禁止背書轉讓者，固須由為此記載之債務人簽名或蓋章，始生禁止背書轉讓之效力，此就票據法第 144 條、第 30 條第 2 項及第 3 項各規定觀之甚明；惟票據正面記載禁止背書，該記載如依社會觀念足認係由發票人於發票時為之者，亦發生禁止背書轉讓之效力，此為本院最近所持之見解。……（95 台上字第 1713 號判決）。

4. 無須記載日期

禁止背書轉讓之記載須否記載日期？我票據法對此無明文，如未記載日期，解釋上以發票年月日為禁止轉讓之記載日期。

（三）效力

記名票據發票人有禁止轉讓之記載者，不得轉讓（§30 Ⅱ、§124、§144）。此為強行規定，如執票人再為轉讓與受讓人，受讓人仍無法取得票據上之權利。

記載受款人姓名或商號並禁止背書轉讓之票據，既不得轉讓，僅得對該受款人付款，則付款人自應於票據受款人之帳戶支付，或核對受款人之身分證明文件，證明確係受款人提示無訛後，始得付款。發票人簽發此種票據之目的，除為保留其對受款人之抗辯權外，並藉以避免與受款人以外之人發生票據關係。倘若可由第三人加蓋受款人之印章而於第三人之帳戶內提示付款，則發票人記載禁止背書之目的，無由達成，顯與立法之本旨相違（87 年台上字第 1756 號判決）。

二、背書人禁止轉讓

（一）理由

　　背書人禁止背書轉讓之理由與發票人禁止背書轉讓之理由相同。

（二）款式

1. 應於票據背面為之

　　背書行為係票據行為之一，其具有要式性，須遵循一定之款式。本法規定背書應於票據之背面或黏單上為之（§31 I），禁止背書轉讓之記載為背書行為之一，自應於票據背面為之。如背書人禁止轉讓不記載於票背而記載於票面者，顯與背書之意義有違，依民法第73條之規定，似應認為該記載無效。

2. 原則上應簽名蓋章

　　背書人為禁止背書轉讓者，應為簽名否則無法判定該禁止背書轉讓係由何人所為。

　　所謂簽名，法律上並未規定必須簽全名，其僅簽姓或名字中之一部，不得謂為無效。公司或商號名稱如未表明全稱，但已能表示該商號者亦可。又公司或商號印章已蓋於票背，即足生背書之效力，殊不以公司或商號負責人簽名或蓋章為必要。以上如有爭執，應屬舉證責任之問題。

　　如支票之受款人欄記載為甲公司名稱，今甲公司背書轉讓時其圖章內另有加註特別用途者，如「請領租金專用」、「營業之章」或「收發之章」，其效力如何？

　　我國實務上認為，於背書內加註如「請領租金專用」等文字，該文字為本法所不規定之事項，如背書時為此項記載，應依本法第12條規定，認定該項記載之文字不生票據上之效力，背書人之背書行為仍屬有效。

　　唯實務上有認為如果支票背面所蓋圖章本身刻明專用於某種用途（如收件章）之字樣而與票據之權利義務毫無關係者，則所蓋該項圖章，難認係同法第6條所規定為票據行為而代替票據上簽名之蓋章，即無同條第12條之適用。

三、背書之連續與塗銷

（一）背書連續之意義及效力

　　背書連續，乃指票據上記載之背書，自受款人（第一背書人）至最後之背書人，在順序上均相連無間斷，在形式上為同一人者，是之。

執票人應以背書之連續，證明其權利（§37 I 本文、§124、§144），此為權利證明之效力，此外尚有權利行使之效力（§71 I），及付款免責之效力（§71 II）。

（二）背書之塗銷與背書連續之關聯

1. 背書之塗銷

背書之塗銷，乃指權利人故意將背書人之背書及簽名予以塗抹銷除之謂也。

2. 二者之關聯

(1) 對於背書之連續，視為無記載

不影響背書之連續者塗銷之背書，不影響背書之連續者，對於背書之連續，視為無記載（§37 II）。

(2) 對於背書之連續，視為未塗銷

會影響背書之連續者塗銷之背書，影響背書之連續者，對於背書之連續，視為未塗銷（§37 III）。但其實際上已被塗銷，因而產生一定之效果，票據法第38條乃規定：「執票人故意塗銷背書者，其被塗銷之背書人及被塗銷背書人名次之後，而於未塗銷以前為背書者，均免其責任。」以求公允。

案例解說

丁以系爭支票面額四成之代價，向丙取得支票，然後向甲乙丙等請求全部票面金額之給付，查期限後背書只發生債務人得以對抗背書人之事由，轉而對抗被背書人之問題，非謂被背書人因此不得享有票據上權利。系爭支票之原執票人為丙，就系爭支票原有正當處分權，丙於支票經提示付款遭拒絕後，以票面金額之四成讓與系爭支票，依票據法第41條規定，丁自得依債權讓與之規定享有對票據上債務人行使其債權。

票據法所謂無對價或以不相當之對價取得票據者，不得享有優於其前手之權利，係指前手之權利如有瑕疵，則取得人即應繼受其瑕疵。本件原執票人丙就系爭支票之權利並無瑕疵，原得對甲乙主張完全之權利，請求給付票載金額，則丁縱係以系爭支票所載金額之四成，受讓系爭支票，亦得享有與丙同樣之權利，對甲乙請求給付支票全額之給付。

CHAPTER ② 第三節　承兌及參加承兌

 壹、承兌

一、意義

　　承兌乃指匯票之付款人於匯票上表示接受發票人委託付款之意願，而於匯票上表示承兌付款之一種要式的附屬的票據行為。付款人承兌後即成為承兌人，亦即成為主債務人。

二、種類

（一）正式承兌

　　承兌應在匯票正面記載承兌字樣，由付款人簽名。

（二）略式承兌

　　付款人僅在票面簽名者，視為承兌。

三、承兌之提示

（一）提示之規定

　　執票人於匯票到期日前，得向付款人為承兌之提示（§42）。見票即付之即期匯票，執票人無庸為承兌之提示（§44 I反面解釋）。

　　板期匯票、計期匯票，執票人得請求承兌。見票後定期付款之註期匯票，則應為承兌之提示（§44 I反面解釋）。

（二）期間之限制

1. 原則

　　見票後定期付款之匯票，應自發票日起6個月內為承兌之提示（§45 I）。但付款人於執票人請求承兌時，得請其延期為之。但以3日為限（§48）。此為「考慮期間」。

2. 例外……積極之限制

　　(1) 發票人之限制

　　　　A. 對見票即付之匯票外之限制

　　　　　　除見票即付之匯票外，發票人或背書人，得在匯票上為應請求承兌之記載，並得指定其期限（§44 I）。

B. 對註期匯票之限制

發票人對於註期匯票的承兌提示期間，得以特約縮短或延長之。但延長之期限，不得逾六個月(§45Ⅱ)。

(2) 背書人之限制

背書人所定應請求承兌之期限，不得在發票人所定禁止期限之內(§44Ⅲ)。

3. 違反時之限制

執票人不於本法所定期限內為行使或保全匯票上權利之行為者，對於前手喪失追索權。執票人不於約定期限內為前項行為者，對於該約定之前手喪失追索權(§104)。

4. 例外⋯消極之限制

此項限制僅得由發票人為之。

發票人得為於一定日期前，禁止請求承兌之記載(§44Ⅱ)。其目的乃為防止信用之喪失。

如有違反此項限制而於禁止請求承兌期間中請求承兌，縱遭拒絕承兌，執票人亦不得行使期前追索。

（三）金額之限制

承兌人是否得為部分金額之承兌？

承兌人原則上應完全依照匯票支文義為全部金額之承兌，是謂之「單純承兌」。但付款人亦得就匯票金額之一部為承兌，稱之為「不單純承兌」。付款人承兌時，經執票人之同意，得就匯票金額之一部分為之。但執票人應將事由通知其前手(§47Ⅰ)。

其效力如下：

1. 應請求作成拒絕證書證明

匯票全部或一部不獲承兌或付款或無從為承兌或付款提示時，執票人應請求作成拒絕證書證明之(§86Ⅰ)。

2. 得行使期前追索

執票人於行使或保全匯票上權利之行為後，得行使追索權（§85Ⅱ一）。

（四）承兌之撤回

付款人雖在匯票上簽名承兌，未將匯票交還執票人以前，仍得撤銷其承兌。但已向執票人或匯票簽名人以書面通知承兌者，不在此限(§51)。

四、承兌之效力

（一）成為主債務人

付款人於承兌後，應負付款之責（§52 I）。

（二）加重付款義務

承兌人到期不付款者，執票人雖係原發票人，亦得就第 97 條及第 98 條所定之金額，直接請求支付（§52 II）。

（三）其他之效力

如抗辯權之限制（§13）。

貳、參加承兌

一、意義

參加承兌，乃指匯票於到期日前不獲承兌，或承兌人死亡、逃避或因其他原因無從為承兌之提示，為阻止追索權之行使以保護債務人之利益，由預備付款人或票據債務人以外之第三人加入票據關係所為之要式的附屬的票據行為。

二、主體

（一）當然參加人

當然參加人係指其參加承兌，無須經過執票人之同意，即得自動參加承兌者。本法規定「執票人於到期日前得行使追索權時，匯票上指定有預備付款人者，得請求其為參加承兌（§53 I）。」

（二）任意參加人

除預備付款人與票據債務人外，不問何人，經執票人同意，得以票據債務人中之一人為被參加人，而為參加承兌（§53 II）。

參加人非受被參加人之委託而為參加者，應於參加後 4 日內，將參加事由通知被參加人。參加人怠於為前項通知因而發生損害時，應負賠償之責（§55)。

三、參加承兌之時間

付款人或承兌人死亡、逃避或其他原因，無從為承兌或付款提示時（§85 II）。即得為參加承兌。

四、參加承兌之效力

（一）對執票人之效力

執票人允許參加承兌後，不得於到期日前行使追索權（§56 Ⅰ）。

（二）對被參加人及其前手之效力

被參加人及其前手，仍得於參加承兌後，向執票人支付第 97 條所定金額，請其交出匯票及拒絕證書（§56 Ⅱ）。

（三）對參加人之效力

付款人或擔當付款人，不於第 69 條及第 70 條所定期限內付款時，參加承兌人應負支付第 97 條所定金額之責（§57）。

CHAPTER ❷ 第四節　保　證

 壹、概說

一、意義

　　票據保證，係指票據債務人以外之第三人，以擔保特定債務人會依據其文義履行其票據上之義務為目的，所為之要式的附屬的票據行為。保證應在匯票或其謄本上記載本法第 59 條第 1 項各款是由，並由保證人簽名 (§59)。

二、主體

（一）保證人

　　保證人，除票據債務人外，不問何人，均得為之 (§58 II)。

（二）被保證人

　　匯票之債務，得由保證人保證之 (§58 I)。因此任何匯票之債務人均得為被保證人。

貳、效力

一、保證人之責任

　　保證人與被保證人負同一責任 (§61 I)。

二、共同保證人之責任

　　二人以上為保證時，均應連帶負責 (§62)。

三、保證人之權利

（一）一部保證之權利

　　保證得就匯票金額之一部分為之 (§63)。

（二）代位追索之權利

　　保證人清償債務後，得行使執票人對承兌人、被保證人及其前手之追索權 (§64)。

CHAPTER **2**　## 第五節　到期日與付款

 ## 壹、到期日

一、意義與種類

（一）意義

匯票之到期日，乃指發票人預定付款之日期，將之表示於匯票上，請求付款人屆時付款，並告知執票人屆期應行使付款請求權之記載。

（二）種類

匯票之到期日應依下列各種類之匯票而定。

1. 定日付款（板期匯票）

定日付款者，其到期日之確定無問題，因其以票載之到期日為到期日，且到期日明確，或可得確定。如記載為某年某月某日，則該日即為到期日。若票上僅載月初、月中、月底者，則謂該月之 1 日、15 日、末日 (§68 Ⅲ)。

2. 發票日後定期付款（計期匯票）

其到期日稍經計算亦得確定。如發票日為民國 106 年 3 月 5 日，到期日為發票日後 2 個月付款。稍經計算即可知是同年 5 月 5 日。本法規定，發票日後或見票日後 1 個月或數個月付款之匯票，以在應付款之月與該日期相當之日為到期日；無相當日者，以該月末日為到期日 (§68 Ⅰ)。若為發票日後或見票日後 1 個月半或數個月半付款之匯票，應依前項規定，計算全月後加 15 日，以其末日為到期日 (§68 Ⅱ)。

3. 見票即付（即期匯票）

票即付之匯票，以提示日為到期日。第 45 條之規定，於前項提示準用之。(§66)。

4. 見票後定期付款（註期匯票）

見票後定期付款之匯票，依承兌日或拒絕承兌證書作成日，計算到期日。匯票經拒絕承兌而未作成拒絕承兌證書者，依第 45 條所規定承兌提示期限之末日，計算到期日 (§67)。

💵 貳、付款

一、意義

　　付款為廣義的票據行為，乃指付款人、承兌人或擔當付款人依票據文義，對執票人為票據金額之全部或一部清償之行為。

二、期間

（一）付款提示期間

　　執票人應於到期日或其後 2 日內，為付款之提示（§69 Ⅰ）。此為法定期間，必須遵守。執票人如未遵守此即間，會影響其追索權之行使（§104 Ⅰ）。

（二）付款期間

1. 原則

　　付款提示期間係針對執票人而設，付款期間則是為付款人而定。付款人如以承兌，即有依文義付款之義務。

2. 例外…延期

　　付款經執票人之同意，得延期為之。但以提示後 3 日為限（§70）。是為例外。

（三）效果

1. 期前付款之責

　　到期日前之付款，執票人得拒絕之。付款人於到期日前付款者，應自負其責（§72）。有本條規定可知，原則上付款人是不能為期前付款的。

2. 期後付款之權

　　付款人於承兌後，應負付款之責（§52 Ⅰ）。但若執票人在第 69 條所定期限內，不為付款之提示時，票據債務人得將匯票金額依法提存；其提存費用，由執票人負擔之（§76）。

三、對象

（一）原則

　　原則上執票人應向匯票之承兌人或付款人為付款之提示。若執票人因不可抗力之事變，不能於所定期限內為承兌或付款之提示，應將其事由從速通知發票人、背書

人及其他票據債務人（§105 Ⅰ）。不可抗力之事變終止後，執票人應即對付款人提示（§105 Ⅲ）。但若有下列情形之一者，期提示之對象即非承兌人或付款人。

（二）例外…擔當付款人

匯票上載有擔當付款人者，其付款之提示，應向擔當付款人為之（§69 Ⅱ）。

（三）例外…票據交換所

為交換票據向票據交換所提示者，與付款之提示有同一效力（§69 Ⅲ）。

（四）例外…參加付款人或預備付款人

付款人或擔當付款人，不於第 69 條及第 70 條所定期限內付款者，有參加承兌人時，執票人應向參加承兌人為付款之提示；無參加承兌人而有預備付款人時，應向預備付款人為付款之提示（§79 Ⅰ）。

四、責任與權利

（一）審查責任

付款人對於背書不連續之匯票而付款者，應自負其責。付款人對於背書簽名之真偽，及執票人是否票據權利人，不負認定之責。但有惡意或重大過失時，不在此限（§71）。

（二）權利

1. 可為一部付款之權利

一部分之付款，執票人不得拒絕（§73）。如其拒絕，會喪失該部分之追索權。又付款人為一部分之付款時，得要求執票人在票上記載所收金額，並另給收據（§74 Ⅱ）。

2. 請求交出匯票之權利

付款人付款時，得要求執票人記載收訖字樣簽名為證，並交出匯票（§74 Ⅰ）。

3. 支付通用貨幣之權利

表示匯票金額之貨幣，如為付款地不通用者，得依付款日行市，以付款地通用之貨幣支付之。但有特約者，不在此限。表示匯票金額之貨幣，如在發票地與付款地名同價異者，推定其為付款地之貨幣（§75）。

4. 提存票據金額之權利

執票人在第 69 條所定期限內，不為付款之提示時，票據債務人得將匯票金額依法提存；其提存費用，由執票人負擔之（§76）。

參、參加付款

一、意義

　　參加付款，乃指付款人或擔當付款人以外之第三人，以阻止追索權行使之目的，為特定債務人之利益，所為之付款行為。

二、時期與主體

（一）時期

　　參加付款，應於執票人得行使追索權時為之。但至遲不得逾拒絕證明作成期限之末日（§77）。

（二）主體

1. 參加付款人

　（1）任意參加付款人

　　　參加付款，不問何人，均得為之（§78 Ⅰ）。

　（2）當然參加付款人

　　　參加承兌人及預備付款人為當然參加付款人。付款人或擔當付款人，不於第69條及第70條所定期限內付款者，有參加承兌人時，執票人應向參加承兌人為付款之提示；無參加承兌人而有預備付款人時，應向預備付款人為付款之提示（§79 Ⅰ）。

　（3）優先參加付款人

　　　請為參加付款者有數人時，其能免除最多數之債務者，有優先權（§80 Ⅰ）。故意違反前項規定為參加付款者，對於因之未能免除債務之人，喪失追索權（§80 Ⅱ）。

2. 被參加付款人

　　參加承兌人付款，以被參加承兌人為被參加付款人。預備付款人付款，以指定預備付款人之人為被參加付款人（§82 Ⅱ）。無參加承兌人或預備付款人，而匯票上未記載被參加付款人者，以發票人為被參加付款人（§82 Ⅲ）。

三、程序

（一）方式

　　參加付款，應於拒絕付款證書內記載之（§82 Ⅰ）。其應記載參加付款之意旨及被參加付款人，如為記載則以發票人為被參加付款人（§82 Ⅱ、Ⅲ）。

（二）金額

參加付款，應就被參加人應支付金額之全部為之 (§81)。

（三）通知

第 55 條之規定，於參加付款準用之 (§82 Ⅳ)。亦即參加人非受被參加人之委託而為參加者，應於參加後 4 日內，將參加事由通知被參加人。參加人怠於為前項通知因而發生損害時，應負賠償之責 (§55)。

四、效力

（一）對執票人之效力

執票人拒絕參加付款者，對於被參加人及其後手喪失追索權 (§78 Ⅱ)。

參加付款後，執票人應將匯票及收款清單交付參加付款人，有拒絕證書者，應一併交付之。違反前項之規定者，對於參加付款人，應負損害賠償之責 (§83)。

參加承兌人或預備付款人，不於付款提示時為清償者，執票人應請作成拒絕付款證書之機關，於拒絕證書上載明之 (§79 Ⅱ)。執票人違反第 79 條前 2 項規定時，對於被參加人與指定預備付款人之人及其後手，喪失追索權 (§79 Ⅲ)。

執票人故意違反第 80 條第 1 項規定為參加付款者，對於因之未能免除債務之人，喪失追索權 (§80 Ⅱ)。

（二）對參加付款人之效力

參加付款人，對於承兌人、被參加付款人及其前手，取得執票人之權利。但不得以背書更為轉讓 (§84 Ⅰ)。

（三）對被參加付款人後手之效力

被參加付款人之後手，因參加付款而免除債務 (§84 Ⅱ)。

CHAPTER ❷ 第六節　追索權

 壹、意義

追索權，乃指票據不獲承兌或不獲付款或因其他法定原因發生無從為承兌或付款之提示，執票人於行使或保全票據上權利之行為後，得向其票據債務人請求償還票據金額及利息之權利。

追索權具有救濟性質之償還性的權利，以強化票據之信用及流通性，係於未獲完全付款或拒絕付款後所行使之權利，故又稱權利人的「第二次權利」。

貳、要件

一、實質要件（又稱「追索權行使之原因」）

（一）到期追索

匯票到期不獲付款時，執票人於行使或保全匯票上權利之行為後，對於背書人、發票人及匯票上其他債務人，得行使追索權（§85 Ⅰ）。

（二）期前追索

有左列情形之一者，雖在到期日前，執票人亦得行使前項權利：1.匯票不獲承兌時。2.付款人或承兌人死亡、逃避或其他原因，無從為承兌或付款提示時。3.付款人或承兌人受破產宣告時（§85 Ⅱ）。

二、形式要件（又稱「追索權行使之程序」）

（一）提示

1. 承兌之提示

提示為行使或保全票據權利之必要行為。執票人應於提示期間內依法為承兌之提示（§42、§44、§45）。匯票上雖有免除作成拒絕證書之記載，執票人仍應於所定期限內為承兌或付款之提示。但對於執票人主張未為提示者，應負舉證之責（§95）。

2. 付款之提示

執票人應於到期日或其後 2 日內，為付款之提示（§69 Ⅰ）。若付款人或擔當付款人，不於第 69 條及第 70 條所定期限內付款者，有參加承兌人時，執票人應向參加承

兌人為付款之提示；無參加承兌人而有預備付款人時，應向預備付款人為付款之提示（§79 I）。匯票上雖有免除作成拒絕證書之記載，執票人仍應於所定期限內為承兌或付款之提示。但對於執票人主張未為提示者，應負舉證之責（§95）。

3. 提示之例外

(1) 無庸為承兌或付款之提示

付款人或承兌人死亡、逃避或其他原因，無從為承兌或付款提示時。付款人或承兌人受破產宣告時（§85 II 二、三）。拒絕承兌證書作成後，無須再為付款提示（§88 前段）。

(2) 無庸為任何之提示

執票人因不可抗力之事變，不能於所定期限內為承兌或付款之提示，如事變延至到期日後 30 日以外時，執票人得逕行使追索權，無須提示或作成拒絕證書（§105 IV）。

4. 效力

執票人不於本法所定期限內為行使或保全匯票上權利之行為者，對於前手喪失追索權。執票人不於約定期限內為前項行為者，對於該約定之前手喪失追索權（§104）。

（二）拒絕證書之作成

1. 原則

匯票全部或一部不獲承兌或付款或無從為承兌或付款提示時，執票人應請求作成拒絕證書證明之（§86 I）。

2. 例外

(1) 以其他方式代替

付款人或承兌人在匯票上記載提示日期，及全部或一部承兌或付款之拒絕，經其簽名後，與作成拒絕證書有同一效力（§86 II）。付款人或承兌人之破產，以宣告破產裁定之正本或節本證明之（§86 III）。

(2) 無須付款拒絕證書

拒絕承兌證書作成後，無須再為付款提示，亦無須再請求作成付款拒絕證書（§88）。此外，執票人因不可抗力之事變，不能於所定期限內為承兌或付款之提示，如事變延至到期日後 30 日以外時，執票人得逕行使追索權，無須作成拒絕證書（§105 IV）。

(3) 免除作成拒絕證書

發票人或背書人，得為免除作成拒絕證書之記載。發票人為前項記載時，執票人得不請求作成拒絕證書，而行使追索權。但執票人仍請求作成拒絕證書時，應自負擔其費用。背書人為第一項記載時，僅對於該背書人發生效力。執票人作成拒絕證書者，得向匯票上其他簽名人要求償還其費用 (§94)。

3. 期限

(1) 拒絕承兌證書之作成期限

拒絕承兌證書，應於提示承兌期限內作成之 (§87 I)。

(2) 拒絕付款證書之作成期限

絕付款證書，應以拒絕付款日或其後 5 日內作成之。但執票人允許延期付款時，應於延期之末日，或其後 5 日內作成之 (§87 II)。

4. 效力

執票人不於本法所定期限內為行使或保全匯票上權利之行為者，對於前手喪失追索權。執票人不於約定期限內為前項行為者，對於該約定之前手喪失追索權 (§104)。

（三）通知

1. 期限及對象

執票人應於拒絕證書作成後 4 日內，對於背書人、發票人及其他匯票上債務人，將拒絕事由通知之。如有特約免除作成拒絕證書者，執票人應於拒絕承兌或拒絕付款後 4 日內，為前項之通知。背書人應於收到前項通知後 4 日內，通知其前手。背書人未於票據上記載住所或記載不明時，其通知對背書人之前手為之 (§89)。

證明於第 89 條所定期間內已將通知發出者，認為遵守通知期限 (§92 II)。

2. 義務之免除

發票人、背書人及匯票上其他債務人，得於第 89 條所定通知期限前，免除執票人通知之義務 (§90)。

3. 通知之方法

通知得用任何方法為之。但主張於第 89 條所定期限內曾為通知者，應負舉證之責。付郵遞送之通知，如封面所記被通知人之住所無誤，視為已經通知。(§91)。

4. 通知之效力

不於第89條所定期限內為通知者，仍得行使追索權。但因其怠於通知發生損害時，應負賠償之責；其賠償金額，不得超過匯票金額(§93)。

 參、效力

一、對追索權人之效力

（一）選擇（飛越）追索

執票人得不依負擔債務之先後，對於前項債務人之一人或數人或全體行使追索權(§96 II)。如發票人甲委託乙付款，並簽發匯票給丙，丙背書轉讓給丁，丁背書轉讓給戊，戊提示不獲付款，得向乙、丙、丁或向甲、乙、丙或向甲、丙、丁……為票款之請求。

（二）變更（轉讓）追索

執票人對於債務人之一人或數人已為追索者，對於其他票據債務人，仍得行使追索權(§96 III)。如前例，若執票人向丙請求追索，丙為部分清償，戊仍得向丁行使剩餘部分之追索權。

（三）回頭背書之追索

執票人為發票人時，對其前手無追索權。執票人為背書人時，對該背書之後手無追索權(§99)。

執票人為參加承兌人、參加付款人，對其被參加人及其前手均有追索權。

執票人為承兌人時，解釋上對任何人均無追索權。

執票人為付款人時，因其尚未承兌，故非債務人，因而對任何人均有追索權。

（四）回頭匯票之追索

有追索權者，得以發票人或前背書人之一人或其他票據債務人為付款人，向其住所所在地發見票即付之匯票。但有相反約定時，不在此限(§102 I)。

前項匯票之金額，於第97條及第98條所列者外，得加經紀費及印花稅(§102 II)。執票人依第102條之規定發匯票時，其金額依原匯票付款地匯往前手所在地之見票即付匯票之市價定之。背書人依第102條之規定發匯票時，其金額依其所在地匯往前手所在地之見票即付匯票之市價定之。前二項市價，以發票日之市價為準(§103)。

二、對償還義務人之效力

（一）代位（再）追索權

一般教科書將此效力列為追索人之權利，本書列於此處，乃因此實際係對償還義務人所設，因此本書認為是償還義務人之權利。本法規定被追索者已為清償時，與執票人有同一權利（§96 Ⅳ）。

（二）書據請求權

匯票債務人為清償時，執票人應交出匯票。有拒絕證書時，應一併交出（§100 Ⅰ）。匯票債務人為前項清償，如有利息及費用者，執票人應出具收據及償還計算書（§100 Ⅱ）。

（三）塗銷背書權

背書人為清償時，得塗銷自己及其後手之背書（§100 Ⅲ）。

（四）請求記載權

匯票金額一部分獲承兌時，清償未獲承兌部分之人，得要求執票人在匯票上記載其事由，另行出具收據，並交出匯票之謄本及拒絕承兌證書（§101）。

（五）連帶責任

發票人、承兌人、背書人及其他票據債務人，對於執票人連帶負責（§96 Ⅰ）。

三、對物之效力…償還金額

（一）得追索之金額

執票人向匯票債務人行使追索權時，得要求下列金額：1.被拒絕承兌或付款之匯票金額，如有約定利息者，其利息。2.自到期日起如無約定利率者，依年利六釐計算之利息。3.作成拒絕證書與通知及其他必要費用。於到期日前付款者，自付款日至到期日前之利息，應由匯票金額內扣除。無約定利率者，依年利率六釐計算（§97）。

（二）再追索之金額

為第97條之清償者，得向承兌人或前手要求下列金額：1.所支付之總金額。2.前款金額之利息。3.所支出之必要費用。發票人為第97條之清償者，向承兌人要求之金額同（§98）。

肆、追索權之喪失

一、不遵期限之喪失

執票人不於本法所定期限內為行使或保全匯票上權利之行為者，對於前手喪失追索權。執票人不於約定期限內為前項行為者，對於該約定之前手喪失追索權(§104)。

執票人因不可抗力之事變，不能於所定期限內為承兌或付款之提示，應將其事由從速通知發票人、背書人及其他票據債務人。第89~93條之規定，於前項通知準用之。不可抗力之事變終止後，執票人應即對付款人提示。如事變延至到期日後30日以外時，執票人得逕行使追索權，無須提示或作成拒絕證書。匯票為見票即付或見票後定期付款者，前項30日之期限，自執票人通知其前手之日起算(§105)。

二、其他原因之喪失

已如前述，如：因消滅時效之完成而喪失(§22)、因執票人拒絕一部付款而喪失(§73)、因執票人拒絕參加付款而喪失(§78Ⅱ)、執票人違反參加付款提示規定(§74Ⅱ)、執票人故意違反參加付款優先權之規定(§80Ⅱ)…。

BUSINESS
LAW

第三章

本 票

BUSINESS
LAW

於總論中已提及獲得準用匯票者，於此不再贅述。僅簡述一二如下：

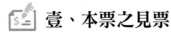 壹、本票之見票

一、見票之期限

見票後定期付款之本票，應由執票人向發票人為見票之提示，請其簽名，並記載見票字樣及日期；其提示期限，準用第 45 條之規定（§122 Ⅰ）。

未載見票日期者，應以所定提示見票期限之末日為見票日（§122 Ⅱ）。

二、見票之效力

發票人於提示見票時，拒絕簽名者，執票人應於提示見票期限內，請求作成拒絕證書（§122 Ⅲ）。

執票人依前項規定，作成見票拒絕證書後，無須再為付款之提示，亦無須再請求作成付款拒絕證書（§122 Ⅳ）。

執票人不於第 45 條所定期限內為見票之提示或作成拒絕證書者，對於發票人以外之前手，喪失追索權（§122 Ⅴ）。

貳、對發票人之效力

一、責任

本票發票人所負責任，與匯票承兌人同（§121）。可知本票之發票人為主債務人，執票人對本票發票人，自到期日起算；見票即付之本票，自發票日起算，3 年間不行使，因時效而消滅（§22 Ⅰ）。如對其行使追索權，自作成拒絕證書日起算，1 年間不行使，因時效而消滅（§22 Ⅱ）。

二、強制執行

執票人向本票發票人行使追索權時，得聲請法院裁定後強制執行（§123）。本條規定對於本票發票人之保證人是否適用？通說及實務見解認為不適用。

第四章

支 票

BUSINESS
LAW

於總論中已提及獲得準用匯票者，於此不再贅述。僅簡述一二如下：

 ## 壹、支票之種類

一、即期支票及遠期支票

即期支票，乃指發票人所簽發支票之票載發票日與實際發票日一致之票據。遠期支票，係指發票人所簽發支票的票載發票日與實際發票日不一致且尚未到來之票據，實務上稱之為「期票」。

我票據法是否承認期票？依本法規定：支票限於見票即付，有相反之記載者，其記載無效（§128 I）。支票在票載發票日前，執票人不得為付款之提示（§128 II）。如期票遺失而為止付通知時，付款人僅能先予登記，俟票載發票日屆至時，再為止付通知之辦理（票施§5 III）。由上述條文以觀，雖未明文承認遠期支票，但亦未明文否認，且實有默許之意味存在。唯支票並非信用證券，當事人實無須以支付證券作為信用證券使用。如真欲為之，仍得以銀行為擔當付款人之本票為給付之工具，既可避免遠期支票之不利，又可利於執票人票據債權之維護與實踐。

二、現金支票及轉讓支票

支票之發票人以代替現金給付為目的所開立之支票，執票人依之向付款人提領現金者，謂之現金支票。

轉讓支票乃指發票人以轉讓為目的所開立之支票，是之。以支票轉讓或為抵銷者，視為支票之支付（§129）。

三、保付支票

保付支票，乃指付款人於支票上記載照付或保付或其他同義字樣並簽名者，是謂之保付支票。

（一）保付支票對付款人之效力

付款人於支票上記載照付或保付或其他同義字樣並簽名後，其付款責任與匯票承兌人同（§138 I）。

付款人不得為存款額外或信用契約所約定數目以外之保付，違反者應科以罰鍰。但罰鍰不得超過支票金額（§138 III）。

（二）對發票人、背書人之效力

付款人於支票上已為前項之記載時，發票人及背書人免除其責任（§138 Ⅱ）。支票經保付後，發票人不得為撤銷付款之委託，但仍得為公示催告之聲請（§138 Ⅳ）。

（三）保付支票對執票人之效力

執票人不得為止付通知（§138 Ⅳ，不適用§18），亦不受提示期間之限制，縱令已超過本法第130條所定之提示期間，執票人仍得請求付款。縱支票發行已滿1年，執票人仍得請求付款，付款人亦得付款（§138 Ⅳ、不適用§130）。

四、平行線支票

平行線支票又稱劃線支票，即在支票正面（通常在左上角）劃平行線二道者，付款人僅得對金融業者支付票據金額之支票。僅於支票上畫平行線二道者為普通平行線支票，如在平行線內記載特定金融業者，為特別平行線支票。

（一）效力

1. 對普通平行線支票之效力

支票經在正面劃平行線二道者，付款人僅得對金融業者支付票據金額（§139 Ⅰ）。劃平行線支票之執票人，如非金融業者，應將該項支票存入其在金融業者之帳戶，委託其代為取款（§139 Ⅲ）。

2. 對特別平行線支票之效力

支票上平行線內記載特定金融業者，付款人僅得對特定金融業者支付票據金額（§139 Ⅱ）。支票上平行線內，記載特別金融業者，應存入其在該特定金融業者之帳戶，委託其代為取款（§139 Ⅳ）。但該特定金融業者為執票人時，得以其他金融業者為被背書人，背書後委託其取款（§139 Ⅱ但書）。

3. 對付款人之賠償責任

違反第139條之規定而付款者，應負賠償損害之責。但賠償金額不得超過支票金額（§140)。

（二）撤銷

劃平行線之支票，得由發票人於平行線內記載照付現款或同義字樣，由發票人簽名或蓋章於其旁，支票上有此記載者，視為平行線之撤銷。但支票經背書轉讓者，不在此限（§139 Ⅴ）。

學者通說認為撤銷僅得對普通平行線支票為之。唯實務上有認為本法第 139 條第 5 項之規定，並未將特別平行線撤銷予以除外，故而特別平行線支票仍得依該項之規定而為撤銷。

貳、支票之提示

一、提示期間

支票之執票人，應於下列期限內，為付款之提示：發票地與付款地在同一省（市）區內者，發票日後 7 日內。發票地與付款地不在同一省（市）區內者，發票日後 15 日內。發票地在國外，付款地在國內者，發票日後 2 個月內 (§130)。

二、遵守提示期間之效力

（一）對執票人之效力

執票人如已依第 130 條所定期限行使並保全其票據權利之行為，付款人應依約付款，如未付款，執票人即得行使追索權。

（二）追索權之行使

執票人於第 130 條所定提示期限內，為付款之提示而被拒絕時，對於前手得行使追索權。但應於拒絕付款日或其後 5 日內，請求作成拒絕證書 (§131 Ⅰ)。

付款人於支票或黏單上記載拒絕文義及年、月、日，並簽名者，與作成拒絕證書，有同一效力 (§131 Ⅲ)。

利息之請求

執票人向支票債務人行使追索權時，得請求自為付款提示日起之利息，如無約定利率者，依年利率六釐計算 (§133)。

（三）對發票人之效力

發票人不得撤銷付款之委託。發票人於第 130 條所定期限內，不得撤銷付款之委託 (§135)。發票人所開立支票如未兌現，謂之「空頭支票」，原會受刑事制裁，但於民國 75 年、76 年修正時已將該法第 141、第 142 條之規定刪除，以符票據行為之私法性質。如執票人主張發票人應負「詐欺」罪之刑責，係屬另一法律關係，而非票據法所應規範。

（四）對付款人之效力

　　付款人於發票人之存款或信用契約所約定之數，足敷支付支票金額時，應負支付之責。但收到發票人受破產宣告之通知者，不在此限（§143）。

　　付款人於發票人之存款或信用契約所約定之數不敷支付支票金額時，得就一部分支付之（§137Ⅰ）。一部分之付款，執票人不得拒絕（§73），故知：一部付款為付款人之權利，而非執票人之權利。第137條第1項情形，執票人應於支票上記明實收之數目（§137Ⅱ）。

三、未遵守提示期間之效力

（一）對執票人之效力

　　執票人不於第130條所定期限內為付款之提示，或不於拒絕付款日或其後5日內，請求作成拒絕證書者，對於發票人以外之前手，喪失追索權（§132）。

（二）對發票人之效力

　　發票人應照支票文義擔保支票之支付（§126）。

　　發票人雖於提示期限經過後，對於執票人仍負責任。但執票人怠於提示，致使發票人受損失時，應負賠償之責，其賠償金額，不得超過票面金額（§134）。

（三）對付款人之效力

　　付款人於提示期限經過後，仍得付款。但有下列情事之一者，不在此限：1.發票人撤銷付款之委託時。2.發行滿1年時（§136）。

BUSINESS
LAW

保險法

第一章

總 則

BUSINESS
LAW

案例

1. 甲主張其所有 A 屋，出租給乙，於租賃契約書中載明，自乙承租之日起，由甲為受益人，就該租賃物按年投保火險。由 M 產物保險公司承保。嗣後乙於該屋上加蓋三層樓，每層都保有火險，加蓋之所有權為甲所有且仍租予乙使用。數年後發生火災，致二樓到四樓被火燒毀，甲要求 M 產物保險公司依約為保險金之給付。M 產物保險公司認為甲無保險利益而拒付，有理由否？

2. 甲於 2015 年 5 月與 S 保險公司簽定人身保險，死亡之保險金額為 300 萬，於同年 6 月與 K 保險公司簽定人身保險，死亡之保險金額為 200 萬，於同年 9 月與 J 保險公司簽定人身保險，死亡之保險金額為 300 萬，甲於 2016 年 12 月因農藥中毒死亡。該保險之受益人乙丙要求 S 保險公司理賠，S 保險公司以甲為惡意複保險拒絕理賠。問 S 保險公司是否有理由？

　　天有不測風雲，人有旦夕禍福，因此對於有相同危險感覺者，以分散風險、減少損失為目的而訂立保險契約。為避免道德危險之發生，保險契約必須以保險利益為標的，保險利益乃指要保人或被保險人對保險標的具有利害關係而得享有之合法利益。在財產保險，於保險契約成立時，可無須有保險利益之存在，但於保險事故發生時，保險利益必須存在；於人身保險，於保險契約成立時，保險利益即須已存在。

　　保險契約具有最大善意契約之性質，因此，要保人對於保險人之書面詢問，應據實說明。且亦不得以詐欺之目的而訂定超額保險，亦不得以意圖不當得利而為複保險。此外，要保人尚負有告知義務，其不得故意隱匿、或過失遺漏、或為不實之說明，如因而足以變更或減少保險人對於危險之估計者，保險人得解除契約。要保人對保險契約內所載增加危險之情形應通知者，應於知悉後通知保險人。

壹、保險與保險契約

一、意義

　　保險是為分散危險、減少損失、減輕偶發事故對社會經濟秩序造成損害的一種金融制度。

　　保險法上所稱之保險，謂當事人約定，一方交付保險費於他方，他方對於因不可預料或不可抗力之事故所致之損害，負擔賠償財物之行為（保 §1）。依此所訂立之

契約稱之為保險契約 (§1 II)。保險契約具有：要式契約、附合契約、有償契約、誠信契約、雙務契約、射倖契約、繼續契約以及諾成契約等性質。

二、保險事故

「無危險即無保險」，危險即保險事故。危險之發生須具備：1. 不確定性。2. 非故意性，亦即偶然性。3. 須具適法性。4. 須具特定性。

貳、保險利益

一、意義

保險利益，即係保險契約之客體，乃指要保人或被保險人對於保險標的具有利害關係而得享有之合法利益。保險利益為保險契約之效力要件，無論財產保險或人身保險，必以保險利益之存在為前提，要保人或被保險人，對於保險標的物無保險利益者，保險契約失其效力 (§17)。故學者多以認為保險利益即保險契約之標的。

二、作用

保險利益既為保險契約效力之要件，因而其對於契約之有效與否，損害之發生與賠償範圍之限定，防止道德危險之產生，以及區隔保險與賭博之不同，均具有絕對的影響作用。此等作用容待後述。

三、種類

（一）財產保險之保險利益

1. 要保人對於財產上之現有利益，有保險利益 (§14)。

2. 要保人因財產上之現有利益而生之期待利益，有保險利益（§14 後段）。

3. 運送人或保管人對於所運送或保管之貨物，以其所負之責任為限，有保險利益（§15）。

4. 凡基於有效契約而生之利益，亦得為保險利益 (§20)。

（二）人身保險之保險利益

要保人對於左列各人之生命或身體，有保險利益：

1. 本人或其家屬（§16 一）。

2. 生活費或教育費仰給之人（§16 二）。

3. 債務人（§16 三）。

4. 為本人管理財產或利益之人（§16 四）。

　　凡基於有效契約而生之利益，亦得為保險利益 (§20)。學者通說認為此亦適用於人身保險。

四、存在

　　保險利益應於何時存在？由本法第 3 條、第 17 及第 55 條規定論述如下：

（一）人身保險

　　於人身保險：於保險契約成立時，必須已有保險利益之存在，如此方可防止道德危險之發生。要保人或被保險人，對於保險標的物無保險利益者，保險契約失其效力 (§17)。但於保險事故發生之時，則不必存在。

（二）財產保險

　　於財產保險：於保險契約成立時，無須有保險利益之存在，但於保險事故發生時，保險利益必須存在。

　參、複保險

一、意義

　　複保險，謂要保人對於同一保險利益，同一保險事故，與數保險人分別訂立數個保險之契約行為 (§35)。該數個保險契約之期間不需完全一致，但須其中有一段重複之保險期間，且該數保險契約均非「一部保險」但須其中有一段重複之保險期間。

二、複保險之範疇

　　複保險僅適用於財產保險或亦可適用於人身保險？學者間有不同之論點，實務上亦有不同之見解。

（一）肯定說

　　人身保險之射倖性質高於財產保險，倘投保金額過高，極易導致道德危險。保險法既將複保險列入總則，遍觀全編，又無人身保險應予除外之涵義，即不得謂限於財產保險始有其適用。因此複保險應包括人身保險。

（二）否定說（通說）

人身保險與財產保險均具有射倖性質，無危險大小之分，不能謂人身保險之道德危險高於財產保險。又複保險雖列於總則編，且無人身保險除外之明文，不能因此而認為應包括人身保險。如保險法第 33 條減免損失費用之償還責任亦規定於總則編，但其僅針對財產保險為規範，並不適用於人身保險。故不能因複保險列於總則編，人身保險即應適用。

人身無價，人身保險之保險利益即屬無價，無保險價額觀念，因此不會產生超額保險問題，從而人身保險為複保險者應為法之所許，不必定有限制。

三、效力

（一）善意複保險

複保險，除另有約定外，要保人應將他保險人之名稱及保險金額通知各保險人（§ 36）。

如要保人已盡此通知義務，則其複保險應歸屬於善意複保險。善意之複保險，其保險金額之總額超過保險標的之價值者，除另有約定外，各保險人對於保險標的之全部價值，僅就其所保金額負比例分擔之責，但賠償總額，不得超過保險標的之價值（§ 38）。

（二）惡意複保險

要保人故意不為第 36 條之通知，或意圖不當得利而為複保險者，其契約無效（§ 37）。

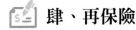 肆、再保險

一、意義

再保險，謂保險人以其所承保之危險，轉向他保險人為保險之契約行為（§ 39）。俗稱「轉保」或「分保」。

二、效力

（一）原被保險人與再保險人間之權義

原保險契約之被保險人，對於再保險人無賠償請求權。但原保險契約及再保險契約另有約定者，不在此限（§ 40）。

（二）再保險人與原要保人間權義關係

再保險人不得向原保險契約之要保人，請求交付保險費 ($§41$)。

（三）原保險人與原被保險人權義關係

原保險人不得以再保險人不履行再保險金額給付之義務為理由，拒絕或延遲履行其對於被保險人之義務 ($§42$)。

案例解說

1. 訂立保險契約，固以有保險利益為前提，但保險利益之有無，應就要保人或被保險人而為判斷，而非就受益人為判斷。M 產物保險公司指稱保險建物第三、四樓係乙獨資建造，甲就該部分建物之投保無保險利益存在，不得為受益人云云，殊有誤會。（最高法院 87 年台上字第 2417 號民事判決）

2. 所謂複保險，係指要保人對於同一保險利益，同一保險事故，與數保險人分別訂立數個保險之契約行為而言，保險法第 35 條定有明文。依同法第 36 條規定，複保險除另有約定外，要保人應將他保險人之名稱及保險金額通知各保險人。準此，複保險之成立，應以要保人與數保險人分別訂立之數保險契約同時並存為必要。若要保人先後與二以上之保險人訂立保險契約，先行訂立之保險契約，即非複保險，因其保險契約成立時，尚未呈複保險之狀態。要保人嗣與他保險人訂立保險契約，故意不將先行所訂保險契約之事實通知後一保險契約之保險人，依保險法第 37 條規定，後一保險契約應屬無效，非謂成立在先之保險契約亦屬無效。（最高法院 76 年台上字第 1166 號民事判例）

第二章

保險契約

BUSINESS
LAW

案例

　　甲於民國 103 年 10 月 30 日向 S 保險公司投保防癌終身壽險，於 105 年 11 月 15 日死亡，乙為受益人請求保險金之給付，但 S 保險公司於 106 年 1 月間撤銷承保之意思表示，伊無庸給付防癌終身壽險保險金 100 萬元，因而拒絕理賠。問 S 保險公司有理由否？

壹、概說

一、意義

　　當事人約定，一方交付保險費於他方，他方對於因不可預料或不可抗力之事故所致之損害，負擔賠償財物之契約 (§1)，謂之為保險契約。

二、性質

　　保險契約具有「最大誠意」性質，也稱之為「最大善意」性質。因為保險契約具有「射倖」性質，為避免道德危險之發生，並與賭博區分，保險契約除須有「保險利益」之外，更需有「最大善意」。此外，保險契約尚具有「雙務契約」、「有償契約」等性質。

三、當事人

　　保險契約當事人有二：保險人及要保人。

（一）保險人

　　本法所稱保險人，指經營保險事業之各種組織，在保險契約成立時，有保險費之請求權；在承保危險事故發生時，依其承保之責任，負擔賠償之義務 (§2)。本法所稱保險業，指依本法組織登記，以經營保險為業之機構。本法所稱外國保險業，指依外國法律組織登記，並經主管機關許可，在中華民國境內經營保險為業之機構 (§6)。保險業之組織，以股份有限公司或合作社為限。但經主管機關核准者，不在此限。非保險業不得兼營保險業務 (§136 Ⅰ、Ⅱ)。為促進普惠金融及金融科技發展，不限於保險業、保險經紀人、保險代理人及保險公證人，得依金融科技發展與創新實驗條例申請辦理保險業務創新實驗。前項之創新實驗，於主管機關核准辦理之期間及範圍內，得不適用本法之規定。主管機關應參酌第一項創新實驗之辦理情形，檢討本法及相關金融法規之妥適性 (§136-1)。

（二）要保人

本法所稱要保人，指對保險標的具有保險利益，向保險人申請訂立保險契約，並負有交付保險費義務之人（§3）。要保人之資格，本法並無特別限制，凡自然人或法人均可，自然人為未成年人、限制行為能力人亦得為要保人，唯如其係無行為能力人時，保險契約由法定代理人訂立者，應載明代理之意旨。

至於被保險人、受益人則為保險契約之關係人。

本法所稱被保險人，指於保險事故發生時，遭受損害，享有賠償請求權之人；要保人亦得為被保險人（§4）。未成年人或依民法第 14 條第 1 項得受監護宣告者之父、母或監護人，依本法第 138 條之 2 第 2 項規定為被保險人時，保險契約之要保人、被保險人及受益人得於保險事故發生前，共同約定保險金於保險事故發生後應匯入指定信託帳戶，要保人並得放棄第 111 條保險利益之處分權（§16-1）。

以未滿 15 歲之未成年人為被保險人訂立之人壽保險契約，除喪葬費用之給付外，其餘死亡給付之約定於被保險人滿 15 歲時始生效力。

前項喪葬費用之保險金額，不得超過遺產及贈與稅法第 17 條有關遺產稅喪葬費扣除額之一半。前二項於其他法律另有規定者，從其規定。（§107）。

訂立人壽保險契約時，以受監護宣告尚未撤銷者為被保險人，除喪葬費用之給付外，其餘死亡給付部分無效。前項喪葬費用之保險金額，不得超過遺產及贈與稅法第 17 條有關遺產稅喪葬費扣除額之一半。前二項規定於其他法律另有規定者，從其規定（§107 之 1）。

本法所稱受益人，指被保險人或要保人約定享有賠償請求權之人，要保人或被保險人均得為受益人（§5）。

保險代理人（商）、保險業務員、保險經紀人（保險掮客）、保險公證人則為保險契約輔助人。保險代理人、經紀人、公證人應經主管機關許可，繳存保證金並投保相關保險，領有執業證照後，始得經營或執行業務（§163Ⅰ）。

保險代理人、經紀人、公證人，應有固定業務處所，並專設帳簿記載業務收支。兼有保險代理人、經紀人、公證人資格者，僅得擇一申領執業證照。保險代理人公司、經紀人公司為公開發行公司或具一定規模者，應建立內部控制、稽核制度與招攬處理制度及程序；其辦法，由主管機關定之。第 142 條、第 148 條於保險代理人、經紀人、公證人準用之（§165）。

貳、保險契約之簽訂

保險契約之當事人為保險人與要保人。其契約如何簽訂？保險契約，由保險人於同意要保人聲請後簽訂（§44 Ⅰ）。如由代理人訂立者，應載明代訂之意旨（§46）。所謂「簽訂」，係指保險契約應以保險單或暫保單為之（§43）。

一、保險單 (Policy; Policies)

保險人於同意要保人聲請後所簽發之書面契約。保險人須於保險單上記載其全稱，並載明本法所規定之應記載事項，交付於要保人。保險契約之權利義務即依該保單所載為準。唯保單不僅僅為保險契約之證明文件，於財產保險，其在特定之形式及條件下，得為指示式或無記名式（§49 Ⅰ）。其在人壽保險，於一定條件下，要保人尚得向保險人質押借款，唯此質押借款係專屬要保人之一種權能，故保單並得為民法第900條權利質權之標的。

二、暫保單 (Binder; Binders; Binding Slip)

暫保單為正式保單簽發前，由保險人或其代理人所簽發之臨時性的書面證明文件，因此又稱「臨時保險書」，如其內容已具本法第55條各款事項並表明於一定期間具有拘束當事人雙方之效力者，該暫保單即具有保險單同一之效力，迨正式保單簽發並將暫保單所載內容包括後，暫保單即失效力。

依本法第43條規定簽發保險單或暫保單，須與交付保險費全部或一部同時為之。財產保險之要保人在保險人簽發保險單或暫保單前，先交付保險費而發生應予賠償之保險事故時，保險人應負保險責任。人壽保險人於同意承保前，得預收相當於第一期保險費之金額。保險人應負之保險責任，以保險人同意承保時，溯自預收相當於第一期保險費金額時開始（施§4）。通常暫保單的有效期間為30天，在此有期間內發生保險事故，保險人應付承保責任。

參、契約條款之內容

一、基本條款之內容

保險契約，除本法另有規定外，應記載下列各款事項：1.當事人之姓名及住所。2.保險之標的物。3.保險事故之種類。4.保險責任開始之日、時及保險期間。5.保險金額。6.保險費。7.無效及失權之原因。8.訂約之年、月、日（§55）。

二、特約條款之內容

特約條款，為當事人於保險契約基本條款外，承認履行特種義務之條款（§66），與保險契約有關之一切事項，不問過去、現在或將來，均得以特約條款定之（§67）。

關於未來事項之特約條款，於未屆履行期前危險已發生，或其履行為不可能，或在訂約地為不合法而未履行者，保險契約不因之而失效（§69）。對於將來事項之特約，如具有條件之性質者，在保險慣例上具有擔保之效力，如有違背，保險人得解約或免責。但有本法第69條所定之情形，則保險契約不因其有違背而失其效力。

三、除外條款之內容

除外條款（Exceptions），係指該保險事故之危險，原係包括在基本條款之列，但當事人得以特約約定，將該項危險予以除外而不保。其與不包括條款（Exclusions）不同，不包括條款係指該項保險事故之危險，原本不包括在基本條款之列，但當事人以特約約定，將其包括在內。不包括保險條款如：1. 損害係出於要保人或被保險人之故意者（§29 II）。2. 被保險人故意自殺者（§109）。3. 被保險人因犯罪致死者（§109）。

四、共保條款之內容

共保條款又稱為「合力保險」，通常於財產保險有之，人壽保險則無，其屬於特約條款之一種。保險人得約定保險標的物之一部分，應由要保人自行負擔由危險而生之損失。有前項約定時，要保人不得將未經保險之部分，另向他保險人訂立保險契約（§4）。

本條所稱「保險標的物之一部分」，通常係指一個或集合標的物總價額之一部分而言。

肆、保險契約之效力

於此所述者，係指共通之效力，如：保險費交付之義務、對保險人之義務、關於義務之一般規定、以及無效、解除、終止、失效等效力。茲分述如下：

一、強制規定之效力

本法之強制規定，不得以契約變更之。但有利於被保險人者，不在此限。保險契約用語不明確時，對保險契約之解釋，應探求當事人之真意，不得拘泥於所用之文字；如有疑義時，以作有利益於被保險人之解釋為原則（§54）。

二、保險契約之無效

保險法上之無效，可分為絕對無效、相對無效及約定無效。

（一）絕對無效

1. 惡意複保險之無效

複保險之要保人故意違反本法第 36 條規定不將他保險人之名稱及保險金額通知各保險人，或意圖不當得利而為複保險者，其契約無效 (§37)。此處之無效係指複保險契約成立在後之該保險契約無效。並非謂成立在先之保險契約亦屬無效。

2. 保險契約因危險不存在之無效

保險契約訂立時，保險標的之危險已發生或已消滅者，其契約無效，但為當事人雙方所不知者，不在此限 (§51 I)。

此乃指如訂約時，要保人與保險人均已知悉該保險標的物之危險已發生或已消滅，而仍簽訂保險契約，則依「無危險，無保險」之諺語，該保險契約約自始無效。但若該情形為當事人雙方均不知情者，則保險契約並不因之而無效。

3. 第三人訂立死亡保險之無效

由第三人訂立之死亡保險契約，未經被保險人書面承認，並約定保險金額，其契約無效 (§105)。

4. 被保險人超齡之無效

於人壽保險契約，被保險人年齡不實，而其真實年齡已超過保險人所定保險年齡限度者，其契約無效 (§122 I)。

（二）相對無效

相對無效，係指僅當事人一方得主張契約無效，或僅契約之部分無效；而非全部無效。

1. 危險不存在之相對無效

保險契約訂立時，保險標的之危險已發生或已消滅者。其契約無效，但如：

(1) 保險人不受契約之拘束

訂約時，僅要保人知危險已發生者，保險人不受契約之拘束 (§51 II)。亦即僅保險人得主張無效。

(2) 要保人不受契約之拘束

　　訂約時，僅保險人知危險已消滅者，要保人不受契約之拘束（§51 Ⅲ）。亦即僅要保人得主張無效。

2. 超額保險之部分無效

　　保險金額超過保險標的價值之契約，如並非因詐欺而訂定者，亦即要保人為善意者，除定值保險外，其契約僅於保險標的價值之限度內為有效。第 76 條規定「保險金額超過保險標的價值之契約，係由當事人一方之詐欺而訂立者，他方得解除契約，如有損失，並得請求賠償；無詐欺情事者，除定值保險外，其契約僅於保險標的價值之限度內為有效。無詐欺情事之保險契約，經當事人一方將超過價值之事實通知他方後，保險金額及保險費，均應按照保險標的之價值比例減少。」

　　又如 72 條規定「保險金額，為保險人在保險期內，所負責任之最高額度。保險人應於承保前，查明保險標的物之市價，不得超額承保。」保險業違反第 72 條之規定而超額承保者，其違反之部分，應屬無效（§169）。

（三）約定無效

　　約定無效有二種涵義：一為當事人自行約定無效之事由或原因，如一旦有此事由發生，契約即為無效。另一種涵義為當事人之約定，如有顯失公平時，該部分之約定應屬無效。茲分述如下：

1. 當事人約定之無效原因

　　此非法定無效原因，而係由當事人所約定之無效原因，其非載於基本條款中，不生效力（§55 Ⅰ七、§87、§108、§129、§132、§135）。此項約定，不得違反強制規定，不得違背公序良俗，亦不得有顯失公平之情形。

2. 因顯失公平致其約定之部分為無效

　　保險契約中有下列情事之一，依訂約時情形顯失公平者，該部分之約定無效：(1) 免除或減輕保險人依本法應負之義務者。(2) 使要保人、受益人或被保險人拋棄或限制其依本法所享之權利者。(3) 加重要保人或被保險人之義務者。(4) 其他於要保人、受益人或被保險人有重大不利益者（§54之1）。

三、保險契約之解除

　　保險契約之解除，乃指契約之當事人，因行使解除權，使契約之效力溯及訂約時失其效力。

（一）怠於通知之解約

1. 對變更內容或恢復契約通知義務之違反

變更保險契約或恢復停止效力之保險契約時，保險人於接到通知後 10 日內不為拒絕者，視為承諾，但本法就人身保險有特別規定者，從其規定 (§56)。

所謂變更保險契約，係指對原契約內容之一部或其條件加以變更。所謂恢復停止效力之契約，係指原契約因法律所定或契約訂定事由發生使契約效力停止，而後該事由消失或不存在時，契約又恢復其效力者而言。

當事人之一方對於他方應通知之事項而怠於通知者，除不可抗力之事故外，不問是否故意，他方得據為解除保險契約之原因 (§57)。

2. 對危險事故發生通知義務之違反

要保人、被保險人或受益人，遇有保險人應負保險責任之事故發生，除本法另有規定，或契約另有訂定外，應於知悉後五日內通知保險人 (§58)，依本法規定而言，如其未遵守本條規定於 5 日內通知，又非因不可抗力事故而無法通知，則他方當事人（保險人）即得據為解除契約之原因 (§57)，此對保險人較為有利。

由於解除權之行使，不妨害損害賠償之請求（民 §60）。要保人或被保險人不於本法第 58 條所規定之期限為通知者，對於保險人因此所受之損害，應負賠償責任 (§63)。學者間有主張，違反第 58 條者，僅得請求損害賠償，不得主張解除契約。

3. 對於前二款通知義務之免除

當事人之一方對於左列各款，不負通知之義務：(1) 為他方所知者。(2) 依通常注意為他方所應知，或無法諉為不知者。(3) 一方對於他方經聲明不必通知者 (§62)。

4. 對於違反「危險增加」通知義務

本法並未明文得為解除契約，但於主觀危險增加時，得類推適用第 56 條之通知義務，而適用本法第 57 條之規定。

（二）違反據實說明義務之解約

1. 據實說明之原則

訂立契約時，要保人對於保險人之書面詢問，應據實說明 (§64 I)。由於保險契約成立後，保險人即須對於因不可預料，或不可抗力之事故所致之損害，負擔賠償損害之責任。因此保險人對於保險事故的狀況應有充分之了解。基於保險契約為「最大的誠信契約」，要保人對於保險人之書面所為之詢問，應據實陳述，以使保險人得以

充分認知其所將承保之危險，保險人得以正確評估是否願意承保，或應收取若干之保險費，是否訂定共保條款。

2. 告知義務之主體

(1) 要保人

要保人依本法第 64 條第 1 項之規定，負據實說明義務之人為要保人。如要保人為法人、公司，則應由其代表人負據實說明之責。

(2) 被保險人

被保險人對此，本法並未明文。

如要保人與被保險人非屬同一人，告知義務應由何人負擔？

學者有認為依本法之規定，仍應由要保人負擔。亦有學者認為被保險人亦應負擔據實說明之義務。實務見解亦主張被保險人應負擔告知義務。因為被保險人對於保險標的物之狀況最為清楚，如人身保險，被保險人對於自己之生命、健康、知之最稔，不使其負擔告知義務，則會有礙保險人對危險之估計。故在外國立法例（如德、日、瑞士）均有此規定。因此，我保險法雖無明文，但解釋上應擴及被保險人，以維誠信原則並符合危險控制原則或衡平原則。唯當要保人與被保險人均負有告知義務時，僅須其中一人已為據實說明即可。

3. 據實說明之期限

本法第 64 條第 1 項規定：訂立契約時，要保人對於保險人之書面詢問，應據實說明。可知應於「訂約當時」即應據實說明。

唯實務上於人壽保險契約「復效」時，保險人會令要保人或被保險人再為體檢並為告知義務之履行。要保人有無此義務？

保險法無明文，但依法理而言人身保險契約因保險費未繳而「停效」。並非契約之終止、解除或失效，當保險費或其費用清償後，自翌日上午零時「復效」（§116Ⅲ），其契約之同一性並未喪失，既屬同一契約，自無再為據實說明之義務，如當事人有此項特約，該特約應屬違反第 54-1 條第 3 款而無效。

如契約特約條款中載明，於原保險契約保險期間屆滿時，自動延長若干時日，則因承保內容、條件均未改變僅將該契約存續期間延長，則無庸再為告知義務，但若原契約未載明自動延長條款，而以原契約內容、條件再為訂立新契約，則仍應負據實說明之義務。

4. 據實說明之範圍

於訂約前之事項，應負告知義務。由於要保人告知義務的履行期限係在「訂約之當時」為之，則其對於保險人書面詢問之事項須據實說明者，自應限於契約成立前要保人已知之重大事項。如在契約成立前已存在之事項，但非要保人或被保險人所知，於契約成立後始為告知義務人知悉，其仍應據實說明，但保險人不得以此為由而強行解約。

於訂約後始生之事項，不在此限。於契約成立時，對於保險人書面詢問之事項尚未發生或不存在，要保人未為說明，自未違反第 64 條之規定，但於訂約後發生重大事項，則屬「危險增加」之通知義務，而非此處之告知義務。

5. 違反告知義務之效果

(1) 原則上得解約

要保人有為隱匿或遺漏不為說明，或為不實之說明，足以變更或減少保險人對於危險之估計者，保險人得解除契約；其危險發生後亦同。但要保人證明危險之發生未基於其說明或未說明之事實時，不在此限（§64 II）。要保人違反告知義務，未據實說明者，須屬「重大事項」足以變更或減少保險人對於危險之估計者，始足當之。

(2) 例外不得解約

A. 無因果關係，未破壞「衡平原則」

保險事故與要保人所未告知或不實說明之事項並無關聯，則該事項已確定為保險事故之發生不具任何影響，保險人亦未因該未告知或不實說明之事項，而造成額外之負擔，「對價平衡」原則並未遭破壞，故此時保險人即不得以此為理由，解除契約。故本法第 64 條第 2 項但書即規定「要保人證明危險之發生未基於其說明或未說明之事實時，不在此限。」

B. 除斥期間已完成

第 64 條第 2 項解除契約權，自保險人知有解除之原因後，經過一個月不行使而消滅；或契約訂立後經過 2 年，即有可以解除之原因，亦不得解除契約（§64 III）。

若保險人之解除權，因除斥期間之完成而無法行使，其得否主張民法第 92 條之詐欺而撤銷其意思表示？

因保險法第 64 條之規定，乃保險契約中關於保險人因被詐欺而為意見表示之特別規定，應排除民法第 92 條之適用。否則，將使保險法第 64 條第 3 項對保險契約解除權行使之限制，形同具文。

（三）違背特約條款之解約

保險契約當事人之一方違背特約條款時，他方得解除契約。其危險發生後亦同（§68 I）。

（四）財產保險中惡意超額保險之解除

保險金額超過保險標的價值之契約，係由當事人一方之詐欺而訂立者，他方當事人得解除契約，如有損失，並得請求賠償（§76 I 前段）。

本書以為，本項之規定實際適用於「惡意超額保險」之情形。如係保險人為惡意，亦即，保險人意圖對保險費為不當得利，心存詐欺，故意高估保險標的之價額，而獲取較多之保險費，此際保險人除違反本法第 72 條之規定，「保險人應於承保前，查明保險標的物之市價，不得超額保險。」此項規定應屬強制規定。保險業違反本法第 72 條規定超額承保者，其違反之部分應屬無效 (§169) 外，尚應處新臺幣 45 萬元以上 225 萬元以下罰鍰。此外；要保人尚得主張解約。另者，如係要保人意圖詐領高額保險金，而故意提高保險標的之價額，則保險人亦得依本項 (§76 I) 解除契約。

又此項解除權行使之除斥期間為何？本法無明文，解釋上得適用民法第 92 條之規定。

四、保險契約之終止

（一）意義

保險契約之終止，乃指於保險契約存續期間，因某事由之發生，而當然終止或由當事人行使終止權以終止契約，或因期間屆滿而終止，使保險契約向將來失其效力。

（二）當然終止之原因

1. 因保險人破產而終止

   保險人破產時，保險契約於破產宣告之日終止（§27前段）。但海商法第 133 規定：要保人或被保險人於保險人破產時，得終止契約。該條規定係屬當事人行使終止權而非當然終止。

2. 保險增加後不同意另定保費而終止

   保險契約因危險增加，保險人得終止契約時，保險人得不終止契約而提議另定保險費。要保人對於另定保險不同意者，其契約即為終止 (§60 I)。

3. 保險標的物非因保險契約所載的保險事故而完全滅失時，保險契約即為終止 (§81)。

4. 保險人已依保險契約給付保險金後，契約當然終止。

5. 保險契約所載之保險期間屆滿，保險契約當然終止。

　　以上當然終止，無庸以意思表示為之。而下述之依終止權之行使而終止，是指須經當事人為終止權之表示，契約效力始得向將來失其效力。

（三）因終止權之行使而終止

1. 對減少保險費不同意時之終止

　　保險費依保險契約所載增加危險之特別情形計算者，其情形在契約存續期內消滅時，要保人得按訂約時保險費率，自其情形消滅時起算，請求比例減少保險費。保險人對於前項減少保險費不同意時，要保人得終止契約。其終止後之保險費已交付者，應返還之 (§26)。

　　本書以為第 26 條第 2 項之規定，對要保人並無實益，因保險契約終止後，要保人自無再繳交保險費之義務，則其終止後再交付之保險費自得請求返還，實無待明文。本書以為該項應修正為：「保險人於前項減少保險費無正當理由不同意時，要保人得終止契約，並依前項規定請求返還，且應依比例減少保險費。」如此方得符合衡平原則，並免保險人為不當得利。

2. 因要保人破產而終止

　　要保人破產時，保險契約仍為破產債權人之利益而存在，但破產管理人或保險人得於破產宣告 3 個月內終止契約（此應為除斥期間）。其終止後之保險費已交付者，應返還之 (§28)。

3. 對危險增加通知義務違反之終止

　　(1) 危險增加之通知

　　　　A. 原則

　　　　　　要保人對於保險契約內所載增加危險之情形應通知者，應於知悉後通知保險人 (§59 I)。此處所謂「增加危險之情形」，應指該「危險增加」係對結構性危害的增加，亦即對於「危險」之發生有促發性的作用，學者間認為危險狀況之改變必須對於保險人有「重要性」之影響始足當之。此外，該「危險增加」應具有「持續性」，如僅是偶發性則不屬之，亦即如危險之狀況僅係一時的改變隨後即回復原狀則不認為係危險增加。如甲投保死亡險，甲平日開車上班，因車故障送修，甲改騎機車上班，此僅為偶然的狀況，不是持續性，故不屬於危險增加之情形。

B. 通知期限

 (A) 主觀危險增加應先通知

  危險增加，由於要保人或被保險人之行為所致，其危險達於應增加保險費或終止契約之程序者，要保人或被保險人應先通知保險人（§59Ⅱ）。依本項之分析如下：a. 該危險增加係由要保人或被保險人行為所致（行為包括作為、不作為）。b. 須具「重要性」，即其危險已達於應增加保費或終止契約之程度。c. 具有持續性，得增加保費承保。

  (a) 通知義務人

   為要保人或被保險人。

  (b) 期限

   應「先」通知，此處之「先」，似指於「危險增加」之前即應先行通知。此項規定，對要保人似較苛刻。

 (B) 客觀危險增加通知期限

  危險增加，不由於要保人或被保險人之行為所致者，要保人或被保險人應於知悉後 10 日內通知保險人（§59Ⅲ）。依本項規定分析：a. 該危險增加係非由要保人或被保險人之行為所致。b. 須具「重要性」與「持續性」，此項性質未於條文中明示，但由條文結構而言，其係直接承接第 59 條第 2 項規定，而省略了「其危險達於應增加保險費或終止契約之程序者」，在解釋上，自應其有此項要件。

  (a) 通知義務人

   為要保人或被保險人。

  (b) 期限

   應於通知義務人知悉後 10 日內通知保險人。

C. 通知方式

 本法並無強制規定其格式及名稱，故通知義務人得以口頭、文書等方式為通知，唯通知義務人對於已為通知之事實應負舉證責任。又此項通知方式既非強制規定，則保險人要求義務人履行一定方式者，依本法第 54 條之 1 第 3 款之規定，該約定之部分無效。

D. 通知義務之免除

 危險增加如有下列情形之一時，不適用第 59 條之規定：(A) 損害之發生不影響保險人之負擔者。(B) 為防護保險人之利益者。(C) 為履行道德上之義務者（§61）。

(2) 保險人主動終止契約…危險增加之效果

本法第 60 條第 1 項前段規定：保險遇有前條情形，得終止契約，或提議另定保險費。保險人有二個權利：一為終止權，另一為保險費另定之提議權。

於終止權之行使，本法未訂定行使之除斥期間。有學者主張危險增加情形，係由於要保人或被保險人之行為所致，而事先對保險人為通知者，即屬變更契約之行為，保險人應於接到通知後 10 日內表示終止契約，如不為終止表示者，即視為默認之承諾。於本法第 59 條第 3 項情形亦適用之。

另者，如前述二種主觀、客觀之危險增加，保險人均已明知，而仍收取保險費，縱未提議另定保險費，則應認為保險人仍願以相同條件承保，於保險事故發生時，保險人仍應負擔賠償責任，不得終止契約。因此，本法第 60 條第 2 項即規定：「保險人知危險增加後，仍繼續收受保險費，或於危險發生後給付賠償金額，或其他維持契約之表示者，喪失前項之權利。」保險人因第 50 條第 2 項主觀危險增加之情形而終止契約時，保險人如有損失，並得請求損害賠償。同時，要保人或被保險人對於第 59 條第 3 項之客觀危險增加情形，未遵期限為通知者，對於保險人因此所受之損失，應負賠償責任 (§63)。

(3) 保險契約當然終止契約…危險增加之效果

保險遇有本法第 59 條情形，保險人提議另定保險費，要保人對於另定保險費不同意者，其契約即為終止（§60 Ⅰ本文後段）。此處終止權應無待保險人之行使而當然終止，已如前述。如係依第 59 條第 2 項情形而當然終止者，保險人如有損失，並得請求賠償（§60 Ⅰ但書）。同時，要保人或被保險人未遵期限為危險增加之通知者，對保險人因此所受之損失，應負賠償責任。

4. 標的物部分損失之終止

於財產保險之保險標的物受部分之損失者，保險人與要保人均有終止契約之權。終止後，已交付未損失之保險費應返還之 (§82 Ⅰ)。

5. 因標的物不正常狀態之終止

財產保險之保險人有隨時查勘保險標的物之權，如發現全部或一部份處於不正常狀態，經建議要保人或被保險人修復後，再行使用。如要保人或被保險人不接受建議時，得以書面通知終止保險契約或其有關部分 (§97)。

此項查勘，係屬保險人之權利，如其怠於行使權利，致標的物處於不正常狀態而增加危險，要保人或被保險人所負之通知義務是否得以免除？查本法第 62 條之免除通

知義務的情形，與此種狀況並不相當，故要保人或被保險人之通知義務並不因保險人
怠於查勘權之行使而免除。

6. 人壽保險保費逾期不交之終止

人壽保險之保險費到期未交付者，除契約另有訂定外，經催告到達後逾 30 日仍不
交付時，保險契約之效力停止。唯保險人亦得於保險人於申請恢復效力之期限屆滿後，
終止契約（§116 Ⅰ、Ⅵ）。

五、保險契約之失效

保險契約之無效，係指該契約自始無效。終止則指原本有效但因有終止之事由發
生原則上契約將無效。此處所謂保險契約之失效，係指要保人或被保險人，對於保險
標的物無保險利益者，保險契約失其效力（§17）。「失效」與「終止」仍有所不同；
後者係指原屬有效之契約嗣後的無效。而「失效」則可能是自始的不成立或不生效，
亦可能是嗣後的不生效，亦即因保險利益之不存在，而使其生效要件不存在致契約失
其效力。

六、特約條款之消極效力

關於未來事項之特約條款，於未屆履行期前危險已發生，或其履行為不可能，或
在訂約地為不合法而未履行者，保險契約不因之而失效（§69）。

特約條款，乃保險契約當事人用以拘束當事人之一方之條款，在英美法稱之為擔
保（Warranty）。對將來事項之約特，如具有條件之性質者，在保險慣例上具有擔保之
效力，如有違背，保險人得解約或免責。但如有第 69 條所定之情形，則保險契約不因
其有違背而失其效力。如甲屋保火災險，甲承諾於投保後 3 個月內將屋內易燃物品清
除。甲未清除，該屋於訂約後 1 個月即失火，保險契約不因之而失效。

七、保險契約之消滅時效

由保險契約所生之權利，自得為請求之日起，經過 2 年不行使而消滅。有下列各
款情形之一者，其期限之起算，依各該款之規定（§65）：1. 要保人或被保險人對於危
險之說明，有隱匿遺漏或不實者，自保險人知情之日起算。2. 危險發生後，利害關係
人能證明其非因疏忽而不知情者，自其知情之日起算。3. 要保人或被保險人對於保險
人之請求，係由於第三人之請求而生者，自要保人或被保險人受請求日起算。

八、對當事人之效力

（一）對要保人、被保險人之效力

1. 交付保險費之義務

(1) 交付之時期

保險費分一次交付，及分期交付兩種。保險契約規定一次交付，或分期交付之第一期保險費，應於契約生效前交付之，但保險契約簽訂時，保險費未能確定時者，不在此限（§21）。人壽保險之保險費到期未交付者，除契約另有訂定外，經催告到達後屆30日仍不交付時，保險契約之效力停止。第1項停止效力之保險契約，於停止效力之日起6個月內清償保險費、保險契約約定之利息及其他費用後，翌日上午零時起，開始恢復其效力。要保人於停止效力之日起6個月後申請恢復效力者，保險人得於要保人申請恢復效力之日起5日內要求要保人提供被保險人之可保證明，除被保險人之危險程度有重大變更已達拒絕承保外，保險人不得拒絕其恢復效力。（§116 I、III）。

(2) 交付之主體…原則

保險費應由要保人依契約規定交付（§22 I、§3）。信託業依信託契約有交付保險費義務者，保險費應由信託業代為交付之。

前項信託契約，保險人依保險契約應給付之保險金額，屬該信託契約之信託財產（§22 I後段、II）。但於危險減少時，被保險人得請求保險人重新核定保險費（§59 IV）。

(3) 交付之主體…例外

A. 人壽保險、健康保險

人壽保險、健康保險利害關係人，均得代要保人交付保險費（§115、§130)。學者多認為此處之利害關係人係指：受益人、受讓人、要保人之債權人、繼承人、家屬及因有效契約所可能受益之人。任意之第三人不得代為交付，以避免道德危險之發生。

B. 財產保險

財產保險在財產保險，得否由第三人代繳保險費，本法並無明文。學者間多認為得由第三人代繳。依民法第311條第1項之規定，本法無規定時，自得適用民法之規定，故由任意之第三人代繳，既合於民法之規定且又對要保人並無不利之處。

2. 交付之地點及方法

其地點及方法，應依契約之約定。如當事人約定得以票據代替現金支付或以其他方式（如信用卡）支付，亦非法所不許。唯若以票據等方式支付保險費者，須俟其兌現始生清償效力。

3. 保險費之返還

(1) 善意複保險費之返還

以同一保險利益，同一保險事故，善意訂立數個保險契約，其保險金額之總額超過保險標的之價值者，在危險發生前，要保人得依超過部分，要求比例返還保險費（§23 I）。

(2) 契約相對無效及終止之返還

A. 保險契約因第 51 條第 3 項之情事而要保人不受拘束時，保險人不得請求保險費及償還費用。其已收受者，應返還之（§24 II）。

B. 保險契約因第 60 條或第 81 條之情事而終止，或部分終止時，除保險費非以時間為計算基礎者外，終止後之保險費已交付者，應返還之（§24 III）。但有下列情形，則無庸返還：(A) 保險契約因第 37 條之情事而無效時，保險人於不知情之時期內，仍取得保險費（§23 II）。(B) 保險契約因第 51 條第 2 項之情事，而保險人不受拘束時，保險人得請求償還費用。其已收受之保險費，無須返還（§24 I）。(C) 保險契約因第 64 條第 2 項之情事而解除時，保險人無須返還其已收受之保險費（§25）。

(3) 減少保費與契約終止後之返還

保險費依保險契約所載增加危險之特別情形計算者，其情形在契約存續期內消滅時，要保人得按訂約時保險費率，自其情形消滅時起算，請求比例減少保險費。保險人對於前項減少保險費不同意時，要保人得終止契約。其終止後之保險費已交付者，應返還之（§26）。

(4) 保險人破產時保費之返還

保險人破產時，保險契約於破產宣告之日終止，其終止後之保險費，已交付者，保險人應返還之（§27）。

(5) 要保人破產時保費之返還

要保人破產時，保險契約仍為破產債權人之利益而存在，但破產管理人或保險人得於破產宣告三個月內終止契約。其終止後之保險費已交付者，應返還之（§28）。

　　至於其他之效力，如：據實說明及通知義務，已於前述，於此不再贅述。

（二）對保險人之效力

　　保險契約成立生效後，保險人之法定責任（即對其效力）有：賠償責任（§29~31）、償還責任（§33~34）。此外尚有終止、解除契約等權。

　　原則上保險人對於由不可預料與不可抗力之事故所致之損害，負賠償責任，但保險契約另有明文限制者，不在此限。其對因由要保人或被保險人或其代理人之過失所致之損害亦應負賠償之責。且保險人應於要保人或被保險人交齊證明文件後，於約定期限內給付賠償金額，無約定期限者，應於接到通知後 15 日內給付（§34 Ⅰ）。

　　被保險人故意自殺或墮胎所致疾病、失能、流產或死亡，保險人不負給付保險金額之責（§128)。

　　茲再補充保險人之代位權：

1. 代位權之意義

　　代位權者，乃指賠償義務人，因法定事由或約定事由之發生而為賠償後，得依法律規定或請求受賠償人將其對第三人之權利移轉於賠償義務人而向第三人求償之權。

　　依法享有代位權者，稱為法定代位或當然代位，依請求享有者稱為請求代位。保險法之代位權係屬當然代位。本法第 53 條規定：「被保險人因保險人應負保險責任之損失發生，而對於第三人有損害賠償請求權者，保險人得於給付賠償金額後，代位行使被保險人對於第三人請求權；但其所請求之數額，以不逾賠償金額為限。前項第三人為被保險人之家屬或受雇人時，保險人無代位請求權；但損失係由其故意所致者，不在此限。」

2. 代位權之效力

(1) 抗辯權

第三人得以之對抗被保險人之事由，均得以之對抗保險人，此乃抗辯權之援用（民 §299）。

(2) 求償權不得任意免除或拋棄

保險事故發生後，被保險人對第三人有損害賠償請求權者，於保險人履行其保險賠償義務後，其請求權即當然移轉於保險人，被保險人於受領保險給付之範圍內，對第三人之債權既已喪失，則其與第三人縱有和解或拋棄等情事，亦不影響保險人因保險給付而取得之代位權。

(3) 保險人之參與權

保險人得約定被保險人對於第三人就其責任所為之承認、和解或賠償，未經其參與者，不受拘束。但經要保人或被保險人通知保險人參與而無正當理由拒絕或藉故遲延者，不在此限（§93）。

(4) 責任保險之代位

責任保險受害之第三人，得代保險人之位，直接向保險人求償（§95）。

伍、保險金額與保險價額

一、保險金額 (InsuredAmounts)

此乃指保險人在保險期間內，所負責任之最高額度（§72 I 前段）。

二、保險價額 (InsuredValue)

保險價額乃指存在於保險標的物之財產利益，其在某特定時期得以金錢估計之價值總額。保險標的得由要保人，依主管機關規定之費率及條款，作定值或不定值約定之要保（§73 I）。

原則上，保險契約之保險金額與保險價額應相互一致，以符合損害填補之原則。因此保險人應於承保前，查明保險標的物之市價，不得超額承保（§72 後段）。保險業違反此規定而超額承保，除違反部分無效外，尚得處新臺幣 45 萬元以上 225 萬元以下罰鍰（§169）。保險業違反時並得依本法第 149 條規定予以處分。

（一）全部保險之超額保險

所謂全部保險 (Full Insurance)，乃指保險金額與保險價額相等者，是之。所謂超額保險 (Over Insurance)，乃指保險金額大於（超過）保險價額者，是之。其效力如下：

1. 惡意超額保險

保險金額超過保險標的價值之契約，係由當事人一方之詐欺而訂立者，他方得解除契約。如有損失，並得請求賠償（§76 I 前段），另有本法第 169 條之適用，已如前述。

2. 善意超額保險

無詐欺情事者，除定值保險外，其契約僅於保險標的價值之限度內為有效（§76 I）。

（二）一部保險之超額保險

所謂一部保險 (Partial Insurance)，乃指保險金額小於（不及）保險價額。其效力為：保險金額不及保險標的物之價值者，除契約另有訂定外，

保險人之負擔：以保險金額對於保險標的物之價值比例定之 (§77)。

其計算公式：保險金額 (A) ／損失額 (L) 賠償額 (R) ＝保險價額 (V)

案例解說

保險法第 64 條之立法目的乃保險制度中「最大善意」、「對價平衡」及「誠實信用」基本原則之體現，當要保人或被保險人因故意、過失違反據實說明義務，致保險人無法正確估計危險，若要保人或被保險人未告知或不實說明之事項與保險事故發生有相關連而足以變更或減少保險人對於危險之估計時，縱使保險事故已發生，保險人仍得解除契約；惟於要保人或被保險人雖具有違反誠信原則之事實，而此事實經證明並未對保險事故之發生具有影響，即對特定已發生之保險事故，未造成額外之負擔，「對價平衡」原則並未受到破壞時，保險人始不得解除契約。

按訂立保險契約時，要保人對於保險人之書面詢問，應據實說明。要保人故意隱匿，或因過失遺漏，或為不實之說明，足以變更或減少保險人對於危險之估計者，保險人得解除契約；其危險發生後亦同。但要保人證明危險之發生未基於其說明或未說明之事實時，不在此限。前項解除契約權，自保險人知有解除之原因後，經過 1 個月不行使而消滅；或契約訂立後 2 年，即有可解除之原因，亦不得解除契約，為保險法第 64 條所明文規定。

此所謂對於書面詢問之故意隱匿，乃消極以不作為隱瞞實情，所謂為不實之說明，乃積極以作為虛構事實，均足使保險人陷於錯誤而為承保，亦即足以導致保險人被詐欺而為承保之意思表示，故應認此法條乃保險契約中關於因詐欺而為意思表示之特別規定，應有排除民法第 92 條規定之效力。

蓋若謂此種情形，保險人於契約解除權行使之除斥期間經過後，仍得依民法第 92 條規定行使撤銷權，將使保險法第 64 條第 2 項對契約解除權行使之限制（除斥期間）之規定形同具文，顯非所宜。

New Wun Ching Developmental Publishing Co., Ltd.

New Age · New Choice · The Best Selected Educational Publications — NEW WCDP

新文京開發出版股份有限公司

NEW
WCDP

新世紀・新視野・新文京 — 精選教科書・考試用書・專業參考書